L'ESPRIT

DES AUTRES

L'ESPRIT
DES AUTRES

RECUEILLI ET RACONTÉ

PAR

EDOUARD FOURNIER

> « Il n'appartient qu'à ceux qu
> n'espèrent jamais être cités de ne
> citer personne. »
> GABRIEL NAUDÉ

SIXIÈME ÉDITION

PARIS

E. DENTU, ÉDITEUR

LIBRAIRE DE LA SOCIÉTÉ DES GENS DE LETTRES

PALAIS-ROYAL, 15-17-19, GALERIE D'ORLÉANS

1881

Tous droits réservés.

L'ESPRIT DES AUTRES

I

On a singulièrement médit des citations, aussi bien de celles qui se glissent dans la conversation que de celles qui courent dans les livres; on a dit des unes et des autres : C'est de l'esprit prêté sur mauvais gages; c'est le mont-de-piété des esprits pauvres qui n'ont jamais la réplique en main et ne peuvent parler argent comptant; enfin, c'est l'esprit des gens qui n'en ont pas. On a même créé un mot pour bien flageller l'innocent ridicule que leur abus peut amener. L'homme qui, toujours fouillant dans sa mémoire, cite toujours, cite quand même, cite à jet continu, cet homme s'appelle un *poncif*. En effet, dit-on, le travail de son intelligence ressemble singulièrement à celui du dessinateur qui crible de piqûres le dessin qu'il veut contre-tirer et sur lequel il passe ensuite la *ponce* : le citateur, par un procédé pareil, contre-tire et décalque l'esprit des autres à travers les trous du sien.

Ce n'est pas tout : armant les citations contre elles-mêmes, sans se douter qu'on tombait ainsi dans le ridicule incriminé, on s'est mis à invoquer contre elles toutes sortes d'anecdotes, toutes sortes de passages des anciens auteurs, toutes sortes de phrases qui en sont la malicieuse critique. On a surtout rappelé cette saillie charmante de Bayle, disant — avec cet esprit net et froid, qui lui est ordinaire — à propos d'un ouvrage tout bourré des emprunts faits à l'esprit des autres : « Ce livre est chargé d'un si grand nombre de citations qu'elles offusquent et empêchent de voir l'ouvrage de l'auteur. » Phrase on ne peut plus spirituelle encore une fois, et qui fait qu'on se souvient malgré soi du paysan de la chanson poitevine, s'écriant, perdu dans Paris :

> La hauteur des maisons
> Empêch' de voir la ville.

On cite encore — car, je le répète, le ridicule des citations ne se prouve qu'à l'aide de citations — on cite je ne sais quel passage de La Bruyère contre les avocats de son temps, plus forts sur la mémoire que sur l'éloquence, si bien, dit-il, que dans leurs plaidoiries « Ovide et Catulle venoient avec les *Pandectes* au secours de la veuve et des pupilles » ; on se rappelle ce qu'a dit le P. Bouhours contre les pédants qui citent « par pure ostentation » ; on évoque Saint-Évremond et ses anathèmes contre les citations en langue étrangère; et enfin on en arrive à certain mot de Ninon, trop femme d'esprit pour ne pas être l'ennemie du pédantisme citateur.

Un jour Mignard, étant chez elle, se plaignait hautement du peu de mémoire que la nature avait départi à sa fille, celle-là même qui fut plus tard la belle marquise de Feuquières. « Eh! tant mieux, s'écria mademoiselle de Lenclos, promenant un regard railleur sur le groupe de pédants qui, ce jour-là, encombraient sa chambre, tant mieux encore une fois, elle ne citera point. »

A propos de cette anecdote, M. J. Brisset, rendant compte de notre première édition (dans la *Gazette de France* du 14 septembre 1855), avec autant d'indulgence que d'esprit, fit une remarque ingénieuse. Reprenant au bond, dans la phrase de Ninon, le « *tant mieux!* » qui y fait surtout saillie, et le rapprochant d'un mot dérobé à sa vie galante, et toujours en cours depuis l'heure où son boudoir le vit naître : « Il y a, dit-il, comme un pressentiment dans ce *tant mieux*. En effet, il n'est pas de mot qui ait été plus cité que le « Ah! le bon billet qu'a La Châtre. » Les citateurs ont été pour Ninon plus que des pédants, ils ont été des indiscrets. »

Tout ce que j'ai *cité* contre les *citations* est, j'en conviens, sans réplique. Je n'ai point marchandé. J'ai invoqué contre elles les autorités d'esprit les plus imposantes : Saint-Evremond, La Bruyère, Ninon ! Que répondre à de pareils noms ? que faire pour une chose condamnée par ces bons esprits ?

Eh bien ! pourtant, voulût-on même renforcer leur opinion de celle de Montaigne, qui a dit quelque part, à propos de citations — l'ingrat, qui trépignait sur le plus pur de son trésor, le méchant, qui battait sa nourrice — :

« Ces pastissages de lieux communs, de quoy tant de gens mesnagent leur estude, ne servent guère qu'à subjets communs, et servent à nous monstrer, non à nous conduire. »

Eh bien ! je le redis, malgré tous ces témoignages, qui dans ce procès prouvent et ne concluent pas, malgré La Bruyère et Saint-Évremond, en dépit de Ninon et de Montaigne, je crois encore les citations chose utile, chose ingénieuse, chose excellente lorsqu'on n'en abuse pas, et qu'on les fait à propos.

Citer est parfois une ostentation de savoir, j'en conviens, mais souvent aussi c'est de l'abnégation et de la modestie ! C'est le fait d'un esprit qui doute de soi, qui, se défiant de sa propre autorité, s'abrite derrière des esprits consacrés, et s'efface pour leur laisser la parole. Il a trouvé la pensée, mais trop timide il craint de l'aventurer; l'expression lui fait défaut, la formule lui manque; invoquée à propos, sa mémoire la lui prête, et voilà que l'idée jaillit avec la citation.

Jules Janin l'a dit bien mieux que nous et d'une façon même tout à fait excellente, dans l'article d'aimable et savante approbation qu'il a bien voulu consacrer à la première édition de ce petit livre (*Journal des Débats*, 1er octobre 1855) :

« Semblables à la diligente abeille qui compose son miel du suc de toutes les fleurs, les écrivains amis de la recherche et de l'étude comptent pour plaire, un peu sur eux-mêmes et beaucoup sur les autres. Comme leur vie entière est occupée à l'étude, et comme ils n'ont pas d'autre ambition, d'autre plaisir, ils s'estiment heureux entre tous les hommes lorsqu'à propos de l'œuvre la plus maussade et de l'écrivain le plus vulgaire, ils retrouvent dans leur tête réjouie et reposée une belle parole qui relève un peu leur discours, et dont ils se parent soudain, comme une beauté à la mode d'une perle ou d'une fleur. »

Bayle a dit, moins sévère cette fois qu'il l'était tout à l'heure : « Il n'y a pas moins d'invention à bien appliquer une pensée que l'on trouve dans un livre qu'à être le premier auteur de cette pensée. On a ouï dire au cardinal du Perron que l'application heureuse d'un vers de Virgile étoit digne d'un talent. »

Lamothe Le Vayer est du même avis : « Une bonne pensée, dit-il, de quelque endroit qu'elle parte, vaudra beaucoup mieux qu'une sottise de son cru, n'en déplaise à ceux qui se vantent de trouver tout chez eux et de ne tenir rien de personne. »

Gabriel Naudé, qui, de même que Bayle et Lamothe Le Vayer, était un grand emprunteur, un infatigable citateur, va plus loin encore, il veut qu'on cite quand même, et il dit ce que nous disons dans notre épigraphe : « Il n'appartient qu'à ceux qui n'espèrent jamais être cités, de ne citer personne ! »

Chateaubriand aimait beaucoup à citer. C'était un art pour lui, et qu'il ne croyait pas fait pour tout le monde : « Il ne faut pas croire, disait-il un jour à M. de Marcellus, que l'art des citations soit à la portée de tous les petits esprits qui, ne trouvant rien chez eux, vont puiser chez les autres. C'est l'inspiration qui donne les citations heureuses. La mémoire est une muse, ou plutôt, c'est la mère des muses que Ronsard fait parler ainsi :

> Grèce est notre pays, mémoire est notre mère.

« Les plus grands écrivains du siècle de Louis XIV se sont nourris de citations... Cicéron, qui n'avait qu'un seul idiome au service de son érudition, prodigue les citations également. Nous sommes bien plus près des secours, nous qui avons deux langues mortes à côté de nous, et quatre langues parlées à nos frontières; aussi, que de belles pensées à emprunter! Pour ma part, je n'y ai fait faute. *Le Génie du Christianisme* est un tissu de citations avouées au grand jour. Dans les *Martyrs*, c'est un fleuve de citations déguisées et fondues. Dans l'*Itinéraire*, elles devaient régner par la nature même du sujet. Je les admets volontiers partout... Socrate a dit quelque part chez Platon, qu'il était lui-même comme une coupe s'emplissant des eaux de sources étrangères au profit de son auditoire. »

Après nous avoir donné ce curieux débris de conversation, M. de Marcellus ajoute : « J'ai eu la curiosité de chercher les paroles de Socrate, demeurées dans la mémoire de M. de Chateaubriand; car « l'exactitude de citer, a dit Bayle (art. SAN-
« CHEZ, *Remarques*), est un talent plus rare qu'on
« ne pense. » Elles se trouvent textuellement dans le *Phédon*. »

Bayle qu'on ne saurait trop citer à propos de *citations*, puisqu'elles sont le principal fonds de ses livres, nous disait tout à l'heure « que l'application heureuse d'un vers de Virgile était digne d'un talent. » Je veux donner un exemple de ce genre de mérite, qui permet à celui qui emprunte de briller à l'égal de celui qui prête. Il ne s'agit pas de Virgile, mais de Corneille, et d'un vers de sa *Rodogune* (acte I, sc. V).

C'était sous la Restauration. Une des reines de ce temps aimable, la marquise de Prie quittait Paris pour Turin et tous les fidèles de sa société déposaient sur un album le tribut d'un regret qui tâchait d'être spirituel. Charles Brifaut était du nombre et c'est lui maintenant qui va parler : « Figurez-vous, dit-il dans ses *Récits d'un vieux parrain*, que le jeune de Crussol, écolier de quatorze ans, charmant lutin, espiègle comme on l'est à son âge, avait été sommé d'apporter sa contribution, qui n'était pas une contribution de guerre. Insouciant et léger, il n'avait pas envie de rêver à des rimes, au lieu d'aller à la chasse ; il vint donc à moi pour me prier de mettre mon esprit, si j'en avais un, au service de sa paresse. Je réfléchis, et je lui dis : « Tenez, il y a quelqu'un qui s'entendra mieux que « moi à vous tirer d'affaire ; » et je lui dictai ce vers de *Rodogune* :

Elle fuit, mais en Parthe, en lui perçant le cœur.

« On n'a pas d'idée du succès de cet à-propos, lequel fit beaucoup d'honneur à son auteur putatif, qui, depuis, s'est très-facilement passé de moi ou plutôt de ma mémoire, pour faire ses preuves d'esprit. »

J'ai dit que Virgile n'aurait rien à faire ici ; je me trompais, le vers de *Rodogune* n'est qu'une allusion à l'un des siens (*Georg.*, liv. III, v. 31) :

Fidentemque fugâ Parthum, versisque sagittis.

« Et, dit Rabelais (liv. IV, ch. xxxiv), vous faittes pareillement narré des Parthes qui par derrière tiroient plus ingénieusement que ne faisoient les aultres nations en face. »

II

Dans les citations, comme en toute chose, il faut de la conscience, et c'est même en cela qu'elles peuvent soulever plus d'une question de littérature légale. Citez, c'est fort bien fait; mais avouez-le, et ne laissez pas mettre sur le compte de votre esprit ce que vous prête l'esprit des autres. D'un autre côté, n'annoncez jamais comme une citation ce qui n'est qu'une saillie de votre imaginative en travail. De quelque valeur que soit votre pensée, quelque bon que soit son aloi, n'allez pas lui donner pour contrôle et pour étiquette le nom de Bossuet, de Fénelon ou de Voltaire. C'est le pavillon qui couvre la marchandise, dit-on : soit! Mais il y a toujours dignité et modestie à ne pas arborer sur son esprit, fût-il des meilleurs, le pavillon d'un grand nom. Dans le premier cas, c'est-à-dire quand on sous-entend à son profit le nom de l'auteur dont on cite une pensée, il y a plagiat, il y a vol : dans l'autre, il y a faux en écriture littéraire. Ce dernier cas, je l'avoue, est de beaucoup le plus rare.

Il ne faut pas être en effet un homme de peu de valeur pour se substituer ainsi aux bons esprits et pour leur faire endosser sa pensée, sans encombre, sans dire gare, et sans aussitôt faire crier : au faussaire! C'est un genre de mystification qui n'est bon à exercer que par les habiles, encore ne leur réussit-il pas toujours.

Après le cardinal de Retz, qui, dans une séance au Parlement, où sa parole avait peu de succès, ne se tira d'embarras qu'en improvisant, sous le nom de Cicéron, un apophthegme latin des plus triomphants, je ne connais que... Rougemont, qui ait ainsi abusé avec succès de la citation fausse. Ce qu'il prêta de phrases à Bossuet et à Voltaire, ce qu'il inventa de vers de Boileau, de Corneille, etc., est vraiment incroyable. Il y aurait tout un supplément à faire à leurs œuvres.

On croyait Rougemont sur parole.

Dans le monde, voyez l'envie! on aimait mieux croire à sa mémoire qu'à son esprit. Il est vrai que notre vaudevilliste-dramaturge ne pensait jamais si bien, ne rimait jamais si heureusement, que lorsqu'il pensait ou rimait sous le couvert des autres.

Ses mystifications allaient plus loin, et l'histoire est encore sa dupe. La plupart des mots soi-disant historiques qui coururent au temps de l'Empire et de la Restauration, ceux-ci sous le nom de l'Empereur, ceux-là sous le nom de Louis XVIII, Charles X, etc., sont en réalité des mots créés par Rougemont. Mais nous nous répétons ici. Nous avons fait sur cette espèce de faux historique un petit volume spécial où nous indiquons la plupart des supercheries de Rougemont et celles de ses nombreux collaborateurs en ce genre; contentons-nous d'y renvoyer.

III

Pour bien citer, il faut une grande sûreté de mémoire; sinon on s'expose à d'étonnantes substitutions de personnes, ce qui est un délit en matière de littérature, comme en matière d'état civil.

C'est sur ce point surtout que nous insisterons. Nous suivrons le conseil de Columelle (liv. XII, ch. II), *cuique sua annumerabimus*. — Ne vous effrayez pas de ce latin, il en viendra bien d'autre tout à l'heure ! — Et nous tâcherons de faire rendre à César ce qui est à César, comme il est dit dans l'Évangile de saint Matthieu, chap. XXII.

N'allez pas pour la peine me traiter de pédant. J'omettrai sans doute bien des choses, je le sais et ne veux pas m'en excuser d'avance, quoique je trouve, dans ce vers du VIe *Discours* de Voltaire :

> Le secret d'ennuyer est celui de tout dire,

mon excuse toute formulée.

J'aime mieux rejeter la faute de ces omissions que je prévois, qui sont inévitables, sur la richesse même du sujet, et me consoler peu modestement de mon impuissance à le traiter d'une façon complète par ce vers de La Fontaine (*Dédicace au Dauphin*, en tête du livre Ier des *Fables*) :

> J'aurai du moins l'honneur de l'avoir entrepris.

Si enfin l'on me reproche d'insister sur les choses anciennes, et d'étaler trop complaisamment les citations des vieux auteurs classiques, latins ou français, je me ferai fort de ces beaux vers de l'*Épitre à Voltaire*, où M.-J. Chénier prouve magnifiquement qu'il n'y a nulle part plus de jeunesse que dans ces choses antiques :

> Brisant des potentats la couronne éphémère,
> Trois mille ans ont passé sur la cendre d'Homère ;
> Et depuis trois mille ans, Homère respecté
> Est jeune encor de gloire et d'immortalité !

IV

D'ordinaire, il en est pour les choses littéraires comme pour les choses d'argent : on ne prête qu'aux riches. Trouve-t-on par hasard, cloué en épigraphe au frontispice d'un livre ou d'un chapitre, quelque vers latin qui semble bien tourné, vite on l'attribue aux poëtes qui ont été le mieux en fonds de bons vers : à Lucrèce, à Horace, à Martial, etc., et l'on ne s'avise jamais de songer au menu fretin, à Manilius, à Stace, à Silius, à Claudien, etc... à ces *poetæ minores*, tristes nébuleuses de la grande pléiade poétique. Les médiocres poëtes, les latins comme les français, ont pourtant fait parfois de bons vers... quand ils se trompaient, comme disait Boileau parlant de Scudéry.

Partout où vous trouvez cité cet hémistiche :

> ... *Habent sua fata libelli,*

vous le voyez mis, tantôt sur le compte d'Horace, tantôt sur celui de Martial. Il n'appartient ni à l'un ni à l'autre, il est du grammairien Terentianus Maurus, le même que le cardinal de Richelieu appelait Térence le Maure. On le lit dans son poëme *De Syllabis*. Voici le vers tout entier. Il est le 250ᵉ de la partie de ce traité versifié qui a pour titre : *Carmen heroïcum* :

> *Pro captu lectoris* habent sua fata libelli.
> (C'est l'esprit du lecteur qui fait le sort des livres.)

Un membre de l'Académie des inscriptions, M. Dureau de la Malle, je crois, avait un jour glissé, dans un mémoire, en ne manquant pas de l'attribuer à Horace, le fameux hémistiche de Terentianus. Son travail fut soumis au secrétaire perpétuel, M. Raynouard, qui le lui rendit en ne lui faisant au milieu de beaucoup d'éloges que cette seule observation : « *Habent sua fata libelli*, monsieur, ne se trouve pas dans Horace. — De qui est le vers, alors ? » dit l'académicien stupéfait. M. Raynouard était déjà loin ; mais l'autre qui ne voulait pas perdre la piste de sa citation, l'eut rattrapé bientôt, pour lui renouveler sa question. « Je suis très pressé, on m'attend à ma maison de Passy, » c'est tout ce que répondit le secrétaire perpétuel ; et il hélait déjà un fiacre qui passait. « Ne prenez pas tant de peine, dit le confrère de plus en plus impatient. J'ai de longues courses à faire, je commencerai par celles qui sont de votre côté ; laissez donc que... — Très volontiers, » dit M. Raynouard, tout joyeux de l'économie que cette politesse du confrère lui permettait de faire. On n'était point aux Champs-Elysées que l'académicien avait déjà repris en main la grande affaire de sa citation : « Si ce n'est pas d'Horace, c'est de Martial ? » M. Raynouard hochait la tête... « C'est de Juvénal ? — Non. — C'est d'Ausone, ou bien peut-être de Pétrone. — Allons donc ! — Ah ! j'y suis ; c'est d'Aulu-Gelle, comme ce vers traduit du grec qu'on attribue à Horace :

Multa cadunt inter calicem supremaque labra.
(Beaucoup de choses tombent entre la coupe et les lèvres.)

— Non, non, non, mille fois non ! » Et M. Raynouard riait sous cape, et le confrère, sous cape aussi, regardait sa montre. On arriva enfin à Passy ;

l'académicien n'avait rien trouvé, M. Raynouard n'avait rien dit. Il descend du fiacre, sonne à sa petite porte, franchit le seuil; le confrère en sera pour sa course et ses frais ! Il dit déjà au cocher de tourner bride, quand le malin secrétaire, passant la tête par la porte entre-bâillée : « Hé ! pardon ! j'oubliais, monsieur ! Le *habent sua fata libelli* se trouve dans Terentianus Maurus. »

Je vous donne cette histoire comme très authentique. Elle prouve qu'à l'Académie les consultations ne sont pas toujours gratuites.

Quand, ce qui est fort ordinaire, l'on fait des deux hémistiches suivants, intervertis dans leur ordre, un hexamètre que complète l'annexion parasite du mot *totus* :

Componitur orbis
Regis ad exemplar...
(Le monde entier se compose sur l'exemple du roi.)

l'on commet une première erreur; si l'on attribue le vers ainsi arrangé, soit à Juvenal, soit à Ovide, l'on en fait une seconde. C'est Claudien (*IVe Consul. d'Honor.*, v. 298-299) que l'on a cité, sans qu'on s'en doute.

J'ai vu mille fois attribuer à Lucrèce, assez

impie, mais assez bon poëte aussi pour l'avoir fait, un autre hémistiche non moins fameux :

Primus in orbe Deos fecit timor...
(C'est la peur la première qui dans ce monde fit les dieux.)

Ce n'est pourtant pas dans le *De Naturâ rerum* qu'il faut le chercher, mais dans la *Thébaïde* de Stace (liv. III, v. 661). Il est vrai qu'on le trouve aussi dans les fragments de Pétrone, où Stace l'a pu prendre, en honnête homme de poëte qu'il était.

Le commentateur des *Œuvres* de Saint-Évremond (t. VII, p. 166) dit *oui*. Adrien de Valois dit *non*; mais qu'importe? Il nous suffit que l'hémistiche ne soit pas de Lucrèce, bien que tout le monde le croie et le répète; bien qu'il fût, comme je l'ai dit, très-capable de l'avoir fait, lui qui, toujours impitoyable contre les abus de la religion et contre les maux qu'ils entraînent, dit dans le même poëme (lib. I, v. 102) :

Tantum Relligio potuit suadere malorum.
(Tant il est vrai que la religion peut être la conseillère des
[plus grands malheurs.)

Louis XVIII suivait l'erreur commune.

Quand il reçut de M. Pongerville, l'heureux traducteur du *De Naturâ rerum*, il voulut lui faire la gracieuseté d'une citation de son poëte. C'est justement le vers de Stace qu'il cita : « — Comment avez-vous traduit celui-là ? » dit-il à M. de Pongerville. Grand embarras de l'académicien qui, par bonheur, était homme d'esprit et avait l'improvisation facile. Au lieu d'un démenti, car il savait, lui, à quoi s'en tenir sur le vers cité, il gratifia Sa Majesté de cette version *ex abrupto :*

La crainte la première enfanta les faux dieux.

Louis XVIII se recueillit un moment comme pour retrouver le vers *inédit* dans sa mémoire, puis : — « Fort bien, monsieur, dit-il, fort bien, ma foi ! » Ces mots *faux dieux*, qui sont d'une traduction plus flatteuse qu'exacte, avaient charmé le roi très-chrétien, — ensuite il ajouta : — « Monsieur de Pongerville, vous m'avez réconcilié avec Lucrèce poëte.... — J'ose croire que votre Majesté n'a jamais été brouillée avec Lucrèce philosophe ? — Non, non... Mais chut ! le roi nous entend ! »

Le jour où Louis XVIII n'accepta la dédicace des classiques latins d'Éloi Lemaire qu'à la condition expresse que Lucrèce n'y figurerait pas, le roi avait entendu.

Louis XV fut très bon prince pour un vers de Crébillon dont le premier hémistiche est une imitation de l'hexamètre dont nous venons de parler, et qui se termine par un trait vif contre les rois. « Crébillon, écrit Collé dans son *Journal* (mars 1749), a fait imprimer ces jours-ci *Xercès*... Il a présenté cette pièce au roi, qui, à l'ouverture, est tombé par hasard sur ce vers (acte Ier, sc. Ire) :

La crainte fit les dieux ; l'audace a fait les rois.

« Le roi le loua de très bonne foi, et trouva ce vers fort beau. »

Il n'y a pas à citer dans Stace que l'unique vers dont nous venons de parler. Deux autres hémistiches de sa *Thébaïde* (liv. II, v. 289-290 :

O cæca nocentum
Consilia ! ô semper timidum scelus !
(O résolutions aveugles des coupables ! ô crime toujours
[effrayé !])

ne valent pas moins.

Nous leur préférons toutefois encore l'admirable passage (livre XII, vers 816 817), où, près d'achever son poëme, et se parlant à lui-même, Stace se déclare impuissant à tenter jamais une œuvre qui puisse lutter avec la divine *Énéide*, et se résigne à suivre de loin Virgile, en baisant la trace de ses pas :

>.....*Nec tu divinam Æneida tenta,*
>*Sed longe sequere, et vestigia semper adora.*

V

J'aime fort que, citant un vers connu et d'un bon poëte latin, on sache non seulement qu'il est de lui, mais de quelle partie de ses œuvres il nous arrive. Ainsi, quand vous m'aurez dit que le fameux hémistiche sur la Renommée :

Vires acquirit eundo,
(Plus elle marche, plus sa force augmente.)

est de Virgile, cela ne suffira pas, et je serai bien aise que vous ajoutiez : c'est dans le IVe livre de l'*Énéide* qu'il se trouve. Vous mettrez même le comble à ma joie de pédant si vous ajoutez : c'est l'hémistiche qui termine le 175ᵉ vers. De même pour le non moins fameux :

> *Sic itur ad astra,*
> (Ainsi l'on s'élève jusqu'aux astres.)

que l'invention des ballons a mis en si grand honneur.

Pour peu que vous teniez à me montrer que vous en savez plus long sur Virgile que tel ou tel aéronaute de l'un ou de l'autre sexe, vous me direz que l'on trouve ledit hémistiche au IXᵉ livre de l'*Énéide;* puis, pour me prouver que vous ne me faites pas là une citation *en l'air*, vous me déclamerez le vers entier, qui est le 640ᵉ de ce IXᵉ chant :

> *Macte novâ virtute, puer,* sic itur ad astra.
> (Prends, enfant, un nouveau courage......)

Vous donnerez aussi, selon moi, beaucoup d'autorité au fameux et si souvent cité : *Numero deus impare gaudet,* si vous me faites savoir que c'est un débris du 75ᵉ vers de la VIIIᵉ églogue. Nous laisserons après cela les burlesques nous le traduire comme il leur plaira : « *Le numéro deux se réjouit d'être impair,* » etc. Je prierai seulement MM. les compositeurs de ne pas pousser la licence facétieuse de la coquille jusqu'à l'imprimer ainsi — ce qui, m'assure-t-on, arriva une fois : — « *Numéro deux, impasse Gaudot.* »

Des Accords, l'auteur des *Bigarrures*, peut seul se permettre ces débauches de traduction typographique, lui qui voulait que l'axiome latin : *Natura diverso gaudet* (la nature aime la variété) s'imprimât et se lût ainsi : *Nature a dit : Verse au godet.*

Un autre hémistiche de Virgile resté tout aussi célèbre me rappelle mieux qu'un calembour : une spirituelle anecdote. C'est celui qui termine le 4e vers de la VIIe églogue :

Ambo florentes ætatibus, Arcades ambo.
(Tous deux dans la jeunesse et tous deux de l'Arcadie.)

Bauyn, conseiller au Parlement, voyant que lui et Perrot de la Malmaison étaient entrés en même temps à la Grand'Chambre, se mit à lui en faire compliment : « Je me réjouis, dit-il, qu'après avoir fait nos classes ensemble, soutenu ensemble un acte, étudié en droit, été reçus conseillers, et mariés en même temps, nous soyons encore montés ensemble à la Grand'Chambre; on peut dire de nous : *Arcades ambo.* — Bon pour vous et pour votre mulet, lui répondit Perrot. » Or, tout le monde sait de quelle célébrité jouissaient les roussins d'Arcadie.

Ce que je sais le mieux, c'est mon commencement,

dit le Petit-Jean des *Plaideurs;* ce que nous savons le mieux, en fait de latin, c'est celui de la grammaire latine.

Ses *exemples* sont ce que nous citons avec le plus d'aplomb. Aussi, que de fois, quand j'ai vu des latinistes de société assez forts sur leur syntaxe pour citer sans solécisme le fameux : *Sapiens nil affirmat quod non probet*, ou autres adages de sixième, renouvelés de Lhomond, me suis-je pris à rire, comme si j'assistais encore à la scène où Sagnarelle, triomphant de l'ignorance de Géronte, lui crie : « Ah ! vous ne savez pas le latin ! » et lui jette par bribes victorieuses tout ce qui lui est resté de la dure digestion du Despautère : *Deus, sanctus, bonus, bona, bonum*, etc. !

Ceux qui nous citent le fameux distique dont Ponsard nous donna une heureuse traduction dans sa comédie de *l'Honneur et l'Argent* :

Donec eris felix, multos numerabis amicos,
Tempora si fuerint nubila, solus eris,
(Heureux, vous trouverez des amitiés sans nombre,
Mais vous resterez seul si le temps devient sombre.)

ces citateurs, dis-je, ne me paraissent pas beaucoup plus forts : ils me prouvent seulement qu'ils ont été jusqu'en quatrième, jusqu'à la *Prosodie,* qui leur a fiché les deux vers dans la mémoire, comme exemple de l'alliance de l'hexamètre et du pentamètre dans le distique. Afin de nous montrer qu'ils en savent plus long qu'il ne semble, il faudra, s'il vous plaît, qu'ils nous disent que ces vers sont les 5e et 6e de la IXe élégie du Ier livre des *Tristes.* Nous verrons alors que ce n'est plus pour eux une réminiscence machinale, mais qu'ils l'ont puisée à sa vraie source; qu'ils ont pris le fruit à l'arbre, et non au fruitier.

S'ils veulent encore ne pas paraître de simples perroquets de syntaxe, il sera bon qu'ils nous disent que le fameux : *Quia nominor leo,* n'est qu'un débris gâté par Lhomond de ce vers de *Phèdre* (liv. Ier, fab. 5) :

Ego primam tollo, nominor quoniam Leo,
(Je prends, moi, la première part, parce que je m'appelle
[lion.)

d'où nous est venue la locution proverbiale « la part du lion. »

Ils feront bien de nous dire aussi que le *par pari refertur* (il faut rendre la pareille), est un léger arrangement de ce que dit Gnaton dans l'*Eunuque* de Térence (acte III, sc. 1re) :

>...*Denique*
>*Par pari referto;...*

que cet autre exemple resté plus intact :

>*Quot homines, tot sententiæ,*
>(Autant d'hommes, autant d'opinions.)

est aussi de Térence dans le *Phormion* (acte II, scène III); et que ce précepte de morale et de grammaire :

>*Maxima debetur puero reverentia,*
>(On doit le plus grand respect à l'enfance.)

fut découpé par les ciseaux du professeur en quête d'exemples dans le 47e vers de la XIVe satire de Juvénal.

C'est à Térence encore, et au *Phormion* (acte III, sc. III), que Lhomond a pris son *teneo lupum auribus*, qui n'y est donné du reste par le poëte que comme une expression proverbiale :

>*Imo id, quod aiunt, auribus teneo lupum.*
>(Bien plus, je tiens, comme on dit, le loup par les oreilles.)

Quel en était le véritable sens? Une anecdote de Suétone dans la *Vie de Tibère* (ch. xxv) va nous prouver qu'on entendait par là se croire aux prises avec de terribles difficultés : « Il avait, dit Suétone, des raisons de balancer, plusieurs dangers le menaçaient, et il disait souvent qu'il tenait le loup par les oreilles. »

Pour que la citation d'un vers soit faite avec toute justesse, il est bon, selon moi, que le citateur paraisse bien pénétré de l'esprit général de l'ouvrage où rayonne le poétique axiome. Croyez-vous, par exemple, que le fameux

Homo sum ; humani nihil a me alienum puto,
(Je suis homme, et tout ce qui vient de l'homme me tient
[au cœur.)

ne gagnera pas beaucoup en valeur si l'on ajoute qu'il se trouve dans la comédie si profondément humaine de Térence, l'*Heautontimorumenos* (acte Ier, sc. Ire, v. 25)? L'ami de Scipion le devait-il à Ménandre, comme tant d'autres qui sont dans ses comédies? Un des candidats au prix proposé par l'Académie française, en 1853, pour une *Étude historique et littéraire sur la Comédie de Ménandre*, ne voulant pas douter de l'emprunt du poëte latin, bien qu'il n'en trouvât aucune trace chez le grec, et pour rendre évident aux autres ce dont il se croyait convaincu, refit le vers grec que Térence aurait traduit, et le prit hardiment pour épigraphe de son mémoire. Le voici :

Ἀνὴρ ἐγω καί παντα μοι τ ανδρος μελει.

Personne à l'Académie ne mit en doute l'authenticité du vers, pas même le secrétaire perpétuel, M. Villemain, comme le prouva certain passage de son rapport.

Un autre candidat, qui partagea le prix, M. Guillaume Guizot, y avait mis plus de conscience. Après d'infructueuses recherches pour découvrir la provenance du vers latin, il écrivit à la page 264 de son *Ménandre* : « Dans les fragments de la comédie grecque, nous ne retrouvons, sur ce sujet, aucun vers que Térence paraisse avoir vraiment traduit. »

Il imitait, il s'inspirait, et ne s'en cachait pas. Lors même que le vers d'un autre, d'un plus ancien surtout, se fût trouvé parmi les siens, il ne s'en serait pas fait un crime. N'avait-il pas prévu ce hasard de réminiscence toujours possible, lorsqu'il avait écrit à la fin du *Prologue* de l'*Eunuque* :

Nullum est jam dictum quod non dictum sit prius.
(Rien ne se dit qui ne l'ait déjà été auparavant.)

Pour les vers qui nous viennent de Juvénal, de même que pour ceux de Perse, il en est comme de celui de Térence : il importe de ne pas les attribuer à d'autres qu'au poète qui les a écrits. Ce certificat d'origine est pour eux un brevet d'énergie.

Il n'est point, par exemple, indifférent de savoir que cette grande formule du despotisme :

Hoc volo, sic jubeo; sit pro ratione voluntas,
(Je veux cela, j'ordonne ainsi ; ma volonté, voilà ma raison.)

est un vers de Juvénal, le 223e de sa VIe satire ; là même où se trouve aussi, au commencement du 165e vers, cet hémistiche si bien en circulation : *Rara avis in terris* (un oiseau rare sur la terre).

J'applaudirai mieux à cette admirable et déséspérante vérité :

Probitas laudatur et alget,
(On vante la vertu, et on la laisse morfondue.)

si l'on m'apprend qu'elle nous vient aussi du grand satirique, qui en a fait le dernier hémistiche du 74e vers de sa Ire satire. Enfin, celui-ci, sur les méchants et sur leurs remords :

Virtutem videant, intabescantque relicta,
(Qu'ils regardent la vertu et meurent de honte de l'avoir
[abandonnée.)

ne me paraîtra que plus excellent, si je sais qu'il a jailli de l'âme honnête de Perse. Il est le 38e de sa satire III.

Il prouve que les mauvais savent se juger et se rendre justice, bien que le même poète ait dit dans sa IVe satire, vers 23 :

Nemo in sese tentat descendere.
(Il n'est personne qui essaye de descendre en soi-même.)

Cette recherche intérieure, Perse, lui du moins, l'avait faite dans son âme et celle des autres. Il avait scruté l'homme de l'épiderme jusqu'au cœur, *intus et in cute* , comme il dit (sat. III, v. 30), et dès les premiers vers si désenchantés de sa première satire :

O curas hominum ! ô quantum in rebus inane !
(O soucis des humains ! ô que de vide dans les choses.)

il aurait pu répéter, avec le Venulus de l'*Enéide* (liv. XI, v. 284), ce fameux *experto credite* (ayez foi en qui fit l'expérience), que le moyen âge noya dans cette formule scolastique et barbare :

Quam subito, quam certo, experto crede Roberto.

Les vers de Perse, toujours courageusement honnêtes, sont de ceux où le poète se révèle bien lui-même à la forme et à la force de sa pensée, de ceux qui font dire que la Muse, dont ils sont la virile expression, est comme la Vénus de Virgile (*Énéide*, liv. Ier, v. 405),

Et vera incessu patuit Dea.
(Sa démarche révélait qu'elle était déesse.)

VI

Les citations latines font certainement très-bonne figure partout où l'on sait les glisser à propos, avec esprit.

Il ne faut pourtant pas trop céder à la manie d'en semer ce que l'on écrit. Elles ne sont qu'un agrément accessoire, une beauté parasite : il n'en faut pas plus abuser que du fard et des mouches.

Cette sorte de coquetterie fut le grand malheur des prédicateurs et des avocats du XVIe et du XVIIe siècle. Tous, et les derniers principalement, ne parlaient leur langue naturelle que par exception. Le français dans leurs discours ne servait que de canevas pour la broderie des citations latines ou grecques. Paul de Filèze en fit une rude guerre aux habiles du barreau sous Henri IV : « Pourquoi, dit-il dans son *Discours contre les citations du grec et du latin ès-plaidoyers de ce temps* (Paris, 1610, in-8°, p. 12), pourquoi taschons-nous avec tant de peine d'enfourner tant de grec aux discours françois que nous faisons aujourd'hui ? »

Il ne s'en tient pas là : « On dit, ajoute-t-il plus loin (page 24), que le chantre Lacon jouant un jour en public sur sa lyre, ses cordes vinrent à rompre, mais une cigalle aussitost, posée sur sa main, suppléa de son chant le son de ses cordes rompues : il semble que nous soyons cette lyre sans cordes et sans harmonie, et qu'il faille en ce malheur, que les anciens chantent pour nous et nous prêtent secourablement leurs paroles. »

Pour cette raison et pour bien d'autres que nous n'avons pas besoin d'emprunter à Paul de Filèze, nous en finirons vite avec les vers latins. Vous ne nous en voudrez guère, certainement, vous, lectrice, qui n'en citez pas.

Laissez-moi pourtant vous dire pour mémoire que le vers proverbe :

Incidis in Scyllam, cupiens vitare Carybdim,
(En voulant fuir Carybde, tu tombes dans Scylla.)

n'est pas plus d'Horace que la plupart de ceux dont

je vous ai dit l'origine il n'y a qu'un instant. La muse ne lui a pas fait cet honneur. Il n'est pas non plus d'Ovide, quoi qu'en disent les anciens *Gradus*. C'est le 301ᵉ du livre V de l'*Alexandréide* de Philippe Gautier de Lille qui écrivait au XIIIᵉ siècle.

De ce poëme, qui fut longtemps, selon Henri de Gand (*Catal. viror. illustr.*, cap. XXIII), la lecture favorite des gens instruits, il n'est pas resté autre chose.

Les vers que l'on cite viennent rarement de cette source entachée de basse latinité. J'en sais bien encore quelques-uns du *Pseudo-Gallus*, tels que ceux-ci (I, 180; II, 104) que Montaigne a popularisés en les citant :

O miseri, quorum gaudia crimen habent;
(Malheureux ceux qui se font de leur crime un bonheur.)

Diversos diversa juvant; non omnibus annis
Omnia conveniunt.

(Pour charmer les goûts différents, il faut des choses diffé-
[rentes; tout ne convient pas à tous les âges.)

Après ces axiomes en hexamètres, qui ne pèchent au reste que par la forme, c'est tout au plus si je trouve un autre vers qui soit un débris de ce latin en décadence. Le seul que je sache est d'Alain de

Lille, *Alanus de Insulis*, un poète du même temps à peu près, de la même force mais aussi de la même popularité scolaire, que son compatriote Gautier. C'est un pentamètre ; je vais vous le faire connaître tel qu'il se trouve au chap. II de l'ouvrage d'Alain, *Liber parabolarum* (Opera moralia, 1654, in-fol., p. 424). Pour en fixer mieux la citation, où vous ne trouverez d'ailleurs qu'un écho de cet hémistiche des *Fastes* d'Ovide (lib. I, v. 218) : *Pauper ubique jacet*, je le laisserai enchâssé dans l'anecdote tragique sans laquelle il serait certainement passé inaperçu pour moi, et que l'abbé de Longuerue va vous raconter :

« Un François m'a dit qu'étant à Londres, il avoit un commerce avec la femme d'un des principaux ennemis du roy Charles Ier, qui étoit alors arrêté, mais gardé fort négligemment : ayant appris de cette femme que le dessein étoit arrêté de faire périr le roy sur un échafaud, il en avertit M. de Bellièvre, qui alla sur-le-champ en donner avis à ce prince. On fit attendre longtemps Bellièvre ; enfin le roy vint et lui dit : « J'étois à la représentation « d'une comédie qui est la plus plaisante chose du « monde. — Sire, répondit Bellièvre, c'est d'une « tragédie qu'il est question. » Et lui ayant rendu compte de tout ce qu'il savoit, le roy répliqua froidement à la proposition de se sauver par un bateau que l'on feroit trouver au-dessous de sa maison :

Qui jacet in terra non habet unde cadat.
(Celui qui est à terre ne saurait tomber.)

« Sire, dit Bellièvre, on peut lui faire tomber la
« tête. »

Charles passa. Savait-il au moins d'où venait ce vers, dont il faisait une si flegmatique application ? Peut-être ; mais le malheur, c'est que, roi plus imprudent que mauvais citateur, il ne savait pas où il allait !

Le vers chéri des doctes, plus prodigues de science que d'esprit :

Ornari res ipsa negat, contenta doceri,
(Contente d'instruire, elle refuse tout ornement.)

n'est pas, comme on l'a dit souvent, un vers du poète de l'*Art poétique*. On le trouve dans l'*Astronomicon* de Manilius (liv. III, v. 39); il pourrait même être l'épigraphe de ce poëme aussi instructif que peu orné.

Nous ajouterons à ce petit supplément du *Gradus*

une anecdote sur l'hexamètre mille fois cité au frontispice des livres d'éducation :

Indocti discant et ament meminisse periti.
(Que les ignorants apprennent, que ceux qui savent se [souviennent.)

Il parut pour la première fois, comme épigraphe, au premier feuillet de la première édition de l'*Abrégé chronologique* du président Hénault, et ce fut aussitôt à qui le proclamerait un des vers les plus heureux d'Horace, à qui se récrierait sur la justesse de la citation. L'auteur laissa dire, en riant sous cape de l'habileté de ces latinistes et de la sûreté de leur mémoire. Quand parut la troisième édition (Paris, 1749, in-4º), il se donna pourtant le plaisir de les démentir. Il avoua humblement dans un coin de la préface que ce vers, loin d'être d'Horace, était tout bonnement de lui, Charles-Jean-François Hénault, qui s'était permis de le traduire des 740e et 741e de l'*Essai sur la Critique*, par Pope :

Content, if hence th' unlearn'd their wants may view,
The learn'd reflect on what before they knew.

Le vers n'en resta pas moins excellent. Mais il est bien entendu qu'on oublia vite la petite réclamation du président.

Quand on cite son vers, on croit toujours citer Horace.

Rarement les poètes de la moderne latinité ont eu pareil bonheur. A cet hexamètre d'un président, je ne vois à opposer, comme perfection dans la concision brillante, que celui-ci que fit l'illustre Turgot, pour mettre sous le buste de Franklin par Houdon.

Il inventa le paratonnerre et délivra son pays des Anglais ; le vers dit tout cela :

Eripuit cœlo fulmen sceptrumque tyrannis.
(Il ravit au ciel sa foudre, aux tyrans leur sceptre.)

Il est vrai que Turgot avait trouvé son premier hémistiche dans l'*Astronomicon* de Manilius (liv. I, v. 102) ; et bien plus, comme l'a fort bien remarqué Grimm (*Correspond.*, avril 1878), tout le dessin de son vers dans celui-ci de l'*Anti-Lucrèce* du cardinal de Polignac (liv. Ier, v. 96) :

Eripuitque Jovi fulmen, Phœboque sagittas.

Quoi qu'il en soit, tout le monde trouva le vers de Turgot d'une grande nouveauté et d'une justesse parfaite. Franklin fut le seul qui le critiqua. Son bon sens ne faisait grâce à rien, même aux éloges qu'on lui adressait. Avant de les accepter, il prenait la peine de les raisonner. Félix Nogaret, grand faiseur de vers d'almanach, avait traduit ainsi l'hexamètre de Turgot :

Il ôte au ciel la foudre et le sceptre aux tyrans,

et vite il avait envoyé à Franklin la traduction avec trois pages de louangeux commentaires. Voici ce que Franklin lui répondit :

« Monsieur,

« J'ai reçu la lettre dans laquelle, après m'avoir accablé d'un torrent de compliments qui me causent un sentiment pénible, car je ne puis espérer les mériter jamais, vous me demandez mon opinion sur la traduction d'un vers latin. Je suis trop peu connaisseur, quant aux élégances et aux finesses de votre excellent langage, pour oser me porter juge de la poésie qui *doit* se trouver dans ce vers. Je vous ferai seulement remarquer deux inexactitudes dans le vers original. Malgré mes expériences sur l'électricité, la foudre tombe toujours à notre nez et à notre barbe, et quant au tyran, nous avons été plus d'un million d'hommes occupés à lui arracher son sceptre. ».

Puisque nous parlons des vers latins modernes, il ne faut pas oublier Santeuil, ne dussions-nous citer de lui que le fameux

Castigat ridendo mores,
(En riant il corrige les mœurs.)

qu'il improvisa pour l'Arlequin Dominique, et dont la Comédie-Italienne, puis l'Opéra-Comique se sont fait une devise.

J'aime assez que, pour un vers qui court, on ne s'en tienne pas toujours, faisant fi du reste, à l'hémistiche en circulation.

Dites-nous tout entier, par exemple, le 343ᵉ vers de l'*Art poétique* d'Horace, dont le vulgaire ne sait que les derniers mots :

Omne tulit punctum qui miscuit utile dulci.
(Celui-là ne laisse rien à désirer qui mêle l'agréable à
[l'utile.)

Pour le 6ᵉ vers du IVᵉ livre des *Géorgiques*, faites aussi mieux que tout le monde, allez plus loin que les premiers mots, et dites ce que je voudrais bien pouvoir dire pour ce travail-ci, même avec la traduction de Delille :

> In tenui labor, *at tenuis non gloria.*
> (Moins le sujet est grand, plus ma gloire va l'être.)

Enfin, de grâce, encore une fois, quand vous citez, citez bien, et d'une façon complète.

Ne dénaturez pas, ainsi qu'on le fait partout, un des passages les plus souvent cités de l'*Art poétique* d'Horace. Souvenez-vous qu'on y lit au vers 19ᵉ :

> *Sed nunc non erat* HIS *locus,*
> (Mais maintenant ce n'était pas la place de ces choses.)

et, par conséquent, ne répétez plus, suivant la commune et sempiternelle erreur, le fameux *non erat* HIC *locus.*

Voltaire a dû contribuer à fausser cette citation. Elle tombait souvent sous sa plume, et chaque fois il en donnait la mauvaise variante. Voyez par exemple sa lettre du 6 novembre 1733 à Cideville, et celle qu'il écrivit, le 24 novembre 1777, à Delisle Desalles.

Tout ce qui se trouvait dans les livres de bon à citer se fixait vivement dans sa mémoire, mais le plus souvent à la condition de s'y altérer. Les vers latins surtout jouaient de malheur avec lui. Trouve-t-il par exemple l'hémistiche d'Horace (lib. I, epist. IV, v. 9) :

> ... *Fari possit quæ sentiat,*
> (Pouvoir dire ce qu'on sent.)

il l'arrange ainsi en le citant, dans sa lettre du 28 décembre 1761, au cardinal de Bernis :

« Ma vocation est de dire ce que je pense, *fari quæ* sentiam. » Si, écrivant, le 19 août 1758, au même prélat, il sent frémir au bout de sa plume cet autre hémistiche d'Horace (lib. IV, od. XII, v. 27) :

> ..... *Misce stultitiam consiliis brevem,*
> (Assaisonne ta sagesse d'un peu de folie.)

il n'oublie pas à qui il parle, et par politesse il fait ainsi à faux la citation : *Misce consiliis jocos.* Le mal, dans tout cela, n'est pas grand.

Voici qui est pis, sans être pourtant encore bien grave. Il trouve au livre III des *Métamorphoses* d'Ovide (vers 137, 140) ces deux hémistiches, que deux vers séparent :

> ..... *Medio tutissimus ibis......*
> *Inter utrumque tene,*
> (Au milieu tu iras plus sûrement...... tiens-toi entre les
> [deux.)

et, dans sa lettre du 14 décembre 1772, en rapprochant les deux fragments, soudant le premier à la suite du second, il en fait un hexamètre, qui, après 1830, aurait fort bien pu servir de devise au *juste-milieu*. Depuis lors, le passage d'Ovide n'a plus été cité que sous cette forme.

Quand, par la satiété, Voltaire arrivait au dégoût de la gloire, et se sentait pris de l'envie de souffleter sa popularité par ce vers d'Horace (lib. III, od. I), si menteur dans sa bouche :

> *Odi profanum vulgus, et arceo,*
> (Je hais le profane vulgaire et je me garde de son approche.)

on l'entendait souvent désirer pour devise un autre fameux hémistiche. Deux fois, il écrivit à d'Argental (6 avril 1773; 12 juin 1776) : « Heureux qui vit et qui meurt inconnu, *qui bene latuit, bene vixit.* » Mais chaque fois, il ne disait pas sa pensée, et deux fois il citait mal. L'axiome, tel qu'il le donne, semble même impossible dans un vers.

Voici le distique d'Ovide (*Tristes*, livre III, élégie IV, v. 25) :

> *Crede mihi,* bene qui latuit bene vixit, et *intra*
> *Fortunam debet quisque manere suam.*
> (Crois-moi, celui-là vécut bien qui mena une vie cachée ; chacun doit rester dans sa fortune.)

L'*Art poétique* est ce que Voltaire savait et citait le mieux. C'est la loi du goût, et l'on sait que celle-là jamais il ne s'en départit.

Il ne faut pas seulement la connaître superficiellement cette charmante *Épitre aux Pisons*, il faut la savoir toute, et surtout la savoir bien, sinon la lettre y tuera l'esprit.

Tout y est à prendre. Dès le 11e vers vous trouvez un adage dont les mœurs littéraires de notre époque, pleine de gens, poëtes aujourd'hui, critiques demain, ont doublé la vérité par l'à-propos :

.. *Hanc veniam petimusque damusque vicissim.*
(Ce pardon, nous le demandons et nous l'accordons tour à
[tour.)

Le 78e vers se termine par un hémistiche-formule d'un emploi journalier :

Grammatici certant et adhuc sub judice lis est.
(Les grammairiens disputent, et le procès est encore pen-
[dant.)

Plus loin, au vers 139e, c'est le proverbial :

... *Nascetur ridiculus mus.*
(Qu'en naîtra-t-il ? un ridicule rat.)

En deux vers, les 147ᵉ et les 148ᵉ, vous trouvez ensuite un dicton et un adage :

Nec gemino bellum Trojanum orditur ab ovo ;
   Semper ad eventum festina;
(Le récit de la guerre de Troie ne doit pas commencer à
   l'œuf des enfants de Léda. Hâtez-vous toujours vers le
   fait.)

puis (vers 322ᵉ), cette condamnation des riens sonores, qui souvent n'en sont pas moins, comme dit Martial (lib. II, epig. 86) des riens difficiles, *difficiles nugæ :*

..... *Versus inopes rerum nugæque canoræ,*

— vers excellent que La Mothe retournait ainsi au profit des siens : Mes vers sont durs, d'accord, mais forts de choses ; — puis plus loin encore (vers 385ᵉ), cette défense formelle d'écrire, adressée à quiconque se voit Minerve contraire. *Tu,* lui crie Horace,

Tu nihil invitâ *dices faciesve* Minervâ;
(Tu ne diras ni ne feras rien malgré Minerve.)

et Boileau, reprenant l'anathème, lui prédira la même impuissance,

Si son astre, en naissant, ne l'a formé poëte.

Un mauvais vers fait en dépit de la muse, est si vite parti, et — ce qui est le pire, comme pour toute parole — et cela, sans qu'il soit possible de le reprendre :

..... *Nescit vox missa reverti.*
(Un mot une fois lancé ne revient pas.)

C'est dans cette même *Épitre aux Pisons* (vers 390), c'est Horace qui le dit encore.

Que n'a-t-il pas dit au reste, et toujours excellemment ?

Son œuvre est le trésor du sens commun, pour tous les temps. *Beati possidentes* (heureux ceux qui possèdent), s'écrie-t-il dans l'ode IX du IVe livre, vers 25, à propos de ceux qui sont riches par la fortune. S'il eût parlé de ceux qui le sont inépuisablement par l'esprit et la raison, il eût parlé pour lui-même.

Sceptique, il vous criera de ne pas croire Apella le juif, et de lui laisser ses sottises superstitieuses, (lib. I, sat. v. vers 100) :

... *Credat judæus Apella !*

mais en revanche, toujours encourageant, il vous criera de croire en vous-même. Les abords de tout ce qu'on entreprend sont escarpés, comme le rivage de Corinthe, et il n'est pas permis à tout le monde d'y arriver, dit-il (lib. I, epist. XVII, vers 36) :

Non cuivis homini contingit adire Corinthum;

mais courage pourtant, essayez, commencez surtout, vous conseille-t-il autre part (liv. I, épist. II, vers 40) :

Dimidium facti, qui cœpit, habet...
(Un bon commencement est la moitié de l'œuvre.)

Il ne répugne point pour cela au plaisir; il s'en inspire même encore mieux que de la raison : *carpe diem*, dit-il à Leuconoe (lib. I, ode XI, v. 8),

... Carpe diem, quam minimum credula postero.
(Jouis du jour, en pensant le moins possible au lendemain.)

Il est doux de déraisonner à son heure :

Dulce est desipere in loco.

C'est à son meilleur ami qu'il adresse ce dernier vers (liv. IV, ode XII, v. 28), c'est à Virgile, que le plaisir entraînait moins, et qui, toujours tout entier au labeur de sa pensée, était bien digne ainsi de trouver dans son cœur et dans son courage ces vers du liv. Ier des *Géorgiques* qui sont devenus la devise des infatigables travailleurs :

*Labor omnia vincit
Improbus, et duris urgens in rebus egestas.*
(Tout cède à la puissance du travail infatiguable et à celle
[de la nécessité.)

On ne les cite bien souvent que tronqués : c'est un grand tort. Il en faut tout ou rien.

Pour un autre vers du même poëte, le 65e du livre IIe de l'*Énéide*, il sera peut être plus indispensable encore de serrer de près le texte et de le laisser absolument intact, dans la citation. Un mot de moins, et le vrai sens n'existerait plus. C'est Sinon qui parle :

Accipe nunc Danaum insidias, et crimine ab uno
  Disce omnes.
(Maintenant, apprenez les embûches des Grecs, et qu'un
  seul crime vous les revèle tous.)

D'ordinaire, quand on cite, on dit seulement : *Ab uno, disce omnes,* comme si le premier mot s'accordait avec le second. C'est un gros contre-sens, c'est un solécisme, un barbarisme de citation :

Dites bien de même, sans l'atténuer d'une épithète, cet hémistiche du Ier livre des *Métamorphoses,* si burlesquement pariodé dans le réquisitoire de l'Intimé, cet autre chaos!

> *Rudis indigestaque moles.*
> (Une masse abrupte et sans forme.)

N'oubliez pas que celui-ci :

> *Materiam superabat opus...*
> (Le travail surpassait la matière.)

vient aussi des *Métamorphoses*, au livre II, *Description du Palais du Soleil;* que cet autre :

> *Est quædam flere voluptas,*
> (Les pleurs ont aussi leur volupté.)

se trouve, *flebile carmen,* au IIIe livre des *Tristes* (élégie III, v. 27), comme le plus touchant écho des plaintes d'Ovide exilé.

Quand vous citerez ce vers :

> *Victrix causa Diis placuit, sed victa Catoni,*
> (Les Dieux sont pour César, mais Caton suit Pompée.)

songez un peu, comme tout à l'heure, à l'Intimé et à son burlesque discours, mais davantage à Lucain et à sa *Pharsale* (liv. I, v. 128).

Il y est suivi de près (vers 135) par un hémistiche qui n'est pas moins beau :

>..... *Stat magni nominis umbra.*
> (L'ombre d'un grand nom reste debout.)

Un peu auparavant (vers 120) — tant cette partie du poëme de Lucain foisonne en belles pensées, — on y avait lu cette admirable devise de la noble émulation :

>..... *Stimulos dedit æmula virtus.*
> (La vertu rivale lui donna de l'aiguillon.)

Rappelons-nous encore que cet hémistiche, auquel les démolitions menées si grand train, dans Paris, donnent tant d'à-propos :

> *Etiam periere ruinæ,*
> (Les ruines elles-mêmes ont disparu.)

se lit dans le même poëme, au livre IX, quand l'auteur raconte si éloquemment la visite de César aux ruines de Troie.

Enfin, puisque Lucain vous aura mis ainsi en veine de réminiscences, n'oubliez pas que c'est encore lui qui dit dans sa *Pharsale* (lib. II, v. 662) :

> *Nil actum reputans, si quid superesset agendum.*
> (Croyant que rien n'est fait s'il reste encore à faire.)

beau vers écrit pour le premier César, et que le César des temps modernes traduisit ainsi dans sa seconde proclamation à l'armée d'Italie : « Soldats, vous n'avez rien fait, puisqu'il vous reste à faire. »

Au VIIIe livre de son poëme, quand César hésite sur le bord du Rubicon, Lucain prête un vers de la même précision énergique à Curion qui l'encourage :

> *Tolle moras,* nocuit semper differre paratis.
> (Plus de délais, qui tarde, étant prêt, se fait tort.)

Lorsque vous vous serez ainsi montré frais émoulu en bonne latinité, nous vous permettrons de dire comme le vieil Entelle au Ve livre de l'*Énéide* :

> *Hic victor, cestus artemque repono.*
> (Ici, je dis adieu à mon art et dépose mes cestes vain-
> [queurs.)

Il est vrai, qu'ayant fini avec le latin des profanes, il vous restera encore quelque compte de citations à régler avec celui des saintes Écritures.

Il vous faudra, par exemple, savoir que c'est dans l'*Ecclésiaste*, au chap. Ier, verset 2, qu'on lit : *Vaninitas vanitatum et omnia vanitas* (vanité des vanités, tout est vanité); puis encore, au chapitre Ier, verset

9, le fameux *Nihil est sub sole novum* (sous le soleil rien n'est nouveau).

Le prophète Ézéchiel (ch. XXXIII, verset 14) vous dira : *Non volo mortem impii, sed ut convertatur et vivat* (je ne veux pas que l'impie meure, mais qu'il se convertisse et vive).

C'est dans saint Mathieu (ch. VI, verset 34) que se lisent ces paroles : *Sufficit diei malitia sua* (à chaque jour suffit sa peine); *Neque mittatis margaritas vestras ante porcos* (ne jetez pas vos perles devant les pourceaux. Ch. VII, verset 6); *Ex abundantiâ cordis os loquitur* (de l'abondance du cœur la bouche parle. Ch. XII, verset 34).

Dans le 115ᵉ psaume, verset 2, ce stigmate des humaines impostures : *Omnis homo mendax* (tout homme est menteur), vous sautera aux yeux, et vous n'aurez plus qu'à rechercher si dans quelque coin des saints livres ne se trouve pas aussi ce témoignage des erreurs humaines : *Errare humanum est, perseverare diabolicum*. Pour moi, je l'y ai vainement cherché. Il me souvient seulement qu'un prince de l'Église, le cardinal de Polignac, regardant sans doute comme son bien l'axiome sacré, en prit la première partie, *errare humanum est*, pour faire le commencement du 59ᵉ vers du Vᵉ livre de son *Anti-Lucrèce*.

C'est dans le 41ᵉ psaume, que se trouve cette terrible parole sur les chutes du pécheur, qui se succèdent, et pour ainsi dire s'appellent l'une l'autre : *Abyssus abyssum invocat.* Bourdaloue, dans son *Sermon sur la Pénitence,* en a donné cette belle paraphrase : « Vous aimez le jeu… c'est un abysme qui attire un autre abysme, et mesme cent autres abysmes : *Abyssus abyssum vocat.* »

Quant à ce proverbe : « Nul n'est prophète dans son pays, » comme s'il fallait que rien ne manquât à sa triste vérité, c'est un mot du Christ lui-même, c'est une parole de l'Évangile : *Ait autem*, lisons-nous dans Saint-Luc (ch. iv, verset 24), *amen dico vobis quia nemo propheta acceptus est in patriâ suâ* (mais il leur dit : je vous dis en vérité que nul n'est reçu prophète dans sa patrie).

Ces débris de l'Écriture, vu la popularité des saints livres où le bon sens de tous les est allé chercher, se sont tellement mêlés, fondus pour ainsi dire dans les pensées et dans les propos de chacun, que ce ne sont plus des citations ; ce sont des façons de parler, des dictons, des proverbes.

Je pourrais, sans revenir sur ce que j'ai dit déjà, multiplier à l'infini les exemples de cette vulgarisation des saintes paroles dans la parole populaire.

Le *Nescio vos*, cette formule familière que Marinette elle-même jette avec une brusquerie comique au nez de Gros-Réné, n'est autre chose que le mot des Vierges Sages reniant les Vierges Folles et leur fermant leur porte.

« La chair est faible, *caro infirma,* » est un fragment du 38ᵉ verset, chap. xiv, de l'évangile de saint Marc.

Que de gens vous disent : « *Ne tenez pas la chandelle sous le boisseau,* » sans se douter qu'ils citent saint Mathieu (chap. v, verset 5), saint Marc (chap. iv, verset 21), saint Luc (chap. viii, verset 16 et chap. xi, verset 33).

C'est une parole du Christ, qui a été entendue, écoutée partout, hormis peut-être, hélas ! par beaucoup dans son Église.

« *L'homme est né pour travailler, comme l'oiseau pour voler.* » Voilà une phrase que tout le monde répète, et bien peu se souviennent qu'elle est de Job (chap. v, verset 7).

Parle-t-on d'une *voix qui crie dans le désert,* on cite Isaïe qui a dit le premier (chap. lx, verset 3) : *Vox clamantis in deserto.* S'agit-il de se donner les deux grandes vertus de la politique : « l'œil de l'aigle, et la prudence du serpent, » on emprunte, en s'exprimant ainsi, une image à saint Mathieu (chap. x, verset 16).

CHAPITRE VI

Il nous est venu des Pères de l'Eglise des adages, des locutions qui ne sont pas moins en cours, et qu'on sème à travers les conversations sans savoir davantage d'où ils arrivent. Pour quelques-uns, on oserait à peine le croire. Quand on dit : « Ce sont des gens de même farine, » se douterait-on qu'on parle... comme saint Jérôme qui a écrit : *Istius farinæ homines sunt admodum gloriosi ;* et lorsque, pour soutenir un raisonnement *ab absurdo*, l'on s'écrie : *Certum quia impossibile* (c'est certain parce que c'est impossible); s'imagine-t-on que c'est du chap v, du traité *de Carne Christi* de Tertullien que l'on emprunte ce bel argument-là ?

On fait de la théologie sans s'en douter quand on dit : « La lettre tue et l'esprit vivifie, » on répète en effet l'axiome des docteurs : *Littera occidit, spiritus autem vivificat*. Sans qu'on s'en doute davantage, on fait de la jurisprudence lorsqu'on répète : « Qui ne dit mot consent. » C'est le vieux précepte, l'antique *brocard de droit*, comme dit Des Perriers, en sa XXIV⁰ nouvelle : *Qui tacet consentire videtur* (qui se tait paraît consentir).

Non bis in idem est aussi un vieil axiome juridique en vertu duquel, chose jugée étant considérée comme vérité consacrée, ainsi que nous le lisons au tome II, p. 304 du *Journal des Audiences* (1664), il n'était permis de ressaisir, du moins pour le même crime, aucun accusé renvoyé absous une première fois.

« Si veut le roi, si veut la loi, » n'est pas une vague formule, une phrase de chroniqueur, arrangée d'après ce qui se passait sous la monarchie du bon plaisir; Loisel, dans les *Règles du droit françois* (livre I, titre 1), la pose expressément comme la première de toutes.

L'expression *dépouiller le vieil homme* nous vient d'une autre formule, mais toute religieuse, celle-là.

Elle était employée chez les Juifs pour ordonner au néophyte de revêtir de nouveaux habits, avant son entrée dans le sanctuaire. C'est saint Paul qui nous l'a transmise : *Exuite veterem hominem*, dit-il dans sa *Première aux Corinthiens* (chap. v, verset 7); et ailleurs, dans l'*Épître aux Éphésiens* (chap. v, versets 22-24) : *Deponere... veterem hominem... et induite novum hominem.*

Nous devons aux rites païens la locution : « Que la terre te soit légère, » *sit tibi terra levis*. C'est l'adieu que les anciens adressaient aux morts.

Quelquefois l'épitaphe de ceux-ci était au contraire un adieu qu'on leur faisait adresser aux choses de la terre, surtout aux moins certaines: l'espérance et la fortune. L'*Anthologie grecque* (liv. I, tit 80) nous en a conservé une de ce genre, dont, au XVIᵉ siècle, plus tôt même peut-être, on fit un distique latin, et qui sous cette forme devint des plus populaires. Gil-Bias lui-même la savait. Il en fit l'inscription placée à la porte du joli château de Lirias, où las de ses aventures, qui ne fatiguaient que lui, il était venu s'enterrer :

> *Inveni portum. Spes et fortuna valete;*
> *Nil mihi vobiscum, ludite nunc alios.*
> (J'ai donc trouvé le port, fortune espoir, adieu.
> Plus d'affaires ! prenez d'autres à votre jeu.)

Les auteurs profanes, quoique la diffusion de leurs ouvrages ait été moins grande que celle des Écritures et qu'ils ne soient jamais arrivés comme celles-ci à la popularité, ont jeté aussi dans le langage courant un certain nombre de locutions qu'il est curieux de suivre à la trace jusqu'à leur source.

L'expression *vis comica* nous vient de ce vers attribué à J. César, parlant de Térence dont il trouvait que les doux écrits n'étaient pas suffisamment assaisonnés de sel comique :

> *Lenibus atque utinam scriptis adjuncta foret* vis Comica.

Cette belle figure de langage : « Je m'enveloppe dans ma vertu, » n'est qu'une traduction de ces vers d'Horace (lib. III, od. XXIX) :

...... Et meâ
Virtute me involve.

Quand on s'écrie : « O temps, ô mœurs, *o tempora, o mores,* » on parle sans s'en douter comme Cicéron, au commencement de sa première *Catilinaire.*

Quand on s'encourage à une résolution énergique en disant : « Le dé en est jeté, *jacta est alea,* » on pousse le cri de César s'apprêtant à franchir le Rubicon. Du moins Suétone le lui prête-il (*J. César*, cap. XXXIII). Ce n'était qu'une locution proverbiale prise aux Grecs, qui, dans le même cas, disaient, comme l'a remarqué Moisant de Brieux : Ἐρριφθη ὁ κυβος. Depuis César, c'est un mot historique. Celui de Brennus : *Væ victis, «* malheur aux vaincus ! » le fut toujours, ce qui ne veut pas dire qu'il soit vrai. Il lui faudrait pour cela une autorité non pas plus éloquente sans doute, mais plus sûre que le témoignage de Tite-Live. Le jour n'est pas loin, où nous le verrons disparaître de l'histoire avec toute la légende dont il fait partie. Il n'appartiendra plus qu'aux poètes. Un d'eux, Saurin, s'en est déjà servi pour son *Spartacus*, dans ce vers :

La loi de l'univers, c'est *malheur aux vaincus*.

Si l'on dit : « De rien ne vient rien, » l'on traduit cet hémistiche de Perse (sat. III, v. 83) :

De nihilo nihil.

Si l'on dit de l'homme : « Dieu ou bête, » on répète l'axiome aristotélique : *Deus aut bestia*. (*Politic.* lib. I, v. 2). Mais, peu disposé à l'humilité que commande la dernière partie du précepte, on revient vite, pour se relever à ses propres yeux, vers quelque maxime qui nous marchande moins le privilège de notre origine divine. Le vers de Manilius (*Astron.*, lib. IV, v. 895), où se trouve l'idée de la Bible sur la création de l'homme fait à l'image de Dieu, est en cela pour notre amour-propre un indulgent consolateur :

Exemplumque Dei quisque est in imagine parvâ.
(Tout homme est en petit une image de Dieu.)

Il est du reste curieux de remarquer la diversité des opinions qui ont été portées sur l'homme pris à part et surtout sur les hommes pris en masse. Ici, la raison de la foule est la suprême raison ; là, ses jugements sont la suprême folie! Hésiode dit le premier, puis Aristide, Périclès, Aristote répètent : « La voix du peuple est la voix de Dieu, » *vox populi vox Dei.* Pline le jeune (*Paneg.*, c. LXII) dit à son tour : *Nemo omnes, neminem omnes fefellerunt* (jamais personne n'a trompé tout le monde, et jamais tout le monde n'a trompé personne).

Chamfort arrive et jette dans ce concert d'éloges pour la foule, cette dissonance, qui a bien sa justesse : « Le public! combien faut-il de sots pour faire un public? »

Que croire alors? que toute foule, fraction confuse de l'humanité, a les qualités et les défauts de ce grand tout dont elle est la mouvante partie : le bien et le mal, la raison et la sottise!

L'éclairer, la guider, l'instruire, l'amuser sainement, si elle se fait public; et si elle grossit, et devient peuple, l'éclairer, la guider, l'instruire d'autant mieux, la sauver même au besoin, voilà ce qu'il faut. Pour Cicéron, ce dernier point : le salut du peuple, était la suprême loi (*De Legibus*, lib. III, cap. III) : *Salus populi suprema lex esto:*

En ce cas, ne rien craindre, se répéter ce vers d'Horace (ode II, lib. III) :

Dulce et decorum est pro patriâ mori,
(Il est honorable et doux de mourir pour la patrie.)

tout oser enfin, même les coups hardis. Voltaire l'a dit, en effet, dans *Mahomet* (acte I, sc. 1) :

On ne perd les Etats que par timidité.

Répète-t-on : « Je pense, donc je suis, » on cite Descartes dans son *Discours de la Méthode pour bien conduire sa raison*, mais on redit aussi, ce qu'on sait moins, une phrase de Cicéron : *Vivere est cogitare* (vivre c'est penser) (*Tusculan. quæst.*, chap. v, § 38), et ce passage des *Soliloques* de saint Augustin (liv. II, ch. 1) : « Sais-tu si tu penses ? — Je le sais. — Donc il est certain que tu es. »

Descartes et Cicéron se rencontrent souvent ainsi, comme on en jugera par l'anecdote suivante où vont figurer des personnages bien divers : Abélard, Descartes, Cicéron, M. Cousin et M. Ferdinand Hœfer, son secrétaire. Je vais suivre le récit qu'en a fait à l'article HŒFER, M. Isidore Bourdon, dans le *Supplément au Dictionnaire de la Conversation* : « Voici, dit-il, à quelle occasion M. Hœfer cessa ses relations habituelles avec M. Cousin : il s'était vu installé par lui dans un petit cabinet de la bibliothèque de l'Institut, afin de vérifier plus commodément les passages des Pères de l'Église qu'Abélard cite dans son *Sic et Non*, mais vaguement et sans indiquer ni le livre ni le chapitre d'où il tire chaque emprunt. Un jour M. Cousin tomba sur le fameux passage du prologue: *Dubitando ad veritatem pervenimus* (le doute nous conduit à la vérité).

« Comme Abélard n'invoque à ce propos aucune autorité, M. Cousin n'hésita pas à lui faire honneur de cette proposition si analogue à la célèbre théorie de Descartes sur le doute. Vite, sur cette visée d'opinions identiques, M. Cousin composa pour l'*Académie des Sciences morales et politiques* un mémoire dans lequel Abélard était considéré comme le précurseur de Descartes. Sa lecture faite, et parfaitement accueillie, M. Cousin vint informer son secrétaire de l'assentiment flatteur de son auditoire.

« — Mais, lui dit tranquillement M. Hœfer, le
« passage dont vous parlez n'est pas d'Abélard; il
« est de Cicéron, et même du traité le plus connu
« de l'orateur romain, du *De Officiis*.

« — Malheureux! s'écria M. Cousin transporté
« de colère, ne m'avoir pas garanti de cette mé-
« prise! Que vont penser de moi, en Allemagne,
« M. Schelling, M. Neander? je suis un homme
« littéralement déshonoré. »

« L'emportement philosophique prit ce jour-là un tel diapason, et M. Cousin furieux prodigua tellement les épithètes, que M. Hœfer se résigna au sage parti de rompre aussitôt avec son illustre patron. Toutefois, ce divorce nécessaire n'a jamais interrompu complètement de l'un à l'autre les relations affectueuses et bienveillantes. »

Briller par son absence est une façon de parler devenue très vulgaire, et dont cette popularité même a fait oublier l'origine. Elle nous vient de Tacite, qui parlant de Cassius et de Brutus dont les images ne se voyaient point parmi celles qui figuraient aux funérailles de Junia, épouse de l'un et sœur de l'autre, dit au chap. LXXVI du livre III des *Annales* : *Sed præfulgebant Cassius atque Brutus, eo ipso quod effigies eorum non videbantur* (Cassius et Brutus y brillaient d'autant plus, que leurs images en étaient absentes). L'heureuse application qui en fut faite, lorsque les Jésuites parvinrent à faire enlever de l'*Histoire des hommes illustres*, par Perrault, la vie d'Arnauld et celle de Pascal, aida beaucoup à vulgariser cette belle expression.

Martial a jeté son mot dans le concert des locutions latines devenues de l'esprit français, quand il a dit (lib. II, epigr. XII) :

...... *Non bene olet qui bene semper olet,*
(Celui-là sent mauvais, qui sent toujours bon.)

et aussi (lib. IV, epigr. LXXX) :

> *Res est magna tacere.*
> (Se taire est chose importante.)

Mais ce n'est rien auprès de ce qu'on doit à Horace, comme ce que j'ai dit l'a prouvé déjà. L'expression *aurea mediocritas* est détachée d'une de ses odes, la Xe du livre II :

> Auream *quisquis* mediocritatem
> Diligit...
> (Il n'est personne qui n'aime la médiocrité dorée.)

La formule de l'homme de goût cherchant ce qui convient et ce qui ne convient pas : « *Quid deceat, quid non,* » est de lui (lib. I, epist. VI, v. 62). Cet hémistiche : *Laudator temporis acti*, qui va si bien à l'adresse de tous ceux qui se font les louangeurs exclusifs du temps passé, termine le vers 173 de son *Art poétique*. L'exclamation admirative : *Pulchre, bene, recte* (c'est beau, c'est bien, c'est juste) en est aussi un écho (v. 428). On dirait qu'Horace l'a écrite pour lui-même, ainsi que cette phrase-axiome qui peint si bien son tact exquis et sa mesure : *Est modus in rebus* (chaque chose a ses bornes. Lib. I, sat.

I, v. 106). Le *Hoc erat in votis* et le *Nil mirari,* sont aussi des débris de vers d'Horace. L'un vient des *Satires* (lib. II, sat. vi, vers 1); l'autre des *Epîtres* (lib. I, epist. vi, vers 1).

Lord Chesterfield écrivait à son fils : « Portez votre savoir comme votre montre, que vous ne tirez point, que vous ne faites point sonner uniquement pour faire voir que vous en avez une. » Mais ce n'était point pour Horace qu'il disait cela. Les formules de son merveilleux bon sens se sont tellement mêlées à la raison de tous, qu'une citation de lui vient d'abondance comme la parole la plus naturelle. On le porte en soi sans y penser, et il sonne sans qu'on s'y attende. Son esprit est présent dans tous les bons esprits, et nul ne fit une prédiction plus juste que lui quand il dit (lib. III, od. xxiv): *Non omnis moriar* (je ne mourrai pas tout entier). Le moyen-âge même ne fut pas un temps d'oubli pour lui. La Renaissance, réveil pour tant d'autres, n'en fut pas un pour Horace. On n'avait jamais laissé dormir sa gloire; seulement, alors elle fut plus brillante, comme elle le sera toujours dans les siècles plus éclatants. Horace fut le bréviaire de l'esprit des cours. Le connétable de Montmorency en avait fait l'ami de ses loisirs, le conseiller de sa solitude. Au-dessus de la porte de son plus magnifique château, il avait fait écrire ce vers de son cher poète :

Æquam memento rebus in arduis servare mentem...
(Souviens-toi de conserver une âme égale dans les choses
[difficiles de la vie.)

Cette citation fut un baptême ; le premier mot du vers devint le nom du château : on l'appela *Æquam*, puis *Ecouen*.

C'est moins un vers qu'un proverbe que Térence a fait, quand il a dit dans l'*Eunuque* (act. IV, vers 6) :

Sine Cerere et Libero friget Venus.
(Sans Cérès et sans Bacchus, Vénus se morfond.)

La locution *Inde Iræ* (de là des colères), nous vient d'un hexamètre de Juvénal (sat. I, v. 568). Celle-ci : *Cuique suum* (chacun le sien), n'est qu'un débris soit de cette phrase de Tacite : « Suum cuique *decus posteritas rependit*, la postérité donne à chacun l'honneur qu'on lui doit ; » soit du passage, où Cicéron (*De Officiis*, lib. I, cap. 5) dit que l'homme remplit un de ses premiers devoirs, en accordant à chacun ce qui est à lui, *tribuendo suum cuique*; soit enfin du troisième paragraphe des *Institutes* : *Suum cuique tribuere*, inspiré lui-même par l'Epître de saint Paul aux Romains (chap. XIII, verset 7) : « Rendez donc à chacun ce qui lui est dû. »

Quand on redit l'exclamation de la plèbe romaine : *Panem et circenses* (du pain et les jeux du cirque), on ne se souvient guère que Juvénal l'a poussée le premier au vers 31e de sa Xe satire. Voltaire se le rappelait-il lui-même, quand il écrivait, en mars 1770, à madame Necker : « Il ne fallait aux Romains que *panem et circenses*, nous avons retranché *panem*, il nous suffit de *circenses*, c'est-à-dire de l'opéra-comique. »

Cette phrase : « Chacun est l'ouvrier de sa fortune, » malgré son air de proverbe, n'est qu'une citation. C'est ce qu'a dit Salluste (*De Republ. ordinand.*, liv. I, chap. 1.) : *Faber est suæ quisque fortunæ.*

Régnier en fit sans trop de peine ce beau vers, le 110e de sa XIIIe satire :

Chacun est artisan de sa propre fortune,

qu'il gâta malheureusement en le faisant dire par l'immonde Macette. La fortune de Macette, sur quelles idées cela vous traîne !

Lorsque Paul, grand-duc de Russie, car c'est bien lui, s'il faut en croire le *Dutensiana* (p. 29), a dit des troubles de Genève : « C'est une tempête dans un verre d'eau, » il ne se doutait guère, je crois, qu'il employait une expression consacrée par Cicéron (*De Legibus*, lib. III, ch. XVI), et dont les Romains se servaient à propos d'événements de petite importance, mais faisant grand tapage.

Sénèque le Philosophe faisait un adage chrétien lorsque, dans le IVe de ses trop rares *Épigrammes*, il lançait cet hémistiche :

Res est sacra miser,
(C'est une chose sacrée qu'un malheureux.)

si admirablement imité par La Fontaine à la fin de son élégie aux *Nymphes de Vaux* :

Et c'est être innocent que d'être malheureux.

L'axiome : *Summum jus, summa injuria*, dont Montesquieu a donné cette traduction : « L'extrême justice est une extrême injure, » vient de Cicéron, qui, s'il ne le créa pas, car il se trouvait avant lui dans ce vers de l'*Heautontimoroumenos* de Térence (acte IV, sc. IV) :

.....*Jus summum sæpe summa malitia,*

le consacra du moins (*De Officiis*, lib. I, cap. X). En

bon avocat, il plaidait ainsi d'avance pour les circonstances atténuantes. Avant Montesquieu, Voltaire en avait donné cette traduction dans *Œdipe* (act. III, sc. III) :

Mais l'extrême justice est une extrême injure,

et Racine, avant Voltaire, avait donné celle-ci dans *les Frères ennemis* (act. IV, sc. III) :

Une extrême justice est souvent une injure.

Ovide, quand il a dit au livre II des *Pontiques* (lettre VII) :

Tranquillas etiam naufragus horret aquas,
(Le naufragé tremble, même devant les flots tranquilles.)

faisait un proverbe, ou d'avance ennoblissait celui-ci : *Chat échaudé craint l'eau froide.*

Je ne tarirais pas en exemples si, même après ceux que j'ai déjà cités, je vous indiquais tous les vers de Virgile qui sont passés en façon de parler courante dans la conversation de tous, même de ceux qui ne les comprennent pas. C'est d'abord le

Fugit irreparabile tempus,
(Le temps fuit sans retour.)

du IIIᵉ livre, vers 384 de l'*Enéide;* puis le

Tantæ ne animis cœlestibus iræ,
(Est-il de si grandes colères dans les âmes des dieux.)

qui, du Iᵉʳ livre de l'*Énéide*, vers 11, est passé dans le Iᵉʳ chant du *Lutrin* de Boileau, sous cette forme ironique :

Tant de fiel entre-t-il dans l'âme des dévots?

Rappelons-nous encore de l'*Énéide* (chant II, vers 6) l'hémistiche :

Et quorum pars magna fui,
(Ces choses auxquelles j'ai pris tant de part.)

qui est une locution partout de mise, et mise partout ; et cet autre vers, le 297ᵉ du Iᵉʳ chant :

.... *Forsan et hæc olim meminisse juvabit.*
(Peut-être un jour y aura-t-il plaisir à me souvenir de ces
[malheurs.)

Ce fragment de deux hexamètres :

Proximus ardet
Ucalegon,
(Le feu embrase déjà la maison d'Ucalégon voisine de la nôtre.)

qui est répété si souvent, surtout aux heures révolutionnaires, quand le feu des insurrections prend à quelque coin de l'Europe, se trouve dans le IIe livre de l'*Énéide* (vers 312), ainsi que celui-ci, imité par Virgile du vers 665e de l'*Ajax furieux* de Sophocle :

Timeo Danaos et dona ferentes.
(Je crains les Grecs, même lorsqu'ils font des présents aux [dieux.)

Les *Bucoliques*, qu'on *explique* au collège, dans les classes inférieures, et qui, par là, sont accessibles à un plus grand nombre, ont surtout jeté dans la conversation une gerbe abondante d'axiomes virgiliens. De la VIIIe églogue (vers 63), nous est venu, par suite d'un emprunt textuel fait à Lucilius, le

Non omnia possumus omnes.
(Tous nous ne sommes pas propres à tout.)

Dans la Xe églogue on a glané ce vers, qui en est le 69e :

Omnia vincit amor, et nos cedamus amori.
(L'amour triomphe de tout, et nous cédons à l'amour.)

Enfin le vers 65 de la IIe églogue a fourni cet hémistiche :

Trahit sua quemque voluptas,
(Chacun se laisse entraîner par le caprice qui lui plaît.)

pour lequel personne, pas même Paul de Kock, ne s'est fait faute de traductions au moins familières.

Quand nous aurons ajouté que, chaque fois qu'on emploie cette expression : *Quantum mutatus*, on cite, en le tronquant, cet hémistiche du IIe livre de l'*Énéide* (v. 274) :

Quantum mutatus *ab illo*
Hectore, etc.;
(Combien était-il différent de ce bel Hector, etc.)

de même qu'on fait un emprunt au VIe livre du même poème (vers 129) lorsqu'on dit : *Hoc opus, hic labor est* (là est notre travail, là doivent tendre nos efforts); nous aurons, je crois, surabondamment prouvé que, quoi qu'on dise des poètes, leur génie n'a jamais cessé d'être, surtout comme formules éloquentes, un trésor pour le bon sens de tous.

Une anecdote encore cependant, pour finir, et

pour prouver que les citations sérieuses servent
même dans les choses qui ne le sont pas. « Carme-
line, lit-on dans le *Chevrœana* (p. 142), qui étoit
au Pont-Neuf un fameux arracheur de dents, et qui
en remettoit d'autres en leur place, avoit fait mettre
à côté de son portrait exposé en vue sur la fenestre
de sa chambre qui regarde le Cheval de bronze, le
mot de Virgile sur le Rameau d'or, du VIe livre de
l'*Énéide* (vers 143) :

> *Uno avulso non deficit alter,*
> (Quand l'un est arraché, l'autre ne manque pas.)

et l'application est heureuse. »

Seulement, faut-il ajouter, au lieu de *uno*, c'est
primo qu'on lit dans Virgile.

Nos grands écrivains ont aussi contribué pour
une large part à la richesse des locutions qui sont le
plus en cours; des expressions proverbiales, —
notez que je ne veux plus parler ici des citations,
— qui sont le plus naturellement devenues la menue
monnaie des causeurs.

Si vous répétez, après tant d'autres : « L'homme,
sujet ondoyant et divers, » vous citez Montaigne
(*Essais*, liv. I, ch. 1).

Dites-vous, en parlant des choses passées dont,

comme de fleurs fanées, on n'a plus que le regret :

> Mais où sont les neiges d'antan (*l'an passé*) ?

vous citez le refrain de la fameuse ballade de Villon sur les *Dames du temps jadis*.

C'est avec un autre, celui de sa ballade *des Femmes de Paris* :

> Il n'est bon bec que de Paris,

c'est là le seul vers du vieux poëte que l'on se rappelle. Il en a tant d'autres pourtant qui mériteraient une place dans nos souvenirs ! Celui-ci de son *Grand testament* (huit. XXVIII), qui lui est inspiré par Job (ch. VII, verset 6) :

> Mes jours s'en sont allez errant...

n'est-il pas un beau vers ? Cet autre d'un de ses *Rondeaux* :

> Deux estions et n'avions qu'un cœur,

n'est-il pas un des mieux sentis qu'ait inspirés l'amitié ? N'y a-t-il pas une profonde philosophie dans celui-ci, un refrain encore :

> Je cognois tout, fors que moy-mesme ?

Et savez-vous de vérité plus vraie que ce vers sur l'incertitude des choses humaines:

> Rien ne m'est seur que la chose incertaine?

Cela dit, *Revenons à nos moutons*. Aussi bien c'est de ce proverbe même que je veux vous parler à présent. Si vous l'employez, vous ne faites que répéter la parole du juge, dans la vieille farce de *Maistre Pierre Pathelin*:

> Sus, revenons à nos moutons.

A propos de moutons, quand vous parlez de ceux de Panurge et de leur belle émulation à sauter les uns après les autres, vous savez bien, n'est-ce pas, que c'est Rabelais que vous citez?

Faire l'Olibrius est une locution qui date aussi du même temps. C'est, comme nous l'avons prouvé ailleurs (V. *l'Ami de la Maison*, t. II, n° 46), un souvenir du rôle effrayant qu'on faisait jouer à ce gouverneur des Gaules dans quelques *Mystères*, notamment dans celui de *sainte Reine*.

Olibrius, dans ces mélodrames sacrés, était le tyran, l'*occiseur d'innocents*, commme dit Molière (*l'Etourdi*, act. III, scène v).

En fait de locutions de ce genre, que de choses

nous lui devons à ce divin Molière ! Tout le monde dit : *Vous êtes orfèvre, monsieur Josse !* et tout le monde le répète après le Sganarelle de l'*Amour médecin* (acte I, sc. Ire), qui en a fait un proverbe dès le premier jour qu'il l'a dit.

Quelle vérité amère dans cette exclamation d'Arnolphe de *l'École des femmes* (acte II, sc. IV) :

Le monde, chère Agnès, est une étrange chose !

et comme on sent qu'elle s'échappe du cœur même de Molière ! Que dirait-il aujourd'hui, puisqu'il parlait ainsi aux plus belles années du grand règne ? Hélas ! il dirait ce qu'a dit Musset, dans un de ses derniers sonnets :

En vérité, ce siècle est un mauvais moment.

Que diable aller faire dans la galère d'un Turc ? voilà ce que Cyrano de Bergerac fait répéter à l'un de ses personnages, dans une très amusante scène du *Pédant joué* (acte II, sc. IV). Molière prit, ou reprit la scène, dont il fit un chef d'œuvre, le *mot*, dont il a fait un proverbe ; et dès lors, tout le monde de dire, comme le Géronte des *Fourberies de Scapin* (act. II, sc. XI) : *Que diable allait-il faire dans cette galère ?* en soulignant la phrase avec ce rire du bon sens, auquel la plupart de nos farces d'opérette ont fait succéder ce rire, sans esprit comme elles, qui fait penser à celui de l'Egnatius de Catulle :

> *Risu inepto, res ineptior nulla est,*
> (Il n'est pas de chose plus sotte qu'un sot rire.)

Depuis *Tartuffe*, qui ne s'est écrié comme Orgon : *Le pauvre homme !* Depuis *l'Avare* et ce maniaque d'Harpagon, qui n'a pensé aux *beaux yeux de sa cassette* (act. V, sc. III) ? Qui n'a pas employé aussi comme proverbe cette phrase que dit Anselme dans la même comédie (act. V, sc. v) : *Vous parlez devant un homme à qui tout Naples est connu.*

Depuis le Sganarelle du *Médecin malgré lui* (act. I, sc. VI), qui n'a dit : *Il y a fagots et fagots ?* Enfin, depuis Argant, le *Malade imaginaire* (act. II, scène XI), qui n'a répété : *Ah ! il n'y a plus d'enfants !*

De tout ce qu'il touche Molière fait de l'or, de toute phrase qu'il prend, il fait une sorte d'adage. Dans l'*Imitation*, « le plus beau livre qui soit sorti de la main des hommes, car l'Évangile n'en vient pas, » comme a dit Fontenelle dans sa *Vie de Corneille*, il trouve ce passage : *Nemo impetrare potest à papâ bullam nunquam moriendi,* et vite il en donne dans sa comédie de *l'Étourdi* (act. II, sc. IV) cette traduction, qui devient aussitôt un proverbe :

On n'a point pour la mort de dispense de Rome.

Dans la même pièce (act. I, sc. XI), il avait encore jeté celui-ci :

Quand nous serons à dix nous ferons une croix.

Cette locution tant répétée, tant parodiée : *Le temps est un grand maître*, vient de Corneille ; du moins forme-t-elle le premier hémistiche de ce vers de *Sertorius* (act. II, sc. IV) :

Le temps est un grand maître, il règle bien des choses.

Quant au *Moi ! dis-je, et c'est assez*, inutile de vous rappeler, je crois, que c'est l'exclamation de Médée dans la tragédie du même poète (act. I, sc. V). Chamfort le trouvait beau, mais tout naturel.

« On a, disait-il, trouvé le *moi* de Médée sublime ; mais celui qui ne peut pas le dire dans tous les accidents de la vie est bien peu de chose, ou plutôt n'est rien. »

Depuis *Athalie*, cette merveille, comme l'appelle Chénier dans son *Épître à Voltaire*, que de fois n'a-t-on pas dit, en parlant de Dieu :

Aux petits des oiseaux il donne la pâture.

Mais il étaif réservé à notre temps d'inventer une variante — elle est, dit-on, de Gozlan — pour le vers qui suit celui-là, et de dire :

Et sa bonté *s'arrête à la littérature.*

Le lot de La Fontaine est peut-être plus riche encore que celui de Molière.

Quand ce ne sont pas des vers entiers que l'on emprunte à ses *Fables,* c'est au moins l'esprit qu'on en prend et que l'on condense dans quelque expression-proverbe.

Celle-ci : *attacher le grelot* vient de sa fable le *Conseil tenu par les rats ;* cette autre : *la mouche du coche,* nous arrive de la ixe du livre VII, dont elle reproduit presque le titre ; cette autre encore : *vendre la peau de l'ours,* etc., est la moralité de son apologue : *l'Ours et les Deux Compagnons* ; enfin les rares mérites de *l'Œil du Maître* n'ont jamais été autant vantés que depuis la fable xxi du livre IV, qui en met si bien l'éloge en action.

Rester *Gros-Jean comme devant* est la moralité des malheurs du *Pot au lait,* dans la fable x du livre VII. *Ils sont trop verts* est, depuis *le Renard et les Raisins,* le regret de quiconque ne pouvant atteindre une chose désirée, se console en la méprisant. Que de fois on l'a prêté aux dédaigneux de l'Académie et de ses palmes « vertes ! »

Je plie et ne romps pas est devenu la devise de ceux que leur souple faiblesse sauvegarde des tempêtes, comme le *Roseau* de la fable.

On croit que la locution le *coup de pied de l'âne* nous vient aussi de La Fontaine, on a tort. Sa fable *le Lion devenu vieux* (liv. III, fable XIV) finit au moment où l'on voit accourir le baudet rendu brave par la défaillance du lion. C'est Phèdre qui, dans son apologue, lui fait donner le coup de pied proverbial.

Le bonhomme avait eu là plus de goût que l'affranchi d'Auguste, qui s'en piquait pourtant, et qui même, par un de ses hémistiches (liv. III, fab. III) a, presque autant qu'Horace, aidé à populariser l'expression *emunctæ naris*, qui désigne le mieux les gens au tact fin, au flair délicat.

On se trompe quand on attribue à Florian la création de cette idée qui, mise par lui en fable, nous fait voir la Vérité grelottante au fond d'un puits. Il la devait à Cicéron, dont les *Questions académiques* (liv. I, ch. XLIV) nous apprennent que Démocrite avait imaginé le premier cet apologue, si digne de sa misanthropie.

Je vous rappellerai plus loin un grand nombre de

vers de La Fontaine qui n'ont pas eu besoin, comme ceux dont j'émiettais tout à l'heure les précieux débris, de se réduire et de se briser pour devenir autant de proverbes.

Je veux, pour le moment, ne vous en égrener que quelques-uns, qui semblent avoir été, mieux que les autres encore, jetés dans le moule des adages.

Celui-ci, par exemple, de la fable *les Frelons* :

> A l'œuvre on connaît l'artisan,

les deux suivants, qui terminent celle de *la Lice et sa compagne* :

> Laissez-leur prendre un pied chez vous,
> Ils en auront bientôt pris quatre ;

cet autre du *Charretier embourbé* :

> Aide-toi, le ciel t'aidera ;

cet autre encore :

> Plus fait douceur que violence,

qui sert de moralité à la fable de *Phébus et Borée*, sont de cette série. J'y rangerai, à la suite, ceux de la fable VIII du livre IX, *le Statuaire et la Statue de Jupiter* :

> L'homme est de glace aux vérités,
> Il est de feu pour le mensonge;

puis les suivants, imités de Senèque (*de Tranquillitate animi*, cap. VI), et qui sont les premiers de la fable *l'Ane et le petit Chien* :

> Ne forçons point notre talent,
> Nous ne ferions rien avec grâce;

et cet autre aussi de la fable *les Devineresses* :

> L'enseigne fait la chalandise,

qui trouve sa très-honorable contre-partie dans ce distique, par lequel prélude si bien *le Laboureur et ses Enfants* :

> Travaillez, prenez de la peine;
> C'est le fonds qui manque le moins.

La Fontaine a encore écrit, à la fin de sa fable *le Renard et le Bouc* (liv. III. fable V) :

> En toute chose il faut considérer la fin.

Mais il ne se fit pas pour lui-même de cette moralité ce qu'on appellerait aujourd'hui « une leçon pratique. » Il ne considéra pas, quand il rima ses fables, cette *fin* des produits littéraires d'à présent : il y chercha tout, hors le profit ; aussi, dans ce qu'on croit son épitaphe anticipée, dut-il écrire :

> Jean s'en alla comme il était venu,
> Mangeant le fonds avec le revenu.

Bien avant Montaigne, on avait dit : « L'accoutumance (*l'habitude*) est une seconde nature ; » mais, quand il eut consacré ce proverbe dans ses *Essais* (liv. III, ch. x), soyez sûr qu'il ne courut que mieux. Il en est des adages populaires comme des billets en circulation : il faut, pour qu'ils aient toute leur valeur, qu'une bonne plume les endosse.

Le *pro aris et focis* (pour l'autel et pour la maison), si souvent invoqué par les Romains, ne nous est ainsi parvenu que parce que Cicéron se l'est approprié en le citant (*Pro Roscio Amer.* cap., v).

Quelquefois, faute de mieux, pour qu'une locution proverbiale fît mnémotiquement son chemin, on lui donna l'allure du vers qui s'impose mieux à la mémoire et s'y fixe d'une façon plus durable. Les pensées de Publius Syrus, qui ne sont, on le sait, que des débris de ses petites comédies, ou *mi-*

mes, dont elles ont même gardé le nom, foisonnent ainsi en proverbes versifiés. Un exemple suffira : à Rome courait ce proverbe : *Bis dat qui cito dat* (qui donne vite donne deux fois). Syrus en eut besoin pour une de ses pièces, et des cinq monosyllabes, croyant sans doute qu'ils n'en marcheraient que mieux, il fit ce vers :

Inopi beneficium bis dat, qui dat celeriter,
(Tout bienfait pour le pauvre est double s'il vient vite.)

il se trompa, son vers est oublié, et le proverbe, plus leste, continue de courir.

Au moyen âge, où le vers aide-mémoire était en grande faveur, on versifia de même, mais sans plus de succès, le proverbial : *verba volant, scripta manent* (les paroles volent, les écrits restent). On en fit ce pentamètre :

Littera scripta manet, verbum imbelle perit.

De qui est-il ? on ne sait, pas plus qu'on ne connaît l'auteur du vers techniquement barbare, qui résumait alors pour les écoles tous les moyens d'information nécessaires aux études philosophiques :

Quis, quid, ubi, quibus auxiliis, cur, quommodo, quando?

CHAPITRE VI

L'abbé Terrasson en avait, suivant d'Alembert, dans l'éloge qu'il a fait de lui, comme académicien, donné cette traduction de même force ; à latin barbare, français de même :

Qui, quoi, pourquoi, comment, où, quand et par quel [aide?

On a bien des fois attribué à Leibnitz l'axiome si profond et si vrai : *Rien ne va par saut dans la nature*, d'autres en ont fait honneur à Linnée. Il n'est ni de celui-ci ni de celui-là. C'est un adage latin, dont je ne puis positivement indiquer la source, mais que j'ai trouvé cité dans une pièce imprimée en 1613, c'est-à-dire bien avant Leibnitz et Linnée. Cette pièce est le *Discours véritable de la vie, mort du géant Theutobocus*, que j'ai reproduit dans mes *Variétés historiques et littéraires*, tome IX. On y lit (p. 247-248), comme citation : *Natura in operationibus suis non facit saltum*. C'est bien, au grand complet, le mot prêté à Leibnitz.

Cet autre : *Le présent est gros de l'avenir*, est en revanche textuellement de lui. Notre époque en a fait un proverbe, auquel ont trop de fois donné raison ces révolutions tout à coup enfantées par les circonstances qui les faisaient le moins prévoir, ces coups de tonnerre éclatant au milieu du ciel le plus serein ; ces nuits sombres succédant aux journées les plus radieuses. *Car*, ainsi qu'il est dit à la fin de cette épitaphe de Jean d'Orbesan, qui fut tant admirée par Chateaubriand au fond d'un cloître de Padoue :

Car il n'est si beau jour qui n'amène sa nuit.

C'est un beau vers, n'est-ce pas ? Il ne fut pas difficile à faire. Un proverbe l'avait tout entier formé, sauf un mot : le premier.

Le proverbe n'était plus connu, le vers ne l'avait jamais été. Il a suffi que celui-ci fût cité par Chateaubriand dans ses *Mémoires d'Outre-Tombe* pour qu'on ne l'ait plus oublié. Ainsi les grands hommes sont non-seulement populaires ; ils donnent la popularité à tout ce qu'ils touchent.

Malebranche, résumant un chapitre de sainte Thérèse (*le Château de l'Ame*, ive demande, ch. 1), avait dit : *L'imagination est la folle du logis ;* Voltaire trouva beaucoup d'originalité à cette expression, il la cita à la fin de l'article APPARITION de son *Dictionnaire philosophique*, et dès lors la popularité lui fut acquise.

C'est Vauvenargues qui a mis en cours ce bel

adage, la LXXXVII⁰ de ses *Réflexions et maximes :*
« Les grandes pensées viennent du cœur ; » dont
Musset a fait ce non moins admirable vers :

Ah ! frappe-toi le cœur, c'est là qu'est le génie.

Pascal a écrit : « Diseur de bons mots, mauvais
caractère. » C'est la XXVI⁰ de ses *Pensées diverses ;*
La Bruyère la reprit au § LXXX de son livre *de la
Cour,* aussi jugez quel chemin elle a dû faire sous
ces deux patronages.

A la suite de cette pensée, Pascal a mis celle-ci :
Le moi est haïssable, et, quoique La Bruyère
ne l'eût pas répétée comme l'autre, les vices de
l'amour-propre en sont restés à jamais flétris. C'est
aussi l'auteur des *Pensées* qui a écrit : « Les rivières
sont des chemins qui marchent et qui portent où
l'on veut aller. » *Oui,* dit en note M. Havet,
dans son excellente édition des *Pensées* (p. 116) :
« Oui, pourvu qu'on veuille aller où elles portent. »

Quelquefois on se méprend, tant il en varie l'accent, sur la provenance des pensées de Pascal. Dit-il : « La grandeur a besoin d'être quittée pour être sentie ; » on croit que c'est du Vauvenargues. Ailleurs écrit-il, à propos de la mort terrestre : « On jette de la terre sur la tête, et en voilà pour jamais ; » vous jurez que c'est du Bossuet.

C'est Pascal encore qui a dit, dans son chapitre sur la *Disproportion de l'homme* : « Tout le monde visible n'est qu'un trait imperceptible dans l'ample sein de la nature. Nulle idée n'en approche. Nous avons beau enfler nos conceptions au delà des espaces imaginables, nous n'enfantons que des atomes au prix de la réalité des choses. *C'est une sphère infinie, dont le centre est partout, la circonférence nulle part.* » Cette fois, il n'a pas parlé le premier. Selon Voltaire, cette comparaison serait dans Timée de Locres, mais recherche faite, elle n'y est pas, ainsi que Nodier l'a remarqué le premier dans les notes de son charmant livre : *Questions de littérature légale*. M. Havet (p. 4, note) prouve, en revanche, qu'elle est dans les œuvres de saint Bonaventure (t. II, p. 325), dans celles de Gerson (Paris, 1606, t. I, p. 366), dans le *Speculum naturale* de Vincent de Beauvais (t. I, p. 4), dans les poésies d'Hélinand, qui lui-même l'attribuait peut-être avec juste raison à Empédocle; enfin dans Rabelais, qui trompé, chose rare, par sa prodigieuse mémoire, en renvoie faussement l'honneur à Hermès Trismégiste. On la rencontre d'abord au liv. III, chap. XIII de *Pantagruel*, puis au chapitre XLVII, où il est dit : « Allez, mes amis, en protection de cette sphère intellectuelle : de laquelle en tous lieux est le centre et n'a en lieu aucun circonférence, que nous appelons Dieu. » Elle se trouve encore dans la préface des *Œuvres* de Montaigne par mademoiselle de Gournay (Paris, 1635). Laplace, qui a consigné le fait dans ses *Pièces intéressantes* (t. VI, p. 402), est d'avis que c'est là que Pascal l'a prise ; je le pense comme lui.

Ceci nous a entraînés bien haut. Reprenons pied dans notre sujet, en abordant des pensées et des expressions d'une autre sorte.

On dit souvent : « Chercher à connaître, c'est chercher à douter, » et l'on ne fait que répéter en prose, ce que madame Deshoulières a écrit en vers :

> Vous ne prouvez que trop que chercher à connaître
> N'est souvent qu'apprendre à douter ;

apologie du scepticisme qui se trouvait déjà, mais moins indécise, dans ce vers du Dante (*Inferno*, canto XI, v. 93) :

> *Che non men che saver, dubbiar m'aggrata,*

qu'on a traduit ainsi :

> Aussi bien que savoir, douter a son mérite.

Voltaire a fait beaucoup de vers-proverbes, que

nous retrouverons plus loin, mais il n'en a écrit aucun qui ait, mieux que celui-ci du Ier chant de la *Henriade* :

Tel brille au second rang, qui s'éclipse au premier,

toute l'apparence et la bonne façon des plus excellents adages. Cet autre :

L'oreille est le chemin du cœur,

peut très bien s'être fait tout seul avant lui, mais puisque je le trouve dans sa *Réponse au roi de Prusse*, je veux lui en laisser l'honneur.

Quant à l'ironique formule de l'optimisme : « Tout est pour le mieux dans le meilleur des mondes possibles, » il n'est pas besoin de vous dire qu'elle vient de *Candide*, où elle est le résumé de la doctrine de Pangloss, caricature de Leibnitz et de Rousseau.

C'est aux premières lignes du chapitre III de *Zadig*, on le sait moins, qu'est due la popularité de l'image orientale qui nous figure si bien la douceur des prémices du mariage, que souvent suit de près l'amertume : « Zadig, y est-il dit, éprouva que le premier mois du mariage, comme il est décrit dans le livre du Zend, est *la lune de miel*; et que le second est la lune de l'absinthe. »

Dans *Zaïre* (act. II, sc. III), Voltaire fait dire par Lusignan à l'un de ses fidèles : *Soutiens-moi, Châtillon*, et l'hémistiche tragique est resté, mais comme expression comique.

Il en fut de même pour celui qui se trouve à la fin d'*Adélaïde Du Guesclin* : « Es-tu content, Couci?» On l'accueillit le premier soir par cette réplique, condamnation de la pièce : *Coussi! coussi!*

Traduisant cette phrase de Sénèque (epist. XCVI) : *Vivere, mi Lucili, militare est*, réminiscence probable des mots : « Vie, guerre, » écrits sur les sarcophages égyptiens, Voltaire fait dire à son *Mahomet* (act. II, sc. IV) :

Ma vie est un combat,

et Beaumarchais s'adjugeant l'hémistiche pour devise, n'y changea rien, malgré sa manie des variantes pour les proverbes.

On sait ce qu'il fait dire par Basile à ce sujet, et l'on connaît par plusieurs passages du *Barbier de Séville* et du *Mariage de Figaro*, sa manière de mettre ce système en pratique. Pour réparer le tort qu'il a fait ainsi à ce qu'il appelle « la morale des nations, » il a lui-même mis sur pied de petits proverbes fort ingambes, et qui ont ma foi très bien fait leur chemin.

Vous n'avez qu'à écouter Figaro, il vous en débitera jusqu'à demain. « Médiocre et rampant, et l'on arrive à tout, « dit-il au comte, à l'act. III, sc. v *de la Folle journée*, ne se doutant guère qu'il parle comme Tacite au livre I, chap. xxxvi de ses *Histoires*, à propos d'Othon, qui ne craignait en rien la servilité, pourvu qu'elle le portât au pouvoir : *Omnia serviliter, pro dominatione.*

« Il fallait un calculateur, ce fut un danseur qui l'obtint, » s'écrie encore dans son fameux monologue du Ve acte, Figaro, d'autant plus indigné que lui, barbier, avait postulé la place. C'est joli, mais je me demande toujours si, dans ce bel emploi à calculs, mons Figaro, avec son rasoir, eût mieux valu que l'autre avec ses entrechats.

Beaumarchais n'y regardait pas de si près. « Métier d'auteur, métier d'oseur, » a-t-il dit, et il osait tout, même l'invraisemblable. Peu lui importait la valeur du trait lancé, pourvu qu'il touchât le but. Sa pièce est moins une comédie qu'une machine de guerre. Il l'a chargée à mitraille avec tout ce qui lui tombait sous la main ; il a fait feu, tout a porté.

Dans le même monologue, il dit : « Il n'est pas besoin de tenir les choses pour en raisonner. » Cette fois, et ce qui précède le prouve, le trait est juste.

La non moins populaire locution : « Va te coucher, Basile, tu sens la fièvre, » est le résumé en style populaire de la scène XIII du IIIe acte du *Barbier de Séville*.

Le fameux : « Calomniez, calomniez, il en reste toujours quelque chose, » est en germe et vibre dans la scène VII de l'acte II, entre ce même Basile et Bartholo.

Il ne lui manque que d'y être dit, mais il l'avait été si bien, longtemps auparavant, que Beaumarchais a mieux aimé le mettre en action que le répéter.

C'est dans le *de Augmentis scientiarum* (lib. VIII, ch. XI) de Bacon que nous le trouvons pour la première fois, ce qui ne veut pas dire qu'il ne fût pas plus ancien, loin de là. Bacon lui-même nous le donne comme une vérité en cours de son temps : « *Sicut enim dici solet de calumniá : audacter calumniare, semper aliquid hæret*. Comme on dit ordinairement de la calomnie : Calomnier avec effronterie ; toujours quelque chose en reste, et solidement. »

Une anecdote que raconte Plutarque (*Œuvres*

morales, Ricard, 1re édit., t. I, p. 304), prouve que ce système de la calomnie, avec tache indélébile, n'était pas ignoré des Grecs. Un misérable courtisan du temps d'Alexandre en tenait école : « Calomniez, disait-il, non moins cyniquement que Basile, calomniez avec effronterie même les plus honnêtes. La blessure pourra s'en guérir, mais la cicatrice restera toujours. »

Que faire donc? rien, si ce n'est suivre le conseil d'Ovide, dans *les Fastes* (lib. II, v. 535) :

Conscia mens recti famæ mendacia ridet.
(Avec la conscience qu'on fait bien, on se moque des faux [bruits du monde.)

Le joli *mot* de M. Villemain sur Andrieux dans sa chaire du Collége de France : « Il se fait entendre, à force de se faire écouter, » est encore de l'esprit de Beaumarchais, mais bien à lui cette fois. Il avait dit à l'acte I, scène 1re, de la comédie *les Deux Amis* : « Une actrice se fait toujours entendre, lorsqu'elle a le talent de se faire écouter. »

Puisque tout cela nous ramène aux détails plus familiers, au terre-à-terre de notre sujet, profitons-en pour vous dire que cette façon de parler : « Pardon de la liberté grande! » a son origine dans le charmant épisode des *Mémoires de Grammont* (chap. III), où l'on voit certain petit juif suisse à chapeau pointu débarrasser le comte de tout son argent, en quelques coups de trictrac, sans oublier la très humble formule, à chaque rafle qu'il fait.

Le dicton: *Il y aura bien du bruit dans Landerneau,* date de la petite comédie d'Alexandre Duval, *les Héritiers,* où ce niais narquois d'Alain le répète avec une jubilation de médisance si comique.

« Il faut qu'une porte soit ouverte ou fermée, » est un proverbe de comédie, qui avait ainsi tous les droits de devenir le titre d'une comédie-proverbe, surtout avec la fantaisie étincelante qu'y a mise Alfred de Musset.

Il nous vient du *Grondeur* de Brueis et Palaprat (act. I, scène VI) :

LOLIVE.

Oh ça, monsieur, quand vous serez sorti, voulez-vous que je laisse la porte ouverte?

MONSIEUR GRICHARD.

Non.

LOLIVE.

Voulez-vous que je la tienne fermée?

MONSIEUR GRICHARD.

Non.

LOLIVE.

Si faut-il, monsieur...

MONSIEUR GRICHARD,

Te tairas-tu ?

LOLIVE.

Monsieur, je me ferais hacher ; *il faut qu'une porte soit ouverte ou fermée,* choisissez, comment la voulez-vous ?

Les auteurs du *Grondeur*, Brueis et Palaprat, n'ont, ce me semble, que ce proverbe à leur propre compte, mais ils en ont inspiré un autre.

Dans la jolie pièce où, sous le premier Empire, Etienne les a pris pour personnages, avec leurs deux noms pour titre, se trouve à la scène II, ce joli vers que dit Palaprat, et qui, tout de suite, devint proverbe :

On n'est jamais si bien servi que par soi-même.

« Se défier de la payse », locution qui n'est pas de ces bons crus, et dont je vous prie même de me pardonner la trivialité, nous est resté d'une chansonnette très populaire, sous la Restauration.

Le refrain :

C'est la faute de Voltaire...

date du même temps. Il courut à propos de la débâcle finale des fameuses éditions du colonel Touquet, dont la popularité finit par une faillite, et la faillite par une chanson :

> S'il tombe dans le ruisseau,
> C'est la faute de Rousseau :
> Et si le voilà par terre,
> C'est la faute de Voltaire.

Victor Hugo, dans l'acte III de *Ruy-Blas*, fait dire à Don Salluste :

La popularité c'est la gloire en gros sous.

Le colonel banqueroutier des éditions populaires n'avait pas eu la gloire, et n'avait pas les gros sous.

Prenez mon ours, est un souvenir bouffon de *l'Ours et le Pacha*. J. Janin a écrit, dans un de ses feuilletons, qu'il ne resterait pas un seul mot de M. Scribe, pas un seul proverbe. Il oubliait *Prenez mon ours !* Le fécond vaudevilliste ne s'est même pas contenté de le faire celui-là, il l'a souvent pratiqué.

Enfin, disons vite que le bachique adage :

> Tous les méchants sont buveurs d'eau

vient d'une chanson du comte de Ségur, où le second vers :

> C'est bien prouvé par le déluge,

le complète de la plus spirituelle manière. D'autres chansons auront leur tour plus loin.

En somme, il est jusqu'à présent bien peu de nos contemporains, chansonniers ou publicistes, poètes ou dramaturges, qui n'aient apporté un lot digne d'être compté, à cette caisse commune de l'esprit de tous dont nous dressons le bilan.

Dumas fils, l'un des plus heureux, nous a doté d'un mot : *le Demi-monde*, puis dans la mordante pièce, dont c'est le titre, d'une définition sur les pêches à quinze sous, qui dès le premier soir eut sa fortune faite. Dans ses cinq actes, *la Question d'argent*, je trouve un autre mot qui doit rester, mais ne lui fera pas autant d'honneur : il est moins de lui que du vieux Béroalde de Verville.

Je vais, pour qu'on en juge, rapprocher le passage de *la Question d'argent* (acte II, sc. VII) des lignes du *Moyen de parvenir* (1856, in-18, p. 184), dont il est venu, après avoir passé par le roman de *Marguerite* de Mme de Girardin. Écoutons d'abord les personnages de Dumas fils :

RÉNÉ.

Qu'est-ce que c'est donc que les affaires, Monsieur Giraud ?

GIRAUD.

Les affaires ? c'est bien simple : c'est l'argent des autres.

Béroalde et les siens ont maintenant la parole :

PÉTRARQUE.

Mais de quoi sont composées les affaires du monde ?

QUELQU'UN.

Du bien d'autrui.

Les langues étrangères n'ont contribué que fort peu chez nous à la richesse des propos courants. Autrefois l'espagnol fournissait un peu, mais seulement dans les régions du grand monde et de la cour, où nos reines Anne d'Autriche, Marie-Thérèse, toutes deux venues d'Espagne, donnaient le ton. Rien n'en est resté, parce que ce langage, bariolé de phrases castillanes, se parlait au-dessus des classes qui ont de la mémoire, la bourgeoisie et le peuple. L'italien eut un succès pareil qui dura jusqu'à la fin du siècle dernier; mais il n'en est pas resté plus de traces.

On ne cite guère aujourd'hui que le 9e vers du IIIe chant de l'*Enfer,* ce fameux

Lasciate ogni speranza, o voi che entrate,
(Vous qui entrez, laissez toute espérance;)

qu'un passage des *Bacchides* de Plaute (act. III, scène 1) semble avoir inspiré à Dante.

Quelques proverbes italiens sont aussi restés, mais on les cite en français, ainsi celui-ci : *Il meglio e l'inimico del bene* (le mieux est l'ennemi du bien), que Voltaire fut un des derniers à reproduire sous sa forme naturelle, dans l'article ART DRAMATIQUE, de son *Dictionnaire philosophique.*

La phrase : *Non e vero, ma ben trovato,* est encore citée, dans son texte itatien; mais souvent mal. Elle avait dû nous venir avec les Italiens de Catherine de Médicis, car Pasquier, alors, nous en donnait déjà cette traduction dans ses *Recherches* (liv. VII, ch. XLI), au sujet d'une étymologie ingénieuse : « Si cela n'est vray, il est bien trouvé. »

Pour l'anglais, on en est encore au point où était Voltaire. Comme lui, dans sa lettre à M. Hamilton, du 17 juin 1773, on va bien jusqu'à citer du monologue d'Hamlet :

> *To be or not to be, that is the question,*
> (Être ou n'être pas, voilà la question ;)

mais on ne pousse guère au-delà.

Les érudits du petit journalisme qui gémissent, de temps à autre, un *Alas poor Yorick!* (Hélas! pauvre Yorick!), d'après la scène d'Hamlet et des fossoyeurs; ou qui lancent, n'importe comment, l'imprécation d'Hamlet à Polonius : *Words! words! words!* (des mots ! des mots ! des mots !) qui n'est qu'un écho du *sunt verba et voces* d'Horace (lib. I, epist. 1, vers 34); le font sans grand succès.

Le proverbe anglais, *time is money* (le temps est de l'argent) réussit mieux, parce qu'on commence à le comprendre; malheureusement, on le tronque en le citant.

Le voici complet :

> *Time saved is money gained.*
> (Le temps qu'on ne perd pas est de l'argent qu'on gagne.)

VII

En français, Boileau a le même avantage qu'Horace en latin. Pour les citateurs, son *Art poétique* et ses *Satires* sont la source éternelle des citations courantes. C'est un monopole qui dure depuis tantôt deux siècles, et dont une foule de gens se sont faits les gardiens. J'en connais qui se fâcheraient tout rouge si j'allais leur soutenir que tel vers n'est pas de leur cher Despréaux. Dites, par exemple, à l'un ou l'autre de ces routiniers opiniâtres, que le vers célèbre :

> La critique est aisée, et l'art est difficile

n'est pas dans l'*Art poétique*, et vous verrez la belle querelle qu'ils vous feront. Ils égréneront vers par vers les quatre chants du poème, voire toutes les œuvres du poëte, et non-seulement ils ne trouveront pas celui qu'ils cherchent, mais ils en découvriront même certains au passage qui en sont la contre-partie, celui-ci par exemple :

Telle excelle à rimer qui juge sottement.

N'importe, ils ne s'avoueront point battus pour si peu, et soutiendront de plus belle que leur vers chéri est de Boileau, et qu'il est certainement dans l'*Art poétique*... parce qu'il devrait y être.

Ce raisonnement à la Bilboquet finira peut-être par vous démonter et par vous convaincre vous-même. Gare à vous donc, si vous n'avez dans la mémoire ce passage du *Glorieux* de Destouches (acte II, scène v) :

PHILINTE.

. . . .
Un auteur, quel qu'il soit, me paraît mériter
Qu'aux efforts qu'il a faits on daigne se prêter.

LISETTE.

Mais, on dit qu'aux auteurs la critique est utile.

PHILINTE.

La critique est aisée et l'art est difficile.
C'est là ce qui produit ce peuple de censeurs,
Et ce qui rétrécit le talent des auteurs...

Il n'y a que cette citation qui puisse vous donner raison contre ces enthousiastes de l'*Art poétique*.

Je vous conseille par conséquent d'apprendre le petit passage de Destouches, et en même temps de relire avec soin tout le *Glorieux*.

Il s'y trouve tels vers que vous vous étonnerez d'y rencontrer ; par exemple ceux-ci, de la scène v de l'acte III :

>. . . . . Je ne le sais que trop ;
>Chassez le naturel, il revient au galop,

pour lesquels nos entêtés citateurs pourraient bien encore élever un procès de revendication en faveur de l'auteur des *Satires*.

Il faut toujours se tenir prêt, même dans une bonne cause.

Si l'on vient pourtant vous dire que Destouches, quand il fit ces deux vers, pensait à ceux-ci de *la Chatte métamorphosée en femme,* où La Fontaine dit à propos du naturel :

>Qu'on lui ferme la porte au nez,
>Il reviendra par la fenêtre ;

convenez que ce peut être vrai. Destouches a dû vouloir les imiter, moins pourtant que Frédéric, lorsqu'il écrivait à Voltaire, le 19 mars 1771 :

« Chassez les préjugés par la porte, ils rentreront par la fenêtre. »

Quelquefois, on prête à Boileau mieux que des vers de Destouches, on lui attribue des vers de Molière. Ainsi j'ai entendu maintes fois dire que ce distique des *Femmes savantes* était du satirique :

> Quand sur une personne on prétend se régler,
> C'est par les beaux côtés qu'il lui faut ressembler.

On se trompait certes, mais pas tout à fait cependant. Ils sont de Molière, c'est vrai, mais aussi un peu de Boileau. Il faut ici une petite anecdote pour commentaire.

M. Taschereau, qui l'avait trouvée dans les *Récréations littéraires* de Cizeron-Rival et dans le *Bolœana* de Montchesnay, la raconte fort bien dans son *Histoire de Molière ;* mais Brossette, qui la tenait de Boileau lui-même, la raconte encore mieux. La voici donc d'après ses *Mémoires sur Despréaux*, publiés par Laverdet, à la suite de la *Correspondance entre Boileau et Brossette*. Molière avait écrit :

> Quand sur une personne on prétend s'ajuster,
> C'est par les beaux côtés qu'il la faut imiter.

« M. Despréaux, écrit Brossette, m'a dit qu'il avoit

voulu souvent obliger Molière à corriger ses négligences, mais que Molière ne pouvoit jamais se résoudre à changer ce qu'il avoit fait. M. Despréaux lui ayant fait sentir la foiblesse de ces deux derniers vers, il pria M. Despréaux de les rajuster tandis qu'il alloit sortir un instant avec sa femme (car M. Despréaux étoit alors chez Molière). M. Despréaux s'en défendit, mais il ne laissa pas de les changer ainsi :

> Quand sur une personne on prétend se régler,
> C'est par les beaux endroits qu'il lui faut ressembler.

M. Molière approuva le changement, mais il n'a pas laissé, dans l'impression, de conserver : « c'est par les beaux côtez, » ce qui fait une consonnance vicieuse avec la fin du vers, outre qu'on ne dit pas ressembler à quelqu'un par ses beaux côtez.

« J'ai, d'ailleurs, remarqué que Molière avoit conservé le mot de côtez pour une rime, qui vient quatre vers après :

> Mais vous ne seriez pas ce dont vous vous vantez,
> Si ma mère n'eût eu que de ces beaux côtés. »

Un autre jour, — car les lectures de leurs œuvres, les éloges, mais plus souvent les conseils s'échangeaient entre les deux amis, — Boileau lisait à Molière cette satire II, dont le grand poëte est lui-même le sujet. Quand il fut presque à la fin, à ce vers :

Il plait à tout le monde et ne saurait se plaire...

Molière l'arrêta, et lui serrant la main : « Voilà, s'écria-t-il, la plus grande vérité que vous ayez jamais dite ; je ne suis pas du nombre de ces esprits sublimes dont vous parlez ; mais tel que je suis, je n'ai jamais rien fait dont je sois véritablement content. »

C'est Saint-Marc qui raconte l'anecdote dans une note de son édition des œuvres du satirique, et elle valait certes la peine d'être reprise ici.

Boileau ne s'en tenait pas, avec Molière, à des conseils d'intimité. Il en vint avec lui, tant son amitié avait de zèle sincère, jusqu'à l'admonestation publique. Il lui poignait de voir le grand poëte s'abaisser, non pas seulement à composer, mais à jouer des farces. Quand il écrivit son *Art poétique,* il ne put donc retenir les vers grondeurs que cela lui inspirait. Tout le monde les connaît, ces vers où la plainte de l'ami qui parle au nom du goût et du fond du cœur est si éloquente ; mais ce qu'on ne sait pas, c'est que dans le nombre il en est deux;

que partout on cite, bien plus, que partout on imprime maladroitement, les voici :

> Dans ce sac ridicule où Scapin s'enveloppe,
> On ne reconnaît plus l'auteur du *Misanthrope*.

A quoi Boileau fait-il allusion ici ? à l'une des dernières scènes des *Fourberies de Scapin*. C'est donc celui-ci, Scapin, qui s'y enveloppe d'un sac ? Point du tout, et là gît la difficulté : c'est Géronte que Scapin affuble ainsi pour le bâtonner mieux. Or, qui jouait Géronte, au temps où Boileau parlait ? Molière lui-même, que de cette façon, et au grand déplaisir du satirique, le matois étrillait vertement sous le sac. Le vers, comme il est cité plus haut, est donc faux de tout point, tel enfin que l'exact grondeur n'a pu le faire.

Changeons-le un peu, écrivons :

> Dans ce sac ridicule où Scapin l'enveloppe, etc.;

et grâce à cette variante d'une seule lettre, notre vers devient ce qu'il doit être : il est juste, il est vrai, digne enfin de Boileau.

Cette correction, qu'il sera bon que vous fassiez en marge de votre *Art poétique*, fut faite pour la première fois par M. Lami-Crussol, fils adoptif de

Daunou. Celui-ci la consigna dans les notes de son édition de Boileau, et depuis elle a reçu la sanction du jugement toujours si sûr de Sainte-Beuve.

Vous voyez que, chez les plus puristes même, il y a beaucoup à revoir et à éplucher. Prenons un autre exemple, sans sortir des œuvres de Boileau; ce n'est plus une faute d'impression, une *coquille*, que nous y trouverons, mais un bon solécisme bien conformé. Despréaux lui-même va vous en dire son *meâ culpâ*, en vous racontant l'histoire du vers où se trouve la faute, et en s'indignant aussi contre les lecteurs qui, sur la foi de son purisme, s'obstinaient à ne la pas corriger.

« Je viens maintenant à vos critiques sur mes ouvrages, écrit-il à Brossette, le 3 juillet 1703. Je ne sais pas sur quoi se peuvent fonder ceux qui veulent conserver le solécisme qui est dans ce vers :

Que votre âme et vos mœurs peints dans tous vos ouvrages.

« M. Gibert, du collége des Quatre-Nations, est le premier qui m'a fait apercevoir de cette faute depuis ma dernière édition. Dès qu'il me la montra, j'en convins sur-le-champ avec d'autant plus de facilité qu'il n'y a pour la réformer qu'à mettre, comme vous dites fort bien :

Que votre âme et vos mœurs *peintes* dans vos ouvrages,

ou

Que votre esprit, vos mœurs peints dans tous vos ouvrages.

« Mais pourrez-vous bien concevoir ce que je vais vous dire, qui est pourtant très véritable ? que cette faute, si aisée à apercevoir, n'a pourtant été aperçue ni de moi ni de personne avant M. Gibert, depuis plus de trente ans qu'il y a que mes ouvrages ont été imprimés pour la première fois ; que M. Patru c'est-à-dire le Quintilien de notre siècle, qui revit ma Poétique, ne s'en avisa point ; et que, dans tout ce flot d'ennemis qui a écrit contre moi, et qui m'a chicané jusques aux points et aux virgules, il ne s'en est point rencontré un seul qui l'ait remarqué.

« Cela vient, je crois, de ce que le mot de *mœurs* ayant une terminaison masculine, on ne fait pas réflexion qu'il est féminin. Cela fait bien voir qu'il faut non-seulement montrer ses ouvrages à beaucoup de gens avant de les faire imprimer, mais que, même après qu'ils sont imprimés, il faut s'enquérir curieusement des critiques qu'on y fait. »

Excellent précepte, comme tous ceux du reste

qui viennent de Boileau; merveilleux conseil que nous avons suivi pour notre compte, et qui sera cause que cette sixième édition vaudra beaucoup mieux que les cinq premières.

Nous en aurons l'obligation à plusieurs communications utiles, surtout à celles de M. Victor Lacrampe qui, au moment où notre travail a paru, en préparait un pareil, et qui avec une bonne grâce parfaite a bien voulu, abandonnant toute pensée de concurrence, nous gratifier de ce qui nous manquait, et pour ainsi dire nous enrichir de ce que d'avance nous ne lui avions pas pris.

En ce temps-ci, où la république des lettres est redevenue ce que l'avait vue Beaumarchais : « la république des loups, » on est heureux de rencontrer de tels émules.

Nos grands auteurs n'ont jamais reculé devant les corrections, même devant celles des plus méticuleux puristes. Nous voulons, en cela du moins, leur ressembler par notre docilité à recueillir les conseils et les rectifications; par notre empressement à faire bon accueil aux communications qui tendraient à enrichir notre pauvre travail.

On a publié pour la première fois dans le tome VI des *Mélanges de la Société des Bibliophiles*, une lettre fort intéressante de Louis Racine, qui nous fait foi de la bonne grâce du poëte d'*Andromaque* à se soumettre aux critiques des autres quand les siennes propres ne les avaient pas devancées. Cette lettre datée de Soissons, le 1er may 1738, est adressée à l'abbé d'Olivet. Nous allons en reproduire une partie, à cause des détails qu'elle donne sur quelques vers de Racine, et des sentiments de déférence littéraire dont elle témoigne de la part de son fils :

« M. Hardion, dit Louis Racine, m'a envoyé de votre part, Monsieur, un exemplaire de votre dernier ouvrage. J'ai été également flatté et de l'honneur que vous me faites de vous souvenir de moy, et de celuy que vous faites à mon père d'examiner ses fautes. Heureux l'auteur qui mérite un examen si sévère ! Je reconnois toute l'utilité de votre projet, et je crois que rien n'est plus utile à la langue françoise qu'une pareille critique du petit nombre d'écrits dont le temps a établi la réputation. Aucun de ces ouvrages, sans en excepter *Athalie*, n'est exempt de légers défauts.

« Vous en relevez quelques-uns que je condamne comme vous ; mais vous en condamnez d'autres dont il me semble qu'on pourroit prendre la défense, parce que je crois qu'un tour de langue, quoique contraire à l'exactitude grammaticale, n'est pas toujours défectueux. Quelquefois ce qui précède et ce qui suit le rend nécessaire, et quelquefois même une scrupuleuse exactitude affaibliroit la vivacité et l'énergie.

« Boileau admirait ce vers de Malherbe :

Je suis vaincu du temps, je cède à vos outrages,

quoiqu'on ne dise pas *vaincu de quelqu'un*.

« Au lieu de ce vers d'*Andromaque*,

Le cœur est pour Pyrrhus et les vœux pour Oreste,

un puriste diroit :

Le cœur est pour Pyrrhus, les vœux sont pour Oreste.

Le vers du puriste seroit plus exact et moins beau. On peut de même justifier ce vers fameux, dont je suis surpris que vous n'ayez pas parlé,

Et mes derniers regards ont vu fuir les Romains.

Et l'on doit dire d'un écrivain qui fait de pareilles fautes :

Si non errasset, fuerat ille minus. »

Ici Louis Racine cite mal. Martial (lib. I, épigr. XXII) a dit : *Fecerat illa minùs*. Mais continuons la lecture de sa curieuse lettre :

« Je suis charmé, dit-il, que vous ayez pris la défense d'un vers qui n'a pu déplaire qu'à ceux qui n'entendent pas le langage poétique, je veux parler de celui-ci :

Le flot qui l'apporta recule épouvanté.

Mais il me paroît qu'en le justifiant par rapport à l'image, vous l'abandonnez à la rigueur grammaticale, à cause qu'*apporta* marque un sens éloigné. Je vous avoue que je ne puis souscrire à cette censure...

« A l'égard du vers de *Mithridate* et *des indignes fils*, la faute est si visible que je l'ai toujours imputée au premier imprimeur, que les autres ont copié. Je crois que mon père avoit mis *deux indignes fils*.

« Je puis à cette occasion vous dire un fait que vous ne serez pas fâché d'apprendre. Il avoit un exemplaire de ses œuvres, sur lequel il avoit corrigé de sa main toutes les expressions et les rimes dont il n'étoit pas content, et mon frère m'a assuré que ces corrections étoient en très grand nombre.

« Peu de jours avant sa mort, par un entier détachement d'une réputation qui lui paroissoit frivole, il se fit apporter cet exemplaire et le jeta au feu.

« Les ouvrages que nous estimons le plus ne sont pas dans la perfection où les auteurs ont voulu les mettre; et d'ailleurs, quand ils en auroient eu le temps, il n'est pas donné à l'esprit humain de faire un ouvrage entièrement parfait.

« On peut donc critiquer les meilleurs écrits, sans rien diminuer de la gloire des auteurs, et cette critique est très utile. »

Je relevais tout à l'heure une citation faite inexactement par Louis Racine. Ce cas n'est pas rare, même chez ceux de nos auteurs qui devraient sembler le plus à l'épreuve de l'inexactitude. Ainsi, comme on l'a vu plus haut, Voltaire citait mal. Ce qui surprendra davantage, Boileau ne citait pas mieux.

« Chose étrange! disait notre grand feuilletoniste-citateur, Jules Janin, à propos d'un passage de la *Correspondance avec Brossette*, dont il s'est fait l'éditeur de compagnie avec M. Laverdet, chose étrange! les citations de Boileau ne sont pas tout à fait exactes, sans compter l'habitude qu'il a prise de donner la forme de la prose aux vers les mieux faits;» et tout aussitôt Janin prouve par un ou deux exemples comment Boileau avait, en effet, l'étrange habitude de donner le déguisement de la prose aux vers même de son cher Horace. Mais si la lettre lui échappait ainsi quelquefois, l'esprit et surtout le goût ne l'abandonnaient jamais.

Il restait notamment toujours fidèle à ce précepte de la juste mesure en tout, qui empêche une pensée de s'affaiblir par l'exagération même du mot qui l'exprime.

On affaiblit toujours tout ce qu'on exagère,

a dit La Harpe dans *Mélanie* (acte Ier, scène Ire).

Boileau, qui aurait pu faire ce vers excellent, observa du moins dans toute sa vérité le précepte de goût dont il est la formule, tandis que celui qui l'a écrit s'en fit moins souvent, mais plus pédantesquement une loi.

Cet axiome de l'*Art poétique* :

Ce que l'on conçoit bien s'énonce clairement,
Et les mots pour le dire arrivent aisément,

eut pour premier esclave celui qui le créa.

Personne ne sut mieux que Boileau s'imposer le joug du mot *juste*, de l'expression *propre*; personne aussi ne sut le porter avec plus d'aisance. Lamennais a dit dans une des *Pensées diverses* qui font partie de ses *Œuvres posthumes* : « On ne trouve jamais l'expression d'un sentiment que l'on n'a pas; l'esprit grimace et le style aussi. » C'est la même idée que celle de Boileau. Le grand écrivain du livre sur l'*Indifférence en matière de Religion*, ne se contenta pas, lui non plus, de l'exprimer; son style la mit en pratique.

Que de choses à dire sur ce chapitre de l'esprit et du goût, dont Boileau nous a tout naturellement amené à parler! Ne pouvant le traiter à fond, nous nous en tiendrons, suivant notre devoir en ce livre, à des citations. La première sera de Marie-Joseph Chénier, la seconde sera de Chateaubriand. En politique, ils furent ennemis; mais sur le goût, comme vous allez voir, ils s'entendirent, ou peu s'en faut. Laissons parler d'abord le discours de Chénier, *la Raison* :

> C'est le bon sens, la raison qui fait tout :
> Vertu, génie, esprit, talent et goût.
> Qu'est-ce vertu ? raison mise en pratique.
> Talent ? raison produite avec éclat.
> Esprit ? raison qui finement s'exprime.
> Le goût n'est rien qu'un bon sens délicat,
> Et le génie est la raison sublime.

La part faite au goût est déjà brillante, ici : Chateaubriand va la faire plus belle encore. Dans ce qu'il va dire se trouvera le plus magnifique éloge de l'époque, si contenue et si bien réglée, que Boileau régenta :

« Le Génie enfante, dit-il dans l'*Essai sur la Littérature anglaise*, qui précède sa traduction de Milton, le Goût conserve. *Le Goût est le bon sens du Génie.* Sans le Goût, le Génie n'est qu'une sublime folie. Ce toucher sûr par qui la lyre ne rend que le son qu'elle doit rendre est encore plus rare que la faculté qui crée. L'Esprit et le Génie diversement répartis, enfouis, latents, inconnus, *passent souvent parmi nous sans déballer*, comme dit Montesquieu ; ils existent en même proportion dans tous les âges ; mais dans le cours des âges, il n'y a que certaines nations, et chez ces nations qu'un certain moment où le goût se montre dans sa pureté. Avant ce moment, après ce moment, tout pêche par défaut ou par excès. Voilà pourquoi les ouvrages accomplis sont si rares : car il faut qu'ils soient produits aux heureux jours de l'union du Goût et du Génie. Or, cette grande rencontre, comme celle de quelques astres, semble n'arriver qu'après la révolution de plusieurs siècles, et ne dure qu'un instant. »

C'est admirable, de la plus haute raison, dans le plus beau style. Quelle splendide leçon ! Chateaubriand se l'est-il toujours faite à lui-même, l'a-t-il toujours suivie?

C'est ce qu'après les *Mémoires d'outre-tombe* surtout, d'un goût si mêlé, si peu égal, je me garderais bien d'affirmer.

D'une époque où le goût faiblissait, il fit comme avait fait Ronsard, dans un temps où le goût n'était pas encore né :

Ni trop haut, ni trop bas; c'est le souverain style.

Ce vers, qu'admirait tant, et avec raison, Philarète Chasles, est de Ronsard justement ; or, pas un poëte ne fut jamais, plus que lui, ou trop bas, ou trop haut.

A l'exception de Boileau, qui sut se conformer presque toujours à ce qu'il avait prescrit, les grands faiseurs de leçons littéraires ne diffèrent guère de ces prédicateurs, si bien comparés — par l'un d'eux mêmes plus franc que les autres — à ces poteaux de grandes routes, dont l'écriteau vous dit : Suivez ce chemin; et qui ne bougent pas de place.

VIII

Je fus un jour singulièrement pris au dépourvu, à propos de ces jolis vers sur les *Patineurs*, qu'on me soutenait être de Voltaire, et que je me rappelais bien n'avoir pas vus dans ses œuvres :

> Sur un mince cristal l'hiver conduit leurs pas,
> Le précipice est sous la glace.
> Telle est de vos plaisirs la légère surface.
> *Glissez, mortels, n'appuyez pas !*

— C'est délicieux, s'écriait mon citateur, c'est admirable ! ce doit être de Voltaire ! Puis une minute après : C'est de Voltaire !

Une fois ces derniers mots lâchés, il n'y eut plus à l'en faire démordre. Je lui voulus soutenir le contraire, impossible ; d'ailleurs, si je savais bien de qui ces vers n'étaient pas, je n'ignorais pas moins de qui ils étaient. Il fallut céder, et mon homme partit triomphant.

Revenu au milieu de mes livres, je feuilletai tout ce que j'ai de recueils poétiques; pas un ne me donna les vers et le nom que je leur demandais.

Enfin un jour, furetant sur les quais, j'aperçus mon quatrain au bas d'une de ces gravures des *Saisons*, si communes au commencement du XVIIIe siècle. Celle-ci, qui représentait l'*Hiver*, sous la figure d'un groupe de patineurs, était de Larmessin. Le poëte, par une attention délicate et comme s'il eût prévu notre querelle, avait signé les quatre vers. Sous le dernier on lisait ce nom : *Roy*. Je me rappelai que c'était celui d'un pauvre diable qui, vers 1730, eut plus d'esprit que de succès, et fut plus sifflé et bâtonné même que loué et applaudi. J'achetai la gravure en le bénissant, et je courus chez mon voltairien. Il était parti de la veille, peut-être en murmurant le quatrain et en se répétant : Voltaire est un grand poëte !

IX

Si l'on cite ce délicieux vers :

La faute en est aux dieux qui la firent si belle!

on se hâte d'en faire honneur à La Fontaine, et l'on ne se doute pas que, dans un coin perdu du xviie siècle, à ses commencements, se trouve un poëte, Jean de Lingendes, aujourd'hui trop ignoré, qui réclame le vers charmant pour cette stance, la plus jolie qu'il ait écrite, et dont l'air de Boesset, sur lequel on la chantait, fit, autant que sa grâce même, la longue popularité :

> Si c'est un crime de l'aimer,
> On n'en doit justement blâmer
> Que les beautés qui sont en elle,
> La faute en est au dieux

CHAPITRE IX

> Qui la firent si belle,
> Et non pas à mes yeux.

Le plus grand malheur pour Jean de Ligendes, c'est qu'on n'a de lui que ces vers dignes d'être cités. Voilà pourquoi, sans doute, on ne lui en fait pas honneur.

Dans le monde ingrat des faux lettrés qui citent, on ne prête jamais qu'aux riches; on fait fi des autres.

Je l'ai dit déjà, mais les preuves se faisant nombreuses, je dois le redire : un esprit que la renommée ne consacre point n'a pas autorité pour les citations. Jette-t-il un éclair, vite on s'en empare, au profit d'un plus fécond, d'un plus heureux : cette lueur isolée se perd dans une plus grande lumière. On a tort. Il y a, selon nous, plus qu'une injustice à dépouiller un gueux pour gratifier de ce qu'on lui prend quelqu'un qui n'en a pas besoin, et qui même, soit dit en passant, a sans vous, d'ordinaire, trop bien fait son profit de l'esprit des autres pour qu'on doive se donner la peine de l'en enrichir encore à son insu.

La Fontaine en ce dernier point me sera un nouvel exemple. Ne le faites pas plus riche qu'il ne faut : il l'est assez ; il a tout fait pour l'être par ses propres ressources et par celles aussi qu'il doit aux autres.

Vous citez souvent ce vers par lequel prélude sa fable *le Lièvre et la Tortue :*

Rien ne sert de courir, il faut partir à point,

mais je gagerais que vous ne vous souvenez pas que Rabelais avait dit déjà : « Ce n'est tout l'avantage de courir bien tost, mais bien de courir de bonne heure. » (*Gargantua,* ch. XXI.)

De même, pour ceux-ci de *Philémon et Baucis :*

Il lit au front de ceux qu'un vain luxe environne
Que la fortune vend ce qu'on croit qu'elle donne,

certainement vous ne vous doutez guère que La Fontaine a presque textuellement pris le dernier dans une lettre de Voiture au comte de Guiche : « Pour l'ordinaire la fortune nous vend bien chèrement ce qu'on croit qu'elle nous donne. » C'était, d'ailleurs, une pensée du poëte Épicharme, déjà traduite par Montaigne, dans ses *Essais* (liv. II, ch. XX).

Vous savez les vers charmants qui, au commencement du poème d'*Adonis*, par La Fontaine, terminent le portrait de la mère de l'Amour :

> Rien ne manque à Vénus, ni les lis, ni les roses,
> Ni le mélange exquis des plus aimables choses,
> Ni ce charme secret dont l'œil est enchanté,
> Ni *la grâce, plus belle encor que la beauté.*

Ce dernier vers, dont on fit l'application à Mlle de La Vallière, ne doit rien à personne, pensez-vous. Ne vous y fiez pas. Lisez les *Sonnets* de Magdelaine Desroches, et quand vous aurez trouvé, dans celui qu'elle adresse à une amie, ce distique :

> Las ! où est maintenant ta jeune et bonne grâce
> Et ton gentil esprit, plus beau que la beauté,

persuadez-vous bien que, comme Molière, le Bonhomme prenait son bien où il le trouvait, et que, par conséquent, il est bon qu'on n'aille point, par des attributions fausses, lui prêter plus qu'il n'a su prendre.

Lorsque vous lisez ces vers de sa fable *le Chêne et le Roseau* :

> Le moindre vent qui d'aventure
> Fait rider la face de l'eau,

souvenez-vous comme il s'en souvint, de cette strophe de Du Bellay :

> Ce vent qui rase les flancs
> De la plaine colorée,
> De longs zéphyrs doux-soufflants
> Qui rident l'onde azurée.

Quand il a dit, dans la fable XXVI de son VIIIe livre, *Démocrite et les Abdéritains* :

> Il connait l'univers et ne se connaît pas,

je soupçonne fort aussi qu'il se rappelait ce vers d'un très beau sonnet qui, de son temps, et même encore du temps de l'abbé Goujet, était attribué au poète Hesnaut, mais qui, en fin de compte, s'est trouvé appartenir à Des Yvetaux :

> Il meurt connu de tous et ne se connaît pas.

C'est M. J. Travers, *Addition à la vie et aux œuvres de Vauquelain Des Yvetaux* (1856, in-8º, p. 12), qui l'a rendu à son véritable auteur, sans manquer de faire voir les traits de ressemblance qui existent entre ce vers final du sonnet et le vers de La Fontaine.

Il a fait ainsi deux justices pour une.

Il ne faut pas non plus, par une évolution contraire, donner à d'autres ce qui appartient au fabuliste, comme il arrive à tant de gens qui citent toujours, sous le nom de Florian, cet hémistiche trop vrai, à propos de l'enfance :

..... Cet âge est sans pitié.

C'est bel et bien La Fontaine qui l'a écrit dans une de ses plus merveilleuses fables, *les Deux Pigeons* (liv. IX, fable II).

Il est du reste bien plus rare qu'on dépouille Florian au profit de La Fontaine, que La Fontaine au profit de Florian, comme nous venons de le voir ici. La grande renommée, encore une fois, absorbe toujours la moindre, et, même en littérature, l'axiome du Bonhomme (Liv. I, fable X) :

La raison du plus fort est toujours la meilleure,

trouve plus d'une amère application.

Mais ce n'est pas à nous de donner raison à ce droit conquérant, c'est le droit contraire que nous devons consacrer :

. . . . Chacun son métier ;
Les vaches seront bien gardées.

Et, tenez, en citant ces vers faits d'un vieux proverbe, voilà que nous donnons à la fois la leçon et l'exemple. Ils sont de Florian dans sa fable : *Le Vacher et le Garde-Chasse*, et on les prête toujours à La Fontaine.

Un mot des anciens, né d'une amusante anecdote, en avait devancé la morale.

C'est l'histoire de ce savetier qui, trouvant dans un tableau d'Appelles quelques défauts aux chaussures des personnages, les fit remarquer au peintre qui les corrigea, mais lui dit, lorsqu'il voulut se permettre de critiquer aussi la jambe : « Cordonnier, arrête-toi à la sandale, ne va pas plus haut ! » ce que Pline (Lib. xxxv, cap. x, § 36) résume en cette phrase devenue proverbe : « *Ne sutor* suprà *crepidam*, » dont on gâte le sens et l'esprit, en mettant presque toujours *ultrà* au lieu de *suprà*.

Pour deux vers que nous venons d'enlever à La Fontaine, nous pourrions lui en rendre cent. Ceux-ci par exemple :

> Il ne se faut jamais moquer des misérables,
> Car qui peut s'assurer d'être toujours heureux ?

sont bel et bien la propriété du Bonhomme. Ils lui appartiennent même doublement; car, ce qu'on ne sait guère, il les a placés dans deux fables : une première qu'il n'imprima jamais pour des raisons de politique, expliquées dans la *notice* que nous avons donnée sur lui ; et une seconde, *le Lièvre et la Perdrix* (Liv. V, fable XVII), qui prit, pour début, les quatre premiers vers de l'apologue sacrifié.

Le titre en était : *Le Renard et l'Ecureuil*. Comme nous n'avons aucune raison d'avoir pour La Fontaine les réticences qu'il avait pour lui-même, nous allons vous donner cette fable telle qu'elle se trouve dans le *Recueil de Conrart*, t. II, p. 533 (Bibliothèque de l'Arsenal) :

LE RENARD ET L'ÉCUREUIL

Il ne se faut jamais moquer des misérables,
Car qui peut s'assurer d'être toujours heureux ?
 Le sage Ésope dans ses fables
 Nous en donne un exemple ou deux.

Je ne les cite point, et certaine chronique
 M'en fournit un plus authentique.
Le renard se moquoit un jour de l'écureuil,
Qu'il voyoit assailli d'une forte tempeste.
« Te voilà, disoit-il, près d'entrer au cercueil,
« Et de ta queue en vain tu te couvres la teste :
 « Plus tu t'es approché du faiste,
« Plus l'orage te trouve en butte à tous ses coups.
« Tu cherchois les lieux hauts et voisins de la foudre,

« Voilà ce qui t'en prend : moi qui cherche les trous,
« Je ris en attendant que tu sois mis en poudre. »
Tandis qu'ainsi le renard se gaboit,
Il prenoit maint pauvre poulet
Au gobet,
Lorsque l'ire du ciel à l'écureuil pardonne :
Il n'éclaire plus ni ne tonne,
L'orage cesse, et le beau temps venu,
Un chasseur ayant aperçu
Le train de ce renard autour de sa tanière :
« Tu payras, dit-il, mes poulets. »
Aussitôt nombre de bassets
Vous font déloger le compère;
L'écureuil l'aperçoit qui fuit
Devant la meute qui le suit;
Ce plaisir ne lui coûte guère,
Car bientôt il le voit aux portes du trépas;
Il le voit, mais il n'en rit pas,
Instruit par sa propre misère.

Il suffirait de cet exemple pour vous prouver à quel point le Bonhomme était peu négligent pour ses fables, et peu distrait, quand il s'agissait de choisir celles qu'il devait faire imprimer.

Je veux pourtant, sous un autre point de vue, vous donner une preuve du soin qu'il mettait à corriger même ses ouvrages les plus irréprochables.

Un amateur qui habite le département de la Nièvre possède l'autographe de l'une de ses plus admirables fables, *le Chêne et le Roseau*. La Fontaine a écrit ainsi les vers 17 et 18 :

> La nature envers vous *ne fut pas indulgente*.
> — Votre compassion, lui répondit *la plante*,
>   Part d'un bon naturel.

C'était bien. Cependant il n'était pas satisfait. Il raya le dernier hémistiche des deux vers, et peut-être sur l'épreuve, il écrivit :

> La nature envers vous *me semble bien injuste*.
> — Votre compassion, lui répondit *l'arbuste*, etc.

Était-ce mieux ! Sans doute, puisque La Fontaine en a jugé ainsi.

X

Cent fois, surtout depuis MM. Ponsard, Augier, etc., et tous les Romains et les Grecs de l'*École du bon sens*, on s'est écrié :

Qui nous délivrera des Grecs et des Romains ?

sans se souvenir que le cri alexandrin, c'est Clément, l'ennemi de Voltaire, qui l'avait poussé le premier dans une de ses *Epîtres*.

Berchoux, le *Gastronomique*, le reprit pour le mettre en tête de son unique *Élégie*, où il le compléta par celui-ci, qui de comgagnie est passé en proverbe :

Race d'Agamemnon, qui ne finit jamais !...

Berchoux, sans doute, pensait qu'il pouvait faire ce que Corneille avait osé avant lui, quand il prit tout faits dans l'*Ode* de Godeau *à Louis XIII*, ces vers sur la gloire qui brillent si bien dans son *Polyeucte* (act. IV, sc. v) :

>Et comme elle a l'éclat du verre,
>Elle en a la fragilité.

Je crois qu'ici pourtant il n'y eut point de plagiat de la part du grand poète. Ce ne fut qu'une simple rencontre, d'autant que le point de contact est connu : c'est ce vers des *Mimes* de Publius Syrus, dont Godeau et Corneille, chacun de son côté, s'étaient trouvés faire une traduction pareille :

>*Fortuna vitrea est ; tum cum splendet, frangitur.*
>(La fortune est de verre ; plus elle brille, plus elle est fra-
>[gile.)

Marot, bien auparavant, avait, dans sa première *Élégie*, donné, de ce passage des *Mimes*, cette version plus abrupte, mais plus exacte aussi :

>. . . . La fortune est pour un verre prise
>Qui tant plus luit, plustost se casse et brise.

Quand, pour son distique, Corneille s'inspira du moraliste des *Mimes*, il se réservait de lui faire encore quelque emprunt.

Ce vers du *Menteur* (acte IV, sc. v) :

Il faut bonne mémoire, après qu'on a menti,

n'est que la traduction de ce passage de Syrus :

... Mendacem oportet esse memorem.

XI

Nous cherchions depuis bien longtemps où se trouvait ce vers, que nous savions bien toutefoi appartenir à Voltaire :

Et voilà justement comme on écrit l'histoire.

M. Gérusez nous a renseigné à propos, dans un spirituel et trop court chapitre qu'il écrivit de sa main sur l'*Album de la Société des gens de lettres*. « Voltaire, nous dit-il, a placé ce vers dans sa mauvaise comédie de *Charlot*. » Nous sommes allé aux preuves, et nous avons trouvé en effet le vers demandé, à la scène VIIe du Ier acte. Avant de l'avoir fait, Voltaire le citait déjà... mais en prose. Dans sa lettre du 24 septembre 1766 à madame du

Deffand, il dit : « *Et voilà comme on écrit l'histoire ;* puis fiez-vous à MM. les savants ! » Il n'écrivit *Charlot* que l'année suivante.

Il cita de même, dans une lettre du 6 février 1762, c'est-à-dire deux ans avant la représentation d'*Olympie,* ce vers qui se trouve à l'acte II, sc. II, de cette tragédie, et que M. Scribe a repris depuis, pour le faire chanter au IIIe acte de sa *Manon Lescaut :*

> Dieu fit du repentir la vertu des mortels.

Tâchant de faire ce que nous faisons si longuement, c'est-à dire « d'établir l'état civil de quelques... proverbes poétiques, » M. Gérusez nous dit encore :

> « Tous les genres sont bons, hors le genre ennuyeux,

est une ligne de prose dans la préface de l'*Enfant prodigue* du même Voltaire... »

C'est un fait assez rare que cette transformation d'une ligne qui, écrite en prose, circule en vers. Ce n'est pas toutefois un fait unique. Le plus singulier en ce genre est l'application que le poète Bret fit d'une phrase de P. Charron : il l'avait trouvée dans le livre de la *Sagesse,* il la mit dans une comédie, l'*École amoureuse,* scène VIIe.

C'était un proverbe en prose, il en fit un proverbe en un distique que voici :

> Le premier soupir de l'amour
> Est le dernier de la sagesse.

Revenons à M. Gérusez.

« On cherchera vainement, dit-il, dans les fables de La Fontaine :

> Il me faut du nouveau n'en fut-il point au monde;

mais on le trouvera dans sa comédie de *Clymène*. »

Ce qui est vrai. Ce vers qui fait partie du rôle d'Apollon, est le 36e de cette pièce trop peu connue, où se trouve encore à prendre cette excellente imitation du *Imitatores servum pecus* d'Horace (lib. I, epist. XIX, vers 19) :

> C'est un bétail servile et sot à mon avis
> Que les imitateurs.

N'oublions pas de dire, à propos du vers charmant cité tout à l'heure, à l'éloge de la nouveauté... *quand même*, que celui-ci :

> Diversité c'est ma devise,

est le 4ᵉ du joli conte de La Fontaine, *le Pâté d'Anguille*, et que cet autre :

L'ennui naquit un jour de l'uniformité,

se trouve dans les fables de Lamotte-Houdard, dont il pourrait être l'épigraphe.

Il sert de moralité à la fable XV du livre IV, *les Amis trop d'accord*.

Madame de Chateaubriand le parodia ainsi :

L'ennui naquit un jour de l'Université,

certain soir que, dans son salon, Fontanes et Joubert, qui, sans rancune, nous a conté l'anecdote, s'étaient trop évertués sur des questions de professorat et d'enseignement.

M. Gérusez, à qui l'université nous ramène, s'enquérant des vers de La Fontaine, qu'on oublie de lui attribuer, en aurait encore pu signaler plusieurs, celui-ci d'abord :

Mieux vaut goujat debout qu'empereur enterré,

par lequel se termine d'une façon concluante le conte de la *Matrone d'Ephèse*, et qui n'est au reste qu'une sorte de traduction du mot de l'*Ecclésiaste* (cap. IX, vers. 4) : « Un chien vivant vaut mieux qu'un lion mort. »

La Fontaine n'avait pas seulement lu Baruch, il connaissait toutes les Écritures. Un vers de lui, dont on oublie aussi la source, est cet autre, qu'il a, par distraction, égaré dans sa *lettre à M. Simon de Troyes* (février 1686) :

> Tout faiseur de journaux doit tribut au malin.

S'il n'était pas complètement vrai de son temps, notre siècle lui a bien donné sa raison d'être et sa vérité.

Beaucoup de vers sont dans le même cas. C'est cent ou deux cents ans après qu'on les eut faits, qu'ils ont trouvé leur sens et leur application. Que dites-vous, par exemple, de ce distique attribué par Tallemant à Marigny. (*Historiette de Madame de Rohan*) :

> On termine de longs procès
> Par un peu de guerre civile?

S'il fut vrai à l'époque de la Fronde, ne le fut-il pas davantage, lors de notre Révolution de février?

> Tout citoyen est-roi sous un roi citoyen...

Qui a dit cela? Quelque poète garde national, en quelque dithyrambe éclos à la gloire de Louis-Philippe, sous les premiers rayons du soleil de juillet. Vous n'y êtes pas. Ce vers est de Favart dans les *Trois Sultanes* (act. II, sc. III).

Que pensez-vous encore de celui-ci, que Collé jeta comme une bouffonnerie de plus dans la première scène de sa bouffonne tragédie de *Cocatrix* et sur lequel Helvétius, qui en ignorait la source, épilogua sérieusement au chapitre VI, sect. IV de son livre *de l'Homme* :

Je t'aime d'autant plus que je t'estime moins?

Sans doute au beau temps de la Duthé, et de toutes les dames de l'Opéra et de la Comédie-Française qu'enrichissait la passion de leurs amants, ce vers était un peu vrai déjà. Mais, depuis nos dames du *Demi-Monde*, combien n'a-t-il pas encore gagné en vérité !

Où donc est le temps des naïves amours, alors que dans son adorable pièce, *l'Amant rendu Cordelier, à l'observance d'Amour*, Martial d'Auvergne disait :

Il faut congnoistre avant qu'aimer?

Mais, madame Deshoulières l'a écrit avec raison

dans ce refrain de ballade qui fut tant chanté au XVIIe siècle :

On n'aime plus comme on aimait jadis ;

et Sénèque s'est écrié avec non moins de raison dans sa XXXIXe épître :

... *Quæ fuerunt vitia mores sunt.*
(Les vices d'autrefois sont les mœurs d'aujourd'hui.)

C'était vrai de son temps ; ne l'est-ce pas plus du nôtre ? A qui la faute ? Un vers de la tragédie de Guibert, *le Connétable de Bourbon* (act. I, sc. IV) sera ma réponse :

Les hommes font les lois, les femmes font les mœurs.

En ce XXIIIe siècle du moins, le cœur était assez volontiers encore pour quelque chose dans la galanterie, sans compter l'esprit qui en était l'élément indispensable. La femme ne s'oubliait pas comme, à présent, tout à fait sous la courtisane. L'amour vendu des journées opulentes n'éteignait pas l'amour donné dans les jours d'infortune. Il en rendait même la mémoire plus chère. Sophie Arnould a dit à ce sujet un mot charmant, dont Rulhière fit un très beau vers pour une épître qui fut publiée à la suite de son poème des *Jeux de mains* (1808, in-8º, p. 43) :

>   Un jour une actrice fameuse
> Me contait les fureurs de son premier amant ;
>   Moitié rêvant, moitié rieuse,
>   Elle ajouta ce mot charmant :
> « Oh ! c'était le bon temps, j'étais bien malheureuse ! »

Comme ce vers-là donne de vérité à celui-ci, que Saint-Evremond a cité dans une de ses lettres, et qui serait son meilleur s'il était de lui ; il s'agit encore de l'amour :

> Tous les autres plaisirs ne valent pas ses peines.

De qui est-il ? ce ne fut pas aisé à découvrir. On ne le cite pas en effet sous sa vraie forme, et je dus, par conséquent, m'égarer en le cherchant comme alexandrin.

Il nous vient d'une chanson de Charleval, il se trouve à la page 133 du recueil que Saint-Marc nous a donné de ses *Poésies*.

Voici le couplet, vous verrez que notre soi-disant alexandrin y est fait avec un vers de six pieds et les deux tiers d'un vers de huit :

CHAPITRE XI

> Bien que mes espérances vaines
> Fassent naître en mon cœur d'inutiles désirs,
> Bien que tes lois soient inhumaines,
> Amour, *tous les autres plaisirs*
> *Ne valent pas tes peines.*

Cela se chantait et ne se retint que mieux, comme les deux vers de la chanson de Lingendes, dont on fit aussi un alexandrin et que nous avons rappelés plus haut.

C'est de ces vers-là que La Mothe a dit :

> Les vers sont enfants de la lyre,
> Il faut les chanter non les lire.

XII

Périsse l'univers pourvu que je me venge !

Voilà ce que dit, pour peu qu'il soit en humeur vengeresse, tout homme bien élevé qui croit savoir son Corneille. Je le plaindrais fort si le véritable auteur vivait encore, car il n'est autre que Cyrano le pourfendeur. Voyant ce vol qu'on fait à son *Agrippine*, du même coup il irait couper les oreilles aux faiseurs de citations, et au poète à qui l'on prête si gratuitement son bien. Mais on aurait beau jeu à rembarrer le matamore, puisqu'on pourrait lui prouver que son vers, écrit en 1653, n'est après tout, à quelques mots près, que celui-ci du Ve acte, scène Ire de la *Rodogune* du grand poète, représentée sept ans auparavant :

Tombe sur moi le ciel pourvu que je me venge !

Il resterait pour consolation à l'auteur de l'*Agrippine*, ce vers de son Ier acte, scène IV, que personne ne lui a pris, bien qu'il en valût la peine :

Un peu d'encens brûlé rajuste bien des choses.

Bussy-Rabutin ne serait guère plus accommodant que Cyrano, j'en suis sûr, s'il savait qu'on cite partout sans le nommer — je les ai trouvés même dans la *Georgette* de Paul de Kock ! — les deux vers qui terminent cette épigramme, l'une de ses meilleures :

On parle fort diversement
Des effets que produit l'absence.
L'un dit qu'elle est contraire à la persévérance,
Et l'autre qu'elle fait aimer plus longuement.
Pour moi voici ce que j'en pense :
L'absence est à l'amour ce qu'est au feu le vent ;
Il éteint le petit, il allume le grand.

Bussy pourtant, n'aurait pas, lui non plus, le droit de revendiquer trop haut la propriété de son distique. Il ne fait qu'y reproduire une maxime de La Rochefoucauld. Les rimes, assez mauvaises, sont tout ce qui lui appartient :

« L'absence, dit La Rochefoucauld, diminue les médiocres passions, et augmente les grandes, comme le vent éteint les bougies et allume le feu. »

La Rochefoucauld, de son côté, il faut le dire pour être juste et pour donner cette vérité avec tout son parentage d'ascendants et de descendants, ne fait qu'étendre dans un sens moral plus précis cette pensée de Saint François de Sales (*Introduction à la vie dévote*, IIIe part., chap. XXXIII) :

« Ce sont les grands feux qui s'enflamment au vent; mais les petits s'éteignent si on ne les porte à couvert. »

Or, dans ce monde, que de flambées pour un seul feu qui dure! Pour une fidélité, que d'inconstances! L'instabilité, le changement, sont un besoin pour tous dans les affaires sérieuses comme dans l'amour. Le contraire est un ridicule, qui passe pour être le propre des sots ou des radoteurs. Voltaire se crut perdu, lorsqu'il se ne sentit plus d'humeur instable et tournante : « Je suis, écrit-il le 10 avril 1759 au comte d'Albaret, assez semblable aux girouettes, qui ne se fixent que quand elles sont rouillées. »

CHAPITRE XII

De nos jours, Barthélemy n'a pas craint d'écrire dans ce qu'il appela : *Ma justification* :

J'ai pitié de celui qui, fier de son système,
Me dit : « Depuis trente ans ma doctrine est la même,
Je suis ce que je fus, j'aime ce que j'aimais. »
L'homme absurde est celui qui ne change jamais;

et ce dernier vers est bientôt devenu la devise cachée de tous ceux chez qui se font sentir des dispositions plus ou moins prochaines pour l'apostasie.

L'inconstance est dans les hommes, la constance est dans les choses. Toujours elles tournent dans le même cercle et reviennent au même point.

C'est, à tout prendre, une stabilité relative, et les amis du changement y pourraient bien trouver une sorte d'excuse ; mais, par malheur, leur existence trop courte ne leur permet que rarement de faire toutes les évolutions nécessaires, et de revenir naturellement au point d'où ils sont partis.

Chaucer a dit : « Il n'y a pas de nouvelle coutume qui ne soit ancienne. » Et depuis, cette pensée s'est condensée ainsi, sans cesser d'être aussi vraie, pour servir d'épigraphe à la *Revue rétrospective* : « Il n'y a de nouveau que ce qui a vieilli. » Sous cette dernière forme, l'axiome du vieux poëte anglais revient tout à fait à ce que disait mademoiselle Bertin, la marchande de modes de Marie-Antoinette :

« Il n'y a de nouveau que ce qui est oublié. »

La phrase de Chaucer est très vraie pour les choses du monde en général, mais le mot de mademoiselle Bertin l'est bien plus encore pour le détail qui préoccupait journellement cette surintendante des toilettes royales.

Les modes n'ont rien inspiré de plus juste, pas même cette strophe, très jolie pourtant, attribuée partout à Pavillon, mais que j'avoue n'avoir pas trouvée dans le recueil le plus complet de ses œuvres, quoi qu'on en ait dit, au tome XXVII, p. 64, des *Annales poétiques* :

> *La mode est un tyran dont rien ne nous délivre,*
> A son bizarre goût il faut s'accommoder.
> Mais sous ses folles lois étant forcé de vivre,
> Le sage n'est jamais le premier à la suivre,
>   Ni le dernier à la garder.

Je ferai pourtant remarquer que si le sage, comme dit la strophe, n'est pas le dernier à *garder* la mode qui court, il se trouve être forcément des *premiers à suivre* celle qui lui succède, et partant il est plus à la mode qu'il n'en veut avoir l'air. Cela jette un peu d'inconséquence dans ces vers. Aussi n'y a-t-il que le premier qui soit resté.

Médire de la mode, est une mode aussi et bien inutile, puisqu'il n'est personne, qui, tant bien que mal, ne suive un peu ses lois, tant critiquées et toujours si puissantes. Le mieux au fond est de n'en rien dire; les paroles les plus sensées deviennent folles; dès qu'elles ont la prétention d'attaquer une folie universelle. La Chaussée ne l'a-t-il pas dit avec bien de la justesse dans sa Comédie de la *Gouvernante* (Acte I, sc. III) :

Quand tout le monde a tort, tout le monde a raison.

XIII

Puisque nous venons de parler de modes, de folies, dites-moi si vous connaissez un vers mieux tourné, d'une application plus fréquente que celui-ci :.

La plus courte folie est toujours la meilleure?

Maintenant, encore une question. Avez-vous quelquefois entendu parler d'un poëte contemporain et ami de Molière, ayant nom Charles Beys? — Non. — Le vers connu est pourtant du poëte inconnu. On le trouve dans sa comédie en cinq actes, en vers, les *Illustres Fous*. Il la termine en manière d'épigramme, en façon de pointe tournée contre la comédie elle-même, car vraiment les cinq actes n'en sont pas une courte folie. Voilà ce que j'avais dit dans les premières éditions, et la gloire de Charles Beys s'en trouvait bien. Or, maintenant, voyez le malheur : il n'avait qu'un seul vers et il faut que je l'en dépouille ! Je l'ai trouvé, ce vers, au frontispice d'un livre publié en 1633, c'est-à-dire quatre ans avant la première édition de la pièce de Beys. Quel est ce livre ? Le *Recueil des Joyeux épigrammes du sieur de La Giraudière*, au titre duquel on lit :

> Ce livre n'est pas long, on le voit en une heure ;
> *La plus courte folie est toujours la meilleure !*

Les *Illustres Fous* n'avaient qu'une perle, et elle était d'emprunt !

Charles Beys était bien *fou* comme ses héros, mais il n'est pas *illustre*.

Molière, en ami, lui emprunta son vers emprunté ; mais, il faut bien le dire, ce ne fut pas, — était-ce d'ailleurs possible ? — pour le rendre plus excellent. Ce que dit Anselme dans *l'Étourdi* (act. IV, sc. IV):

> Les plus courtes erreurs sont toujours les meilleures,

ne vaut pas ce qu'a écrit Charles Beys, après La Giraudière.

L'épitaphe du maréchal de Rantzau le Mutilé, sixain héroïque qu'on voit partout cité sans nom d'auteur, est aussi de Beys. Il se trouve dans ses *Œuvres poétiques*, 1651, in-4°, p. 275, sous ce titre : *Epigramme au tombeau de M. le maréchal de Rantzau* :

> Du corps du grand Rantzau tu n'as qu'une des parts,
> L'autre moitié resta dans les plaines de Mars.
> Il dissipa partout ses membres et sa gloire ;
> Tout abattu qu'il fût, il demeura vainqueur.
> Son sang fut en cent lieux le prix de la victoire,
> Et Mars ne lui laissa rien d'entier que le cœur.

Théophile, à peu d'années près le contemporain de Charles Beys, et fou comme lui, avec quelques éclairs de génie de plus illuminant sa folie, fut pourtant moins heureux pour les vers de sa tragédie de *Pyrame* que Beys ne l'avait été pour ses *Illustres Fous*. On n'en cite qu'un hémistiche, et c'est le plus ridicule non-seulement de la pièce, mais peut-être de toutes les tragédies connues.

Il est vrai que, bien qu'on le répète à tout propos, on ne sait guère qu'il lui appartient ; il y a même à le dire une certaine cruauté d'indiscrétion. Il se trouve à la fin du dernier des deux monologues qui forment seuls tout le Ve acte.

Thisbé vient de ramasser l'arme avec laquelle Pyrame s'est frappé, et elle s'écrie :

> Ha ! voicy le poignard qui du sang de son maistre
> S'est souillé laschement : *il en rougit le traistre !*

Pauvre Théophile ! il avait pourtant fait dans cette même tragédie (acte IV, scène Ire) une tirade exquise sur les délicatesses jalouses d'un amant ; mais Corneille la trouva bonne à prendre, et s'en accommoda pour la *Psyché* qu'il écrivit avec la collaboration de Molière : et l'on ne cite que la tirade refaite par Corneille !

Dans cette même scène, Théophile avait encore fait dire par Pyrame ce vers d'une si pittoresque expression :

> On n'oit que le silence, on ne voit rien que l'ombre.

Delille le trouvant en son chemin, le ramassa, et après l'avoir un peu repoli, l'enchâssa comme un joyau de prix au milieu du long épisode qui termine le IVe chant de son poëme *l'Imagination*.

Il s'agit là, comme vous savez, du jeune peintre perdu dans les *Catacombes de Rome* :

> Il ne voit que la nuit, n'entend que le silence.

Or, des deux vers lequel cite-t-on ? celui qui n'est que le reflet de l'autre : le vers de Delille.

Voici, en revanche, au chant Ier du poëme des *Jardins*, un vers de l'abbé, qui ne doit, que je sache, rien à personne :

Promettre c'est donner, *espérer c'est jouir*.

Ce dernier hémistiche, qui donne un trop consolant démenti au distique final du sonnet d'Oronte dans le *Misanthrope* :

Belle Philis, on désespère
Alors qu'on espère toujours,

fit une très belle fortune dans les salons.

Pendant la Terreur, il courait encore et était en quelque sorte devenu la devise d'un parti qui ne vivait plus en réalité que par l'espérance. C'est alors que M. de Chazet en fit le thème de ces couplets que je ne cite que pour faire honneur à la citation de Delille :

L'heureux émule de Virgile
Qui nous fait penser et sentir,
Dans ses vers immortels, Delille
A dit qu'*espérer c'est jouir*.

Ah! s'il est vrai que l'espérance,
Au sein des plus affreux tourments,
Soit pour nous une jouissance,
Nous jouissons depuis longtemps.

Il faut pourtant que l'on espère :
Moi, j'espère bien d'être heureux,
J'espère la fin de la guerre,
J'espère des succès nombreux.

Grâce au prisme de l'espérance,
Le bonheur me semble tout près,
Et j'aime à me payer d'avance,
Craignant de ne pas l'être après.

Les vers suivants, du même poëme des *Jardins*, au chant IVe :

..... Telle jadis Carthage
Vit sur ses murs détruits Marius malheureux,
Et ces deux grands débris se consolaient entre eux,

furent aussi très remarqués, le dernier surtout, mais moins unanimement admirés.

On en parlait, on en discutait, et, pour un poëte, c'est déjà beaucoup. Chamfort conte à ce propos une jolie anecdote dans ses *Caractères et Portraits* :

« On disputait, dit-il, chez madame de Luxembourg sur ce vers de l'abbé Delille :

Et ces deux grands débris se consolaient entre eux.

On annonce le bailli de Breteuil et madame de la Reynière : « Le vers est bon, dit la maréchale. »

XIV

Charles Beys, que j'ai nommé tout à l'heure, n'est pas le seul poëte resté inconnu dont quelques vers soient demeurés célèbres. Dans le grand nombre de ceux à qui la popularité est ainsi arrivée par échappées, non pour leur nom, mais pour quelques-uns de leurs vers, j'en veux surtout remarquer un.

Il s'appelle Charles Remy.

Son nom est tout ce que je sais de sa biographie ; une épitaphe en épigramme, tout ce que je connais de ses œuvres. Le public est encore moins avancé que moi : le nom de l'auteur lui est tout à fait inconnu, et de l'épitaphe, qui est longue pourtant, il ne sait que deux vers, qu'il cite mal d'ordinaire, et qu'il répète à propos de tout abbé-poëte, quel qu'il soit, bien qu'ils aient été faits pour le seul abbé Pellegrin.

Afin de bien rétablir les faits, et pour rendre à Charles Remy son épigramme, à Pellegrin son épitaphe, nous allons donner la pièce entière.

A tous égards, elle le mérite :

    Ci-gît ce pauvre Pellegrin
Qui, dans le double emploi de poëte et de prêtre,
Eprouva mille fois l'embarras que fait naître
    La crainte de mourir de faim.
Il dinoit de l'autel et soupoit du théâtre,
Le matin catholique et le soir idolâtre.
Mais notre saint prélat voulant le détourner
Du sacrilége abus de ce partage impie,
Lui retrancha l'autel (la moitié de sa vie !)
Et parce qu'il soupoit l'empêcha de diner.
Il s'en plaignit et dit, d'un ton de tragédie :
« Pleurez, pleurez, mes yeux, et fondez-vous en eau,
« La moitié de ma vie a mis l'autre au tombeau ! »
Il n'en devint que plus esclave de la rime,
D'une faim renaissante éternelle victime,
Malgré le cardinal, Minerve et les sifflets,
Il voulut obliger le théâtre et la presse
De le dédommager d'un repas dont la messe
    Ne pouvoit pas faire les frais.
Comme la Muse étoit sa nourrice ordinaire,
Le public eût juré que l'inanition
Eût enfin terminé sa vie et sa misère.....
Point du tout : il mourut d'une indigestion.

Passant, daigne pour lui dire tes patenôtres;
Pardonne aux mauvais vers qui terminent son sort,
 Et songe enfin que s'il n'étoit pas mort,
  Pour vivre il en eût fait bien d'autres.

Les vers d'amateur n'ont pas souvent, comme ceux-ci, la fortune de survivre à l'instant qui les a vus naître, et moins souvent encore la gloire d'être cités.

En voici pourtant qui mériteraient cet honneur. C'est un quatrain qu'improvisa mademoiselle de Sillery, certain soir qu'on disputait devant elle pour savoir s'il était plus tendre d'écrire en vers que d'écrire en prose à sa maîtresse :

Non, ce n'est point en vers qu'un tendre amour s'exprime :
Il ne doit point rêver pour trouver ce qu'il dit;
Et tout arrangement de mesure et de rime
Ote toujours au cœur ce qu'il donne à l'esprit...

Mademoiselle de Sillery était une amie de La Fontaine, qui lui dédia son joli récit, *Tircis et Amarante*. On croirait que pour ce quatrain, si digne d'être célèbre, l'amitié du poëte lui servit de muse. On en pourrait dire autant de celui-ci qu'on cite plus souvent, et qui est aussi, sans qu'on le sache, d'un autre ami du Bonhomme, le chanoine Maucroix, qui l'écrivit ayant plus de quatre-vingts ans :

> Chaque jour est un bien que du ciel je reçoi :
> Jouissons aujourd'hui de celui qu'il me donne,
> Il n'appartient pas plus aux jeunes gens qu'à moi,
> Et celui de demain n'appartient à personne.

L'*Almanach des Muses* de 1775, p. 68, donna ces quatre vers comme inédits. C'était un tort. Voltaire les avait déjà cités dans son *Siècle de Louis XIV* au nom de Maucroix.

Il était, pour les poëtes nouveaux, un citateur assez obligeant. Il se chargeait volontiers de la fortune de leurs vers, pourvu qu'ils ne portassent pas ombrage aux siens.

Le 31 mars 1761, il écrit à De Belloy, qui lui avait envoyé un exemplaire du sa tragédie de *Siége de Calais* :

« A peine je l'ai lue, mon cher confrère, que je vous en remercie du fond du cœur. Je suis tout plein du retour d'Eustache de Saint-Pierre et des beaux vers que je viens de lire :

> Vous me forcez, seigneur, d'être plus grand que vous ;

et celui-ci que je citerai souvent :

> Plus je vis l'étranger, plus j'aimai ma patrie. »

En effet, il le cita, et c'est par lui, bien mieux que par la tragédie où il est enfoui, que ce vers nous a été connu.

Voltaire, s'il citait volontiers, aimait qu'on lui rendît la pareille. Parfois, il se faisait à lui-même ce petit plaisir. Son fameux vers de *la Mort de César* (acte II, sc. II) :

> Tu dors, Brutus, et Rome est dans les fers

revient souvent sous sa plume. Souvent aussi, il détache ce distique des strophes charmantes qui se trouvent dans sa lettre à Cideville du 11 juillet 1741 :

> Qui n'a pas l'esprit de son âge,
> De son âge a tout le malheur.

Il ne fut jamais plus heureux et plus fier que le jour où il apprit que le Dauphin, voyant passer Pompignan tout bouffi d'orgueil, murmura à l'oreille du président Hénault le dernier vers de sa satire *la Vanité* :

> Et l'ami Pompignan pense être quelque chose.

Un prince qui se rappelle un de ses vers et qui le cite pour écraser un de ses ennemis à lui, Voltaire, que de bonheur à la fois ! Aussi, comme il se hâte d'en écrire à Thiriot, le 8 décembre 1760, puis quatre jours après à Helvétius ! « N'avez-vous pas, dit-il à celui-ci, n'avez-vous pas bien ri du voyage de Pompignan à la cour avec Fréron ? et de l'apostrophe de M. le Dauphin : « *Et l'ami Pompi-* « *gnan pense être quelque chose.* » Voilà à quoi les vers sont bons quelquefois, on les cite dans les grandes occasions. »

XV

Où n'a-t-on pas répété ces vers excellents sur l'écriture, à propos du Phénicien inventeur :

> C'est de lui que nous vient cet art ingénieux
> De peindre la parole et de parler aux yeux ;
> Et par les traits divers de figures tracées,
> Donner de la couleur et du corps aux pensées.

Mais où a-t-on dit que ces vers sont de Brébeuf, l'une des victimes de Boileau, et qu'ils sont une paraphrase des vers 220 et 221 du livre III de la *Pharsale* de Lucain ?

Walcknaër lui-même, les trouvant répétés parmi les inscriptions-énigmes du magnifique ballet donné à Chantilly, en août 1688, et cherchant à qui les restituer, pousse l'erreur jusqu'à dire, d'après je ne sais quelles preuves, dans une note de son édition de La Bruyère (IIe partie, p. 659) : « On a pillé ces vers dans une traduction de l'*Épître* de Pope *d'Éloïse à Abeilard !* »

C'est aussi gros d'erreurs, pour le moins, qu'une citation de Jules Janin attribuant à ce même Abélard, après son malheur, le fameux « Je rêverai le reste, » qui n'est dans aucune de ses lettres à Héloïse, mais dans l'héroïde où Colardeau le fait encore brûler d'un feu, hélas ! cruellement inutile.

Il y aurait justice à rendre une bonne fois à Brébeuf les quatre vers cités tout à l'heure, et justice encore plus juste à ajouter que Corneille les mettait au-dessus des plus beaux qui soient dans notre langue : « Je donnerais, disait-il, une de mes pièces pour les avoir faits. » Il alla, dans un excès d'admiration un peu jalouse, jusqu'à tenter de les refaire. Il échoua : sa traduction est restée de beaucoup au-dessous de celle de Brébeuf. Jugez-en :

> C'est de lui que nous vient ce fameux art d'écrire,
> Cet art ingénieux de parler sans rien dire ;
> Et, par des traits divers que notre main conduit,
> D'attacher au papier la parole qui fuit.

De Brébeuf, voilà ce qui est resté : un quatrain,

mais parfait, et qui entre autres mérites a celui de peindre ce qu'il veut dire avec une parfaite concision, c'est beaucoup.

Piis eut aussi ce talent, une seule fois. Voulant, au premier chant de son poëme *l'Harmonie imitative*, prouver qu'on peut dire bien des choses en deux vers, il écrivit :

On s'éveille, on se lève, on s'habille et l'on sort ;
On rentre, on dine, on soupe, on se couche et l'on dort.

C'est toute la vie, en un distique, aussi ce distique vivra-t-il toujours. Il n'a surnagé que cela du naufrage des œuvres de Piis : poëmes, vaudevilles et chansons.

Le lot de madame Deshouillères n'est guère moins léger. Que cite-t-on de ses œuvres ? le refrain rappelé plus haut, ces deux vers de la *Réflexion sur le jeu* :

On commence par être dupe,
On finit par être fripon ;

puis ceux-ci encore de la *Réflexion* VIIIe, et qui son' d'une grande justesse :

Nul n'est content de sa fortune
Ni mécontent de son esprit.

Cela fait, on la renvoie à ses *moutons*.

XVI

Ce qui fait très souvent qu'on ignore la provenance d'un vers et qu'on perd tout à fait la trace de sa source, c'est qu'en le citant on le détourne de son sens, et qu'on dénature son caractère. Ainsi, s'aviserait-on jamais de penser que celui-ci, répété partout avec une inflexion et un geste comiques :

C'est ainsi qu'en partant je vous fais mes adieux !

n'est autre chose que le vers le plus terrible du *Thésée* de Quinault et de Lulli (acte V, sc. VI). C'est l'adieu sinistre que lance Médée du haut de son char ailé, annonce fatale des catastrophes qui doivent suivre.

A ce nom de Médée un souvenir nous arrive que

nous ne voulons pas laisser échapper. Il s'agit toujours de citations, bien entendu : il s'agit de ce double hémistiche répété partout :

> ..... *Video meliora proboque,*
> *Deteriora sequor....*
>
> (Je vois le bien, j'y applaudis, et c'est le mal que je suis.)

Le plus souvent on le prête à Horace, à Juvénal même ; à Ovide, jamais, quoique ce soit son bien. C'est au commencement du VIIe livre des *Métamorphoses*, qu'il l'a placé. S'inspirant d'un admirable passage d'Euripide, c'est à Médée qu'il le fait dire. Son amour pour Jason l'a rendue folle, et elle s'écrie :

> ..... *Si possem, sanior essem,*
> *Sed trahit invitam nova vis, aliudque cupido,*
> *Mens aliud suadet :* video meliora proboque,
> Deteriora sequor.....
>
> (Si je pouvais, je serais moins insensée, mais une force inconnue m'entraine malgré moi, la raison me conseille une chose, la passion m'entraine vers une autre.....)

Rendre à Ovide cet éloquent passage, dont Regnard a donné dans *le Joueur* (act. IV, sc. 1) cette laconique mais faible imitation :

> Je vois le bon parti, mais je suis le contraire,

c'est, pour beaucoup de citateurs, l'enlever à Juvénal.

Nous allons donner sa revanche au poëte des *Satires*, en lui restituant celui-ci, dont si rarement — Sainte-Beuve lui-même dans *Port Royal* l'attribue à Horace — on lui fait honneur, bien qu'il soit le 512e de sa satire X :

Orandum est ut sit *mens sana in corpore sano.*
(Il faut demander au ciel la santé de l'esprit et du corps.)

On ne l'attendait guère, si sobre et si sain, dans l'œuvre passionnée de celui qui, dès sa 1re satire (vers 79), avait dit avec une énergie, que d'ailleurs il ne démentit pas :

Si natura negat, facit indignatio versum,
(Si la nature s'y refuse, l'indignation fait le vers à sa place;)

et pour qui rien, même le soin de sa vie, n'était au-dessus de l'honneur, *pudor :*

Summum, a-t-il dit (sat. VIII, vers 83),

Summum crede nefas animam præferre pudori.
(Crois-le, préférer la vie à l'honneur est un grand crime.)

Ovide, dont je viens de parler, a dans ses poëmes un vers que nul autre des poëtes latins ne pourrait se laisser attribuer, car nul autre ne passa par les douloureuses épreuves dont ce vers est le souvenir et la plainte. C'est celui-ci de ses *Tristes* (lib. V, eleg. x, vers 35), qui semble être la navrante devise de son exil chez les Gètes, alors qu'aux douleurs de la nostalgie s'ajoutait pour lui, poëte tant écouté jadis, le chagrin de n'être même plus compris :

Barbarus hic ego sum, quià non intelligor ulli.
(Je passe pour barbare ici, parce que nul ne me comprend.)

Combien il dut voir alors que ce vers de son poëme des *Fastes* (liv. I, vers 501), où il fait si bon marché du sol natal :

Omne solum forti patria est, ut piscibus æquor,
(Pour le fort, toute terre est la patrie, comme l'Océan pour les poissons,)

manque de justesse, quand c'est le cœur d'un proscrit qui se le rappelle. Le poëte l'avait écrit, l'exilé, s'il eût pu, l'aurait effacé.

Il l'a du moins regretté. Ce beau distique d'une des épîtres qu'il écrivit de son exil dans le Pont (*Pontica*, lib. I, epist. IV) :

Nescio quid natale solum dulcedine cunctos
Ducit, et immemores non sinit esse sui,
(Je ne sais quel charme a le sol natal pour nous entraîner tous, et nous défendre l'oubli de nous-même ;)

n'en fut que le trop prompt et cruel repentir.

Jamais esprit n'a été autant que celui d'Ovide, tout d'impression et de premier mouvement. La raison ne venait qu'après cet élan passé. Il semble qu'il ait fait pour lui-même ce pentamètre du *Remède d'Amour* (vers 10), si sage, si vrai, si profond même qu'en 1864, nous entendîmes à la distribution des prix du collège Louis-le-Grand, un membre de l'Académie des sciences morales le donner, en l'altérant, pour une phrase de Tacite :

Et quod nunc ratio est impetus ante fuit.
(Et la raison se trouve, où d'abord fut l'élan.)

Un peu plus loin dans le même poëme (vers 71-72), se trouve ce distique célèbre, qu'on n'y cherche pas assez, le croyant tout autre part :

Principiis obsta, sero medicina paratur,
Quum mala per longas invaluere moras.

(Fais obstacle aux maux dès leurs commencements. La médecine est tardive, qui ne s'apprête que lorsque de longs délais les ont aggravés.)

De tels vers, clairs et sérieux comme la meilleure prose, auxquels nous pourrions en ajouter bien d'autres, ne fût-ce que celui-ci des *Tristes* (liv. I, v. 5) :

> *Omnia jam fient fieri quæ posse negabam,*
> (Déjà se font toutes les choses que je niais pouvoir être faites;)

et ce distique des *Fastes* (liv. I, v. 25) :

> *Laudamus veteres, sed nostris utimur annis,*
> *Mos tamen est æque dignus uterque coli,*
> (Nous louons le temps ancien, en jouissant du nouveau. Le juste est d'accorder à l'un et à l'autre le culte dont il est digne;)

prouvent que chez Ovide, il n'y a pas que le poëte des *Amours*. Le secrétaire de la reine Christine, Nicolas Gilbert, n'avait donc raison qu'à moitié, lorsqu'il disait dans un madrigal, qu'on n'a je crois jamais cité sous son nom :

> . . . .
> Philis, suivez les pas d'Ovide,
> C'est le plus agréable guide
> Qu'on peut choisir pour s'égarer.

Le P. Ducerceau ne lui trouvait aussi d'attrait que pour la première jeunesse. *J'étais,* dit-il dans un passage de *la Valise du Poëte,* qu'on ne cite ordinairement que d'après La Harpe, qui l'a gâté :

> J'étais pour Ovide à quinze ans,
> Mais je suis pour Horace à trente.

Comme Horace, à tout âge on peut le lire, et à tout âge en profiter.

Ses vers, même les moins sérieux, peuvent l'être par l'application qu'on en fait, comme le prouve cette jolie anecdote du discours de réception de Mgr le duc d'Aumale à l'Académie française :
« M. de Montalembert, dit-il, — on sait que c'est à lui qu'il succédait, — était plus de son temps qu'il ne le croyait lui-même. Il aimait la presse, il éprouvait pour elle cet entraînement qui est de nos jours ; il redoutait ses excès, les blâmait sévèrement, et n'eut pas toujours à s'en louer ; mais toujours il lui revenait, et, à ce propos, il répétait ce vers, qu'il croyait de Catulle, et qui est d'une élégie amoureuse d'Ovide (la XIe du livre III des *Amours*) :

..... *Nec sine te, nec tecum vivere possum ;*
(Je ne puis vivre sans toi, ni avec toi. »

XVII

Le caractère d'un auteur, le genre qu'il a adopté de préférence dans ses ouvrages, et qui parfois est en désaccord avec quelques-unes de leurs parties, font aussi que le citateur est souvent dérouté et qu'il nomme un poëte pour un autre, oubliant celui qui a fait, pour penser à celui qui aurait pu faire.

Cite-t-il un vers d'allure pieuse ou même seulement d'apparence déiste comme celui-ci :

> Si Dieu n'existait pas, il faudrait l'inventer,

il n'ira pas l'attribuer à Voltaire ; pourtant c'est dans l'*Épître* de Voltaire *à l'Auteur du livre des Trois Imposteurs* qu'il se trouve. Mais qu'il s'en défie, il est à double tranchant. Virgile a raison : *Timeo Danaos*, etc. Voltaire était très fier de l'avoir fait : « Je suis rarement content de mes vers, écrit-il à Saurin, le 10 novembre 1770, mais j'avoue que j'ai une tendresse de père pour celui-là. »

Notre homme vient-il encore à citer un vers moral, il se refuse à croire et surtout à dire que ce vers vient d'un auteur qui lui-même ne l'est généralement pas.

Il en est parfois ainsi pourtant. C'est Desportes, poëte assez peu pudique, qui dota notre langue du mot *pudeur*, et c'est Piron qui, écrivant *la Métromanie* (acte III, sc. VII), laissa tomber de sa plume peu vertueuse ce vers devenu un vertueux proverbe :

> La mère en prescrira la lecture à sa fille.

Piron a bien fait d'écrire ce vers épigraphique à l'usage de la *Société des bons livres* : on ne l'aurait pas fait pour ses œuvres. Cet hémistiche de sa *Métromanie* (acte, III, sc. VII) :

> ..... J'ai ri, me voilà désarmé

lui convient bien, en revanche. Le bon rire qu'excite son esprit désarme ceux qu'indignerait son libertinage.

Andrieux, plus heureux, parce qu'il est plus moral, aurait pu écrire pour lui-même ce vers de son épître *Cécile et Térence* :

L'accord d'un beau talent et d'un beau caractère,

ou, si vous l'aimez mieux, Ducis, qui le lui inspirait, et dont il célébrait, dans cette épître, le 80e anniversaire, aurait pu le faire en s'inspirant de lui.

Tous deux, en effet, Andrieux et Ducis, eurent le talent et le *caractère*. Ce dernier point est le meilleur ; Chamfort l'a dit : « Quiconque n'a pas de caractère n'est pas un homme, mais une *chose*. » Ce qui est fort juste, car l'homme, ainsi abandonné de soi-même et n'appartenant plus qu'aux sottises ou aux frivolités qui l'environnent, arrive à devenir lui-même sottise et frivolité. Pour se garder de cette décadence, il faut suivre le précepte d'Horace, qui dit (lib. I, epist. I, 19) :

Et mihi res, non me rebus, subjungere conor.
(Je m'applique à dominer les choses et à n'en pas être dominé.)

Je reviens à Ducis et au joli vers fait à sa louange.

Ce n'est pas en cette seule circonstance que l'excellent homme porta bonheur à ceux qui le prirent pour texte de leurs éloges.

Vigée ne fut jamais mieux en verve que dans l'*Épître* qu'il lui adressa, et où brille ce bel alexandrin :

Je suis riche des biens dont je sais me passer.

Depuis le jour où il avait fait dire á Cléante, à la scène VIIe de sa comédie *les Aveux difficiles*, ce vers proverbe :

L'amour-propre offensé ne pardonne jamais,

Vigée n'avait pas été aussi bien inspiré.

Il est vrai que pour faire le premier vers, celui-ci de Regnard dans *le Joueur* (act. IV, sc. XIII) :

C'est posséder les biens que savoir s'en passer,

ne lui avait pas été tout à fait inutile. Regnard, de son côté, ne s'était pas mal trouvé, il est vrai, d'avoir sous la main, quand il fit son vers, cette pensée de Sénèque (*Epist.* XXIX) : « *Summæ opes inopia cupiditatum.* »

Ici un point de droit littéraire serait, selon nous,

à débattre. Vigée, qui a pris à Regnard, est-il plus coupable que Regnard qui a pris à Sénèque ? Chamfort va répondre par un joli mot de son temps : « Quelqu'un a dit, écrit-il, que de prendre sur les anciens, c'est pirater au delà de la Ligne ; mais que de piller les modernes, c'était filouter au coin des rues. » Par ce dernier trait, Chamfort s'est donné une vengeance anticipée contre ceux qui l'ont mis au pillage.

Beaucoup des plus fins esprits de ce temps sont du nombre, entre autres Théophile Gautier, qui faillit pour la peine être excommunié. Il avait pris, sans dire gare, cette ligne à Chamfort : « Le hasard est un sobriquet de la Providence, » en se contentant d'écrire *pseudonyme* au lieu de *sobriquet*.

Un poëte bordelais, M. Delpech, ne connaissant pas la vraie source du mot, en fit honneur au tacite emprunteur dans la préface de son poëme de *Satan*. L'archevêque, Monseigneur Donnet, l'y trouva et fit presque un mandement tout exprès pour foudroyer l'expression impie. Peu s'en fallut, je l'ai dit, qu'il n'excommuniât Gautier, sans savoir qu'il n'était coupable que de seconde main. Jamais plagiat n'eût été si terriblement puni.

Gautier n'en eût guère pris souci. C'était un païen, qui ne croyait qu'au soleil. C'est lui qui avait fait à la photographie, miracle de l'astre son Dieu, l'application si heureuse de ces hémistiches de Virgile dans les *Géorgiques* (liv. I, v. 463) :

..... *Solem qui dicere falsum*
 Audeat ?
(Qui oserait accuser le soleil de n'être pas vrai?)

XVII

De ce que, d'ordinaire, un auteur abonde plutôt en phrases gracieuses qu'en pensées énergiques, le citateur lui dénie toutes les phrases au mâle accent qui courent les conversations.

« *L'homme s'agite, Dieu le mène,* » dit, par exemple, notre citateur, qui ajoute aussitôt : « Comme cela sent son Bossuet ! Il n'y avait que l'aigle de Meaux (style de circonstance) qui pût laisser tomber une telle parole. » — Notre homme se trompe ; la phrase n'est pas du tonnant Bossuet, mais du doux Fénelon, qui y développe le proverbe formulé dans l'*Imitation* (liv. I, chap. XIX, § 2) : « *Homo proponit sed Deus disponit,* l'homme propose, mais Dieu dispose ; » et cette parole de l'Écriture (*Prov.*

XVI, 9) : « L'homme dispose sa voie et Dieu conduit ses pas. »

Fénélon a mis cette phrase, que l'on ne se contente pas d'attribuer à un autre, mais que le plus souvent on cite mal, dans son beau sermon de l'*Épiphanie*, prêché en 1685 : « Dieu ne donne aux passions humaines, lors même qu'elles semblent décider de tout, que ce qu'il leur faut pour être les instruments de ses desseins : ainsi, *l'homme s'agite*, MAIS *Dieu le mène*. » (*Œuvres de Fénelon*, édit. Lebel, Paris, 1823, in-8º, tom. XVII, p. 178.)

Ce vers, qui se lit dans la CVII^e épître de Senèque :

Ducunt volentem fata, nolentem trahunt,

et que Montaigne paraphrase ainsi (*Essais*, liv. II, ch. XXXVII) : « Suyvons de par Dieu ! suyvons : Il (le destin) meine ceulx qui suyvent ; ceulx qui ne le suyvent pas, il les entraisne, » exprime à peu près la même pensée.

Elle était toute païenne. Aussi n'ai-je pas été surpris de la trouver chez Plutarque, le fataliste, dans une phrase de la *Vie de Camille*, qu'Amyot traduit ainsi : « Le destin mène celui qui le suit, et tire celui qui recule. » Le christianisme avait accepté ce débris du fatalisme antique. Nous l'avons vu par ce qu'a dit Fénelon, et la belle phrase de Balzac en son *Socrate chrétien* achèvera de nous en convaincre : « Dieu, dit-il, est le poëte, les hommes ne sont que les acteurs. Ces grandes pièces qui se jouent sur la terre ont été composées dans le ciel. » Haute et noble pensée ! qui me fait trouver bien mesquine celle d'un fragment de Pétrone : « *Universus mundus exercet histrioniam,* » d'où J.-B. Rousseau tira l'idée de son épigramme :

Ce monde-ci n'est qu'une œuvre comique.....

Admirable parole, je le répète, près de laquelle semble bien basse et bien impie celle-ci de Pline l'ancien (liv. II, ch. VII) : « *Irridendum agere curam rerum humanarun illud quidquid est summum*. Rions de ceux qui supposent que ce qui est le Très-Haut prend soin des choses humaines. »

Puisque nous sommes dans cette sphère de pensées, rappelons celle-ci de Bacon, dont le vrai texte, cité rarement et toujours traduit d'une façon peu satisfaisante, nous a été indiqué par M. Ch. Romey : « *Breves haustus in philosophiâ ad Atheismum ducunt, largiores autem reducunt ad Deum ;* est-on faiblement imbu de philosophie, on va droit à l'athéisme ; en est-on plus largement pénétré, l'on retourne à Dieu. » Chamfort, dans ses *Maximes et pensées*, a donné de cette phrase une variante qu'il nous est particulièrement agréable de citer ici : « Peu de philosophie mène à mépriser l'érudition ; beaucoup de philosophie mène à l'estimer. »

Dans le *Novum Organum* (lib. II, aphor. III), Bacon, lui aussi, avait rendu un hommage éclatant au savoir. Pour lui, toute source de vraie puissance était là. Voici sa phrase qu'on a condensée dans l'apophthegme plus laconique : SAVOIR, C'EST POUVOIR : « *Scientia et potentia humanæ in idem coincidunt.* »

Ce savoir, que Bacon exalte ici avec tant de raison, n'est pas seulement la puissance même, c'est le bonheur aussi ; Virgile n'a-t-il pas dit (*Géorg.* II, v. 490) :

Felix qui potuit rerum cognoscere causas.
(Heureux qui peut savoir l'origine des choses.)

Oui, la science a bien sur les esprits qui, peu à peu se laissent envahir par elle, tout l'empire dont Chamfort parlait tout à l'heure : plus on la possède, plus on en est possédé. L'ignorant ne peut comprendre ces amours, cette insatiable ardeur de connaître, cette soif des eaux vives du savoir, dont jamais, et son excuse est là, ses lèvres incultes n'ont approché. Ovide l'a dit avec raison dans ce charmant hémistiche de *l'Art d'aimer* (lib. III, v. 397) :

..... *Ignoti nulla cupido*,

si heureusement traduit par ce vers de la *Zaïre* de Voltaire (act. I, sc. 1) :

On ne peut désirer ce qu'on ne connaît pas.

Il en est qui, à certains jours, sont pris de quelques velléités d'apprendre. Ils veulent s'approcher de la divine source, mais, comme les abords en sont escarpés, ils s'éloignent bientôt. Si le savoir leur semble doux, le travail, par lequel on l'acquiert, leur paraît trop rude, et ils fuient l'arbre divin, craignant de payer trop cher les fruits qu'on y récolte. *Scire*, dit Juvenal (*Sat.* VII, v. 156) :

Scire volunt omnes, mercedem solvere nemo.
(Tous veulent le savoir, nul ne veut le payer.)

Et c'est ainsi qu'on voit si peu de gens se vouer à la science, et, comme dit le même poëte (*Sat.* IV, v. 90) : « Dépenser leur vie pour la vérité :

..... *Vitam impendere vero.* »

J.-J. Rousseau avait pris cet hémistiche pour devise. La justifia-t-il mieux que les saint-simoniens ne justifièrent la devise qu'ils s'étaient faite avec ce débris d'un vers de Virgile (*Énéide*, ch. VI, v. 727):

Mens agitat molem?.....
(L'esprit anime la matière.)

XIX

Souvent l'on ne sait vraiment à qui rendre le prêt que vous a fait la sagesse des moralistes, ou l'esprit des poëtes. Citons des exemples.

Alterius non sit, qui suus esse potest.
(Quand on peut être à soi, qu'on ne soit pas aux autres.)

« Ce vers, lit-on dans le *Menagiana,* n'est point d'Ovide, comme quelques-uns l'ont cru. On ne sait de quel auteur il est. Il y a ainsi de certains vers que tout le monde sait et dont cependant on ne connoît pas les auteurs. »

Ce qui est très juste. Ajoutons toutefois pour celui-ci que Paracelse l'avait pris pour devise, et qu'il était homme à l'avoir fait.

Nous n'avions jamais pu découvrir d'où venait

le fameux *Quos vult perdere Jupiter, dementat priùs.* On le prêtait aux écrivains du siècle d'Auguste ; mais, *dementat* semblait d'une bien petite latinité.

Notre savant ami, le Dr Payen, pensait que ce devait être non une citation, mais un proverbe, repris deux fois, sous une autre forme, par Velleius Paterculus (lib. II, cap. LVII et CXVIII), et reproduit aussi en substance par Ph. de Commines : « Quand Dieu, dit-il, veut commencer de chastier les princes, premièrement il leur diminue le sens, et leur fait fuir les conseils et les compagnies des sages. »

Tout cela ne nous suffisait pas. Nous tenions les traces, mais la source manquait. Enfin elle nous fut indiquée par notre ami Ch. Read, qui, un jour, à la Bibliothèque nationale, nous ouvrant, à la page 497, le tome II de la traduction latine des *Tragédies d'Euripide* par J. Barnès (Leipzig, 1779, in-fol.), nous y fit lire un fragment d'Euripide, cité par Athénagoras, qui, sous la forme latine que lui avait donnée Barnès, était tout à fait la phrase que nous cherchions. Puisque vous la connaissez en latin, il suffira de vous donner le passage grec ; le voici :

> Ὅταν δε δαίμων ἀνδρὶ πορσύνῃ κακα
> Τὸν νοῦν ἔβλαψε πρῶτον.

Une seule chose reste à savoir, c'est la disposition qu'il faut donner aux mots, de la phrase latine. M. Boissonade y a pourvu, en parvenant à faire, avec ces mots, un vers ïambique :

> Quos vult Jupiter perdere dementat priùs.

Dupost, qui, dès 1660, connaissait le passage de la tragédie d'Euripide, en avait essayé alors, dans sa *Gnomologia homerica*, p. 282, une appropriation en vers, non moins heureuse. Sauf un mot différent, et un autre changé de place, elle était identique :

> Quem Jupiter vult perdere dementat priùs.

Je fus longtemps dans une assez vive perplexité pour deux hémistiches bien connus et des mieux en cours : *Cedant arma togæ*, et cet autre : *Audaces fortuna juvat*. D'où viennent-ils ? Après avoir cherché le premier dans tous les poëtes latins, je le trouvai... dans un prosateur, c'est-à-dire au beau milieu d'une page du *de Officiis* (lib. I, cap. XXII) de Cicéron, qui sans doute l'avait fait par distraction. Voici le vers entier :

> Cedant arma togæ, *concedat laurea linguæ*.
> (Que les armes cèdent devant la robe, le laurier devant l'éloquence.)

La découverte de l'autre fragment de vers, que je demandais à tous les échos de Rome, me donna plus de peine encore, parce que, sur la foi de tout le monde, je ne l'avais jamais cité sans le défigurer. Enfin, je parvins à le trouver au Xe livre, v. 284, de l'*Enéide*. Virgile l'écrit ainsi, et vous jugerez facilement de mérite de la variante :

Audentes *fortuna juvat*.
(La fortune vient en aide à ceux qui osent.)

XX

Il est de certains vers qu'on cite sans se préoccuper en rien de leur auteur. Ce n'est pas qu'ils soient toujours indignes de cette recherche, mais c'est qu'ils sont si simples, ils coulent si bien d'eux-mêmes, qu'on croit volontiers qu'ils se sont écrits tout seuls. On s'imagine que personne ne les a faits, parce que tout le monde aurait pu les faire. Je citerai le plus connu de la catégorie :

Ma foi ! s'il m'en souvient, il ne m'en souvient guère.

D'où vient-il ? personne ne s'en est inquiété par la raison que je disais tout à l'heure ; et l'on a bien fait. Pour moi, j'ai cru longtemps que c'était tout simplement la saillie d'un *plaisant* du parterre sur je ne sais quel vers de je ne sais quelle tragédie de l'abbé Abeille ; point du tout, le vers existe d'original. C'est dans la comédie de Thomas Corneille, le *Geôlier de soi-même,* que nous l'avons trouvé par hasard. Jodelet a été fait prisonnier, couvert des armes et du costume de Fréderic, prince de Sicile, et Octave, roi de Naples, le prenant pour Frédéric lui-même, lui dit :

Seigneur, il vous souvient qu'un jour, sans mon secours,
Un cruel sanglier eût terminé vos jours ;
Il vous souvient de plus que le roi votre père.....

JODELET.

Ma foi! s'il m'en souvient, il ne m'en souvient guère.

Où se trouvent, pour la première fois, ces rimes d'antichambre :

C'est une lettre
Qu'entre vos mains, monsieur, l'on m'a dit de remettre ?

Je pensais qu'elles n'étaient nulle part parce que l'on croit qu'elles sont partout, lorsque je les lus écrites sérieusement dans une trop sérieuse comédie, le *Beverley* de Saurin, acte II, scène VII.

Ces deux vers sans rime, ce distique *blanc,* que reprit Th. Corneille, pour les faire chanter par

Crispin, en 1703, dans le *Nouveau prologue* de sa comédie l'*Inconnu* :

> Quand on n'a pas ce que l'on aime,
> Il faut aimer ce que l'on a,

me semblent être un peu de la même famille.

Je les trouve dans une lettre de Bussy à madame de Sévigné (23 mai 1667), mais il n'ose dire qu'ils soient de lui : « Je fais des vers aussi bien que vous, Madame, écrit-il, mais je suis assuré que je savais les miens, et je suis sûr que vous avez fait les vôtres. »

Il a raison ; bien avant lui, et surtout bien avant F. de Courcy, qui, de nos jours, s'avisa de les coudre à une chansonnette, ces vers-là s'étaient faits tout seuls.

Il n'y a que Monvel à qui ils aient donné quelque peine, quand il en glissa cette piètre parodie dans *Philippe et Georgette* :

> On veut avoir ce qu'on n'a pas,
> Et ce qu'on a cesse de plaire.

C'est mal dit, mais vrai, tout autant que le :

> ..... *Permissum fit vile nefas*,
> (La chose défendue s'avilit lorsqu'elle est permise)

de Gallus (élégie III, v. 77), et que ce beau vers d'Ovide :

Quod licet ingratum, quod non licet acrius urit.
(Sans ardeur pour ce qui est permis, on est tout de flamme pour ce qui ne l'est pas.)

C'est dans ses *Amours* (lib. I, eleg. XIX, v. 3) qu'il l'a placé, en attendant qu'il y dît encore et plus énergiquement peut-être (lib. III, eleg. IV, v. 17) :

Nitimur in vetitum semper, cupimusque negata,
(Nos efforts sont toujours pour ce qui est défendu, nos désirs pour ce qu'on refuse,)

fort beau vers que Claudien exagéra pour le mettre au ton des excès de la licence byzantine :

Et ruit in vetitum damni secura libido.
(La débauche sûre de l'impunité se rue vers ce qui n'est pas permis.)

Ovide ne pouvait placer mieux que dans ses élégies amoureuses, les vers que nous venons de citer. Ils sont l'amour même tout entier, avec ses mille caprices, ses désirs se changeant en dégoût après les premiers moments de satiété ; ses attentes d'un bonheur qu'il dédaigne sitôt qu'il est venu.

Nec possum tecum vivere, nec sine te,
(Je ne puis vivre avec toi, ni sans toi,)

dit un amoureux des *Epigrammes* de Martial (lib. XII, epigr. XLVII), et cet amoureux-là, — qui du reste n'est lui-même que le plagiaire d'Ovide, dont on a lu plus haut un vers presque identique, — dit ainsi ce qu'est l'amour pour bien des gens, pour bien des femmes surtout.

Elle est bien vieille cette 13e pensée du grec Téognis, « il n'est point de laides amours, » mais elle est toujours juste!

Qu'il est vrai aussi, le vers de Barthe, dans *les Fausses infidélités* (sc. XVII) :

Expliquera, morbleu ! les femmes qui pourra !

Combien il est sensé le proverbe enchâssé par Villon dans une de ses *Ballades :*

Folles amours font les gens bêtes !

Qu'il est profond cet alexandrin de Desportes sur l'amour :

Car plus il est prié, moins il est exorable !

Et que de sens, enfin, il y a dans ce vers pour lequel Boufflers semble s'être inspiré du mot de mademoiselle Lespinasse (*Lettre* du 27 août 1775) : « La logique du cœur est absurde ; » et qui est sans contredit le plus charmant de sa jolie pièce *le Cœur :*

Raisonner sur l'amour, c'est perdre la raison !

C'est à peine, dit P. Syrus, 17ᵉ *Sentence,* s'il est permis à un dieu d'aimer et d'être sage :

Amare et sapere vix Deo conceditur.

XXI

Parler de Jodelet, comme nous le faisions il n'y a qu'un instant, c'est penser à Scarron ; nous avons justement à le rappeler à propos de ces vers qu'on cite toujours en les lui attribuant à tort :

> Tout près de l'ombre d'un rocher,
> J'aperçus l'ombre d'un cocher
> Qui, tenant l'ombre d'une brosse,
> En frottait l'ombre d'un carosse.

Ils sont extraits du sixième livre de *l'Enéide travestie*, qu'écrivirent en se jouant les trois frères Nicolas, Charles et Claude Perrault. C'est Nicolas qui les trouva. Charles, son frère, le dit au premier livre de ses *Mémoires* : « Cyrano, ajoute-t-il, fut si aise de voir que les chariots n'étoient que des ombres, de même que ceux qui en avoient soin, qu'il voulut absolument nous connoître. »

Peut-être, pour se montrer tout à fait juste, serait-il bon d'ajouter que cette saillie si comique était en germe dans un passage du *Courrier de la Fronde,* la plus spirituelle des *Mazarinades* :

> Mais, messieurs, qui de leur logis
> N'avoient pas achevé le terme,
> Dirent qu'il falloit tenir ferme,
> Et qu'on iroit le Roy prier
> De vouloir les noms envoyer
> De ceux dont la correspondance
> Étoit dommageable à la France,
> Afin que *l'ombre d'un gibet*
> *Punît l'ombre de leur forfait.*

De *Don Japhet d'Arménie* (act. II, sc. II), c'est-à-dire bien réellement de Scarron, cette fois, nous arrive en droite ligne le fameux :

> ..... Il ne m'importe guère
> Que Pascal soit devant, ou Pascal soit derrière.

Arnault l'académicien en fit le sujet d'une *dissertation!* où il dit entre autres choses :

« Quand Pascal, figurant à l'Opéra, jouait dans

les bêtes, quand il entrait pour moitié dans la confection d'un chameau, il lui importait fort, disait-il, d'être la moitié de devant et ce n'était pas précisément par ambition. »

XXII

Le souvenir de Perrault ne marche jamais sans celui des *Contes des Fées*; parler de lui, c'est, pour tout homme qui s'entend bien en citation, ramener l'agréable prétexte de murmurer ce distique proverbial de La Fontaine, en son apologue le *Pouvoir des Fables* :

> Si Peau-d'Ane m'était conté
> J'y prendrais un plaisir extrême.

Nous, à ces vers invoqués aux noms de Perrault et de *Peau d'Ane,* nous arrêterons notre homme. L'auteur des *Contes des Fées,* en effet, n'a rien à faire ici. Ce n'est pas à lui que pensait La Fontaine, ce n'est pas à lui qu'il pouvait penser. Quand les vers reproduits tout à l'heure parurent dans le second recueil de fables, en 1678, on avait encore seize ans à attendre pour connaître le conte de Perrault, qui ne fut publié qu'en 1694.

C'est au vieux conte de nourrice, prototype de celui de Perrault, que songeait le fabuliste, et c'est sur ce conte seul que ces vers doivent ramener notre mémoire. Il en est de même pour un passage de l'acte II, sc. XI, du *Malade imaginaire*, joué en 1673. Quand la petite Louison propose à son père de lui dire le conte de *Peau d'Ane*, elle parle de celui qu'elle tient de sa nourrice. Quand viendra celui de Perrault, elle sera grande fille, et il ne sera que pour ses enfants.

XXIII

Puisque nous venons encore de nommer La Fontaine, nous écrirons tout de suite ici ce qui nous reste à dire sur son compte. Nous lui renverrons d'abord l'honneur de cet hémistiche-adage :

> Amour tu perdis Troie !

qui se trouve dans sa fable des *Deux Coqs*, et que complète si bien ce distique final du *Lion amoureux* :

> Amour ! Amour ! quand tu nous tiens,
> On peut bien dire : Adieu prudence !

Puis, quand nous lui aurons restitué ce vers de la fable le *Chameau et les Bâtons flottants* :

CHAPITRE XXIII

De loin c'est quelque chose, et de près ce n'est rien,

nous prierons MM. les citateurs de ne pas lui attribuer cet autre alexandrin-proverbe :

On ne peut contenter tout le monde et son père.

Il ne l'a point fait, et ne pouvait pas le faire : il courait déjà le monde de son temps et même bien avant lui. Au XVe siècle, nous le trouvons déjà en substance dans une lettre de Léonard Arétin au savant Nicolas. Ce n'était d'abord qu'une phrase de vile prose, mais en faisaint son chemin dans le monde, elle se forma, se mit mieux sur ses pieds et devint un alexandrin des plus ingambes.

La Fontaine n'avait qu'à le prendre tel que le lui présentait la morale des nations. Il ne le fit pas. Dans sa fable du *Meunier, son Fils et l'Ane*, où il l'emploie, il lui donne ses aises ; au lieu de deux hémistiches il lui en laisse prendre trois :

..... Est bien fou du cerveau
Qui prétend contenter tout le monde et son père.

Ce n'est point pourtant par scrupule et de peur d'être accusé d'avoir pris un vers tout fait, que La Fontaine du se permettre cette variante. Il n'y regardait pas de si près quand il s'agissait des proverbes, il les prenait et les donnait tels qu'il les trouvait dans la circulation ; c'est au point que, ne se souvenant plus que ces vers :

> Corsaires à corsaires
> L'un l'autre s'attaquant ne font pas leurs affaires,

sont de Régnier, à la fin de sa XIIe satire, et les prenant pour un proverbe, il les mit textuellement dans une fable de son IVe livre.

Régnier à ce compte aurait pu lui en fournir beaucoup d'autres, celui-ci, par exemple, qu'on répète souvent sans assez lui en faire honneur :

> Les fous sont, aux échecs, les plus proches des rois.

Il se trouve dans la XIVe satire de maître Mathurin, et il y est d'autant mieux en sa place, que cette satire, ses commentateurs ont oublié de le dire, parut d'abord comme étant l'œuvre du fou du roi, maître Guillaume.

A la page 207 de l'un des recueils de Querlon (Recueil Q.), on la trouve avec ce titre : *Satire de maître Guillaume, contre ceux qui déclamoient contre le gouvernement.*

Pour le vers qui termine sa III*e* satire, Régnier fit comme La Fontaine avait cru faire tout à l'heure. Cette phrase proverbiale courait les écoles : *Magis magnos clericos non sunt magis magnos sapientes*. Rabelais s'en était déjà emparé (liv. I, ch. XXXIX). Montaigne ensuite, trouvant que le bon sens de la pensée pouvait bien faire passer sur le solécisme de la forme, l'avait citée comme pleine d'une *grandissime* raison (*Essais*, liv. I, chap. XXIV).

Régnier enchérit sur ces maîtres. De la phrase, brute et barbare, et qu'il frappa tout aussitôt à sa vive et forte empreinte, il fit ce vers qui court encore :

Pardieu ! les plus grands clercs ne sont pas les plus fins.

Vérité juste et grande comme beaucoup de celles qu'on a débitées contre la fausse habileté et contre la sottise ; vérité antique et vraie, comme celle qui a sa moderne formule dans ce vers de Casimir Delavigne qu'une obligeante indication de Ch. Romey m'a fait retrouver, non dans les *Comédiens*, comme on s'accoutumait à le croire, mais dans l'*Épître...* sur cette question : *L'Étude fait-elle le bonheur ?* etc. (vers 112) :

Les sots depuis Adam sont en majorité.

Hélas ! et quoi qu'en dise certain axiome parlementaire, ce n'est pas la minorité qui gouverne.

XXIV

Il est rare qu'en prêtant un vers à un auteur on lui prête aussi un ridicule; cela arrive pourtant. De combien de quolibets n'a-t-on pas accablé ce pauvre du Bartas pour la fameuse métaphore qui lui aurait fait dire du soleil que c'est le *souverain* ou *le grand-duc des chandelles !* Il est temps d'en finir avec le vieux lardon qui, à ce propos, court contre le pauvre homme dans tant de livres, depuis le *Perroniana* où nous l'avons trouvé d'abord, jusqu'à la *Notre-Dame de Paris,* de M. Victor Hugo.

La ridiculissime métaphore n'est pas de du Bartas, mais de Nicolas Chrestien, qui a dit dans sa pastorale de *Céphale,* en s'adressant à l'astre du jour :

Souverain roi des célestes chandelles.

Je sais un autre exemple encore de cette sorte de prêt désobligeant mais non gratuit, car celui à qui le vers absurde est ainsi prêté ne le paye que trop par le ridicule qui en résulte pour lui. Cette fois, c'était une vengeance. Celui qui fit le coup, Alissan de Chazet, grand coupletier de la première époque impériale et de la Restauration, en convient lui-même. Toute l'affaire se trouve racontée dans le chapitre de ses *Souvenirs du Consulat et de l'Empire* qui est relatif à Geoffroy, le critique, et, par exception, la victime en cette circonstance : « M. de C...., dit Chazet, parlant de lui-même, lui fit subir un jour la peine du talion. Le journaliste ayant critiqué avec amertume quelques vers qu'il avait mal cités, le poète outragé annonça à son tour dans les notes d'un de ses ouvrages intitulé *Étrennes à Geoffroi,* que ce littérateur vraiment universel avait fait une tragédie dans laquelle se trouvait ce vers qui ne pouvait pas être prononcé par les dames :

Le ministre sacré, non d'un Dieu, mais d'un homme.

« Toute la France a ri de ce vers burlesque, et n'a pas douté un instant qu'il ne fût de Geoffroy. Beaucoup de personnes sont encore convaincues

CHAPITRE XXIV

aujourd'hui qu'il en est l'auteur ; elles se trompent, ce vers est de M. de C.... »

On fit un présent du même genre à ce pauvre Adolphe Dumas, lorsqu'il fit jouer à l'Odéon son drame, *le Camp des Croisés*, en 1837. Un personnage à barbe blanche s'y montrait peu soucieux de la vie et prêt à en finir avec elle, *mais,* disait-il :

Mais il faut en sortir comme un vieillard en sort.

Vous jugez des gorges chaudes, et à quelle sauce piquante les plaisants mirent *ce vieil hareng saur !* Les feuilletons même en parlèrent, et pourtant les feuilletonistes n'avaient pu entendre le burlesque hémistiche. Il n'existe pas dans la pièce ; il n'y a jamais existé. Beauvalet, qui y jouait, m'en a donné sa parole. Mais qui donc l'a fait ? Il ne me l'a pas dit, quoiqu'il le sût peut-être mieux que personne.

XXV

Nous avons parlé des citateurs qui effacent volontiers derrière eux l'auteur qu'ils citent, ou qui se laissent trop facilement attribuer un bon vers ou un bon mot, en ne démentant pas assez haut ceux qui leur en font honneur.

Le plus illustre, le plus fécond, et ce qui vaut mieux, le plus spirituel, Louis XVIII, eut souvent ce malheur. On avait beau savoir qu'il citait plus et mieux qu'il ne composait, à peine un vers était-il sur ses lèvres, qu'il en était proclamé l'auteur, et, en bon prince, pour ne pas nuire à la fortune du vers, qui eût sans doute perdu beaucoup à retourner de son père adopti à son vrai père, il laissait faire, il laissait dire.

Lemierre écrivit un jour sur la lame d'ivoire de l'éventail de madame*** ce joli quatrain :

> Dans le temps des chaleurs extrêmes,
> Heureux d'amuser vos loisirs;
> Je saurai près de vous amener les Zéphyrs;
> Les Amours y viendront d'eux-mêmes.

Le prince fut le premier à saisir ces quatre vers au vol, et une fois lus ils ne sortirent plus de son imperturbable mémoire. Quand il les récita, on se récria si haut sur leur grâce, leur tour ingénieux, leur finesse, qu'il n'eut pas la force de faire entendre le nom du véritable auteur. Le connaissait-il même, et l'aurait-on cru d'ailleurs ? les flatteurs savent si bien être incrédules à propos.

Le fait est que toute sa vie il passa pour être l'auteur du joli quatrain.

En fait de bons vers, la muse des rois m'a toujours paru un peu suspecte. J'ai, sitôt que quelque chose d'heureux, poétiquement parlant, leur est attribué, de mauvaises pensées de substitution d'auteur. Ainsi, et j'ai donné mes preuves aux pages 188-194 de *l'Esprit dans l'Histoire,* je ne crois pas du tout au fameux vers de Charles IX à Ronsard, dont M. Sainte-Beuve a eu l'extrême bon goût de douter le premier. Je n'ai pas plus de foi dans la fameuse chanson de Marie Stuart, dont je crois avoir, dans le même livre, pages 180-187, révélé le véritable auteur avec certitude irrécusable; enfin, entre nous, si l'on vient me dire que ces vers :

> L'exemple d'un grand prince impose et se fait suivre :
> Quand Auguste buvait, la Pologne était ivre,

sont de Frédéric II, si même on me les montre dans ses *Œuvres du Philosophe de Sans-Souci,* je ne doute pas moins.

J'y retrouve, quoique après tout ils ne soient pas excellents, quelque tracé de la poétique lessive par laquelle Voltaire faisait passer les royaux hémistiches. Ici Frédéric II, digne confrère du roi Auguste, et charitable collègue en royauté, aurait bien dû laver son linge sale en famille.

Je l'aime beaucoup mieux, lorsque trois jours avant la bataille de Mersebourg, qui pouvait être le dernier jour de la Prusse, il écrivait à Voltaire, qui les a popularisés en les citant (Lettre du 5 déc. 1757 à M. Bertrand, premier pasteur de Berne), ces vers de petite poésie, mais de haute philosophie :

> Quand je suis voisin du naufrage,
> Il faut, en affrontant l'orage,
> Penser, vivre et mourir en roi.

Mais ce qui me plaît davantage dans la vie de Frédéric, c'est son aventure avec le *Meunier Sans-Souci;* d'abord parce que le trait est beau; ensuite parce que le roi-poëte a donné à Andrieux le sujet d'un conte, écrit en vers bien meilleurs que les siens.

C'est beaucoup pour une Majesté d'avoir sérieusement inspiré le vers qui est au commencement du conte :

> Ces malheureux rois,
> Dont on dit tant de mal, ont du bon quelquefois,

et cet autre, qui n'est que la traduction prosodiée de la vraie réponse du meunier à la menace que lui faisait le roi de lui *prendre son moulin* :

> Oui, si nous n'avions pas des juges à Berlin.

Il paraît que réellement Frédéric se conduisit en voisin très-loyal avec les petits propriétaires qui entouraient son parc. Une conversation qu'il eut un jour avec le comte Hoditz, et que Dutens a racontée au tome Ier, page 392, de ses *Mémoires d'un voyageur qui se repose,* en est la preuve : « Vous voyez ce terrain, dit le roi : il était dans mes jardins, mais pour en rendre la forme plus régulière, j'ai tiré une ligne droite, et j'ai donné à mon voisin tout ce qui s'est trouvé hors de cette ligne; j'ai fait un chemin qui mène à sa maison, et qui ne lui a rien coûté, et je m'en vais lui bâtir un mur à mes dépens. — Ah! Sire, dit le comte, je vois bien qu'il fait bon être votre voisin en petit! »

Joli mot qui est la morale de l'affaire. Andrieux devait le connaître, car il en a fait la morale de son conte :

> Ce sont là jeux de prince:
> On respecte un moulin, on vole une province!

Vous connaissiez déjà le *ce sont là jeux de prince*. La Fontaine l'avait pris pour sa fable, *le Jardinier et son Seigneur*, dans le vieil adage : « Ce sont jeux de prince; ils ne plaisent qu'à ceux qui les font; » et son hémistiche n'avait pas tardé à devenir plus populaire que le proverbe.

Si l'avis d'Andrieux est que « ces malheureux rois peuvent avoir du bon, » l'opinion du curé Meslier était toute différente. Il ne leur accordait rien, pas plus qu'aux prêtres. Sa fureur sans quartier contre les uns et les autres allait jusqu'à lui inspirer ces effroyables lignes de son *Testament* (2⁰ partie) : « Je voudrais, et ce sera le dernier et le plus ardent de mes souhaits; je voudrais que le dernier des rois fût étranglé avec les boyaux du dernier prêtre. » Naigeon cita ce vœu de cannibale dans son article *Philosophie ancienne et moderne* de l'Encyclopédie, et Diderot, moitié riant, moitié sérieux, le reprit pour en faire la fin d'une strophe de son *Dithyrambe sur la fête des Rois* :

> Et des boyaux du dernier prêtre,
> Serrons le cou du dernier roi.

Depuis lors, le souhait du curé n'a plus été cité que sous cette forme. On n'a plus pensé à Meslïer, on n'a parlé que de Diderot. Pour une fois qu'il faisait des vers, ils n'étaient pas heureux.

Berchoux fit mieux, quand, reprenant un autre cri sinistre de ces temps de Terreur, il trouva moyen de l'égayer dans son *Épître politique et galante à Euphrosine de N...*

> *Guerre aux châteaux, paix aux chaumières,*
> Attendu que dans ces dernières,
> Le pillage serait sans prix.

Quelques vers du même temps consolent de ce que ces sanglants axiomes avaient d'impitoyable. On applaudit de grand cœur à Fabre d'Églantine s'écriant, en 1780, dans son poëme le *Triomphe de Grétry* :

Le cri d'un peuple libre est celui de la gloire.

On accorde toute son admiration à Chénier, faisant dire dans sa tragédie, *Caïus Gracchus*, devant Robespierre qui l'écoute :

..... Des lois et point de sang,

et cet autre vers courageux :

N'est-on jamais tyran qu'avec un diadème ?

Enfin l'on applaudit et l'on plaint Condorcet quand on se rappelle ces deux vers de l'*Épître à sa Femme*, composée dans la retraite d'où il ne devait sortir que pour être mis dans la prison où il se donna la mort :

Ils m'ont dit : « Choisis d'être oppresseur ou victime. »
J'embrassai le malheur et leur laissai le crime.

Le suicide, malheureusement, fait tache sur la fin à laquelle préludaient ces beaux vers. Pourquoi Condorcet se donna-t-il la mort ? N'était-il pas assez philosophe pour l'attendre? Il devait pourtant connaître ce dialogue sublime du *Barnevelt* de Lemierre :

Caton se la donna.
— Socrate l'attendit.

Pour ne pas rester sur ces idées sinistres, je reviens à Andrieux, qui, lui du moins, ne mit jamais que de l'esprit et pas le moindre drame dans sa politique, ce qui lui permit entre les partis une aisance de liberté parfaite.

Un mot contre celui-ci, puis un autre contre celui-là le maintenaient spirituellement en équilibre, sans qu'on sût trop pour lequel il penchait.

Sous le Consulat, on l'avait fait tribun, ce dont il était des premiers à rire, avec sa petite voix flûtée qui n'était pas du tout de l'emploi. Mais — et il le fit bien voir au premier consul — l'organe seul lui manquait pour les bonnes vérités qu'il aurait à dire.

L'opposition du Tribunat mécontentait Bonaparte; il s'en plaignait un jour devant Andrieux, qui tout doucement lui répondit : « Vous êtes à l'Institut, général, de la section de mécanique;

vous devez donc savoir qu'on ne s'appuie que sur ce qui résiste. »

Voilà pour le puissant, pour le futur César. Voici maintenant pour les enragés du Jacobinisme qui ne voulaient, à aucun prix, rompre avec les formules créées en 93, en même temps que la Carmagnole, et qui par là répugnaient singulièrement à la société, qui, de son mieux, ramassait alors ses débris, et tâchait de se refaire.

Le mot *citoyen* était un de ses dégoûts, et les Jacobins, cela va de soi, n'y tenaient que plus obstinément. Andrieux eut le courage de se jeter dans cette bagarre, et s'il n'y mit pas l'accord, il y eut du moins le dernier mot, par un vers excellent, qui est resté, et auquel chaque révolution nouvelle ne refait que trop souvent une jeunesse.

En 1849, par exemple, M. Dupin qui présidait l'Assemblée, en fit à la séance du 6 octobre, une application très-heureuse, à propos d'une réclamation du *citoyen* Thouret, indigné que le *Moniteur* l'eût appelé *monsieur*.

C'est le 15 nivôse an VI, qu'Andrieux lut à la séance publique de l'Institut son *Dialogue entre deux journalistes* sur les mots *monsieur* et *citoyen*, dont le dernier trait était ce vers même, pour lequel certainement toute la pièce avait été faite :

Appelez-vous messieurs, et soyez citoyens.

Si le vers eut du succès, ce ne fut, bien entendu, ni chez le peuple, ni dans ce qui restait des clubs. Andrieux n'en fut que plus fier. Il se dit, comme son cher Horace (Sat. 1 du Liv. I, v. 66) :

... *Populus me sibilat, at mihi plaudo.*
(Le peuple m'a sifflé, je puis donc m'applaudir.)

XXVI

Puisque, il n'y a qu'un instant, nous sommes revenus à Lemierre, nous n'allons plus le quitter sans avoir dit tout ce qui nous reste à dire de lui. Ses meilleurs vers eurent presque tous le même sort que ceux dont nous parlions tout à l'heure.

Il en faisait de bons, de très-bons même, mais par hasard et peu à la fois.

C'étaient des vers solitaires, comme disait Rivarol de celui-ci, qui fut trop célèbre, et que notre poëte, qui l'appelait modestement le vers du siècle, avait placé dans sa pièce sur le *Commerce* :

Le trident de Neptune est le sceptre du monde.

On les retenait vite, on les citait beaucoup, et

comme ils étaient excellents, on les attribuait aux excellents écrivains ; donc jamais à leur auteur. On a mis sur le compte de nos meilleurs poëtes celui-ci, de son poëme des *Fastes* (chant I) :

Même quand l'oiseau marche, on sent qu'il a des ailes,

que M. de Latouche, dans les *Lettres normandes,* parodia avec une si cruelle malice au sujet de Ch. Loison et de ses élans lyriques :

Même quand l'*oison* vole, on sent qu'il a des pattes ;

cet autre du poëme de la *Peinture* (chant III) :

L'allégorie habite un palais diaphane...

ceux-ci enfin, qui commencent sa pièce sur l'*Utilité des découvertes,* et dont le second est si beau :

Croire tout découvert est une erreur profonde,
C'est prendre l'horizon pour les bornes du monde.

Jamais, en les répétant, on n'a songé à Lemierre, qui les a faits. C'est au point que lorsqu'il les citait comme étant de lui, — il ne s'en privait guère, car il était vain, — on était tenté de crier au plagiaire.

La plus singulière erreur de citation qui ait été faite à propos d'un des vers de Lemierre, fut celle que commit Vergniaud dans son fameux discours sur les massacres de septembre 1792.

On connaît la péroraison de cette belle harangue :

« Eh ! que m'importent des poignards et des sicaires ! qu'importe la vie aux représentants du peuple, quand il s'agit de son salut ! Lorsque Guillaume Tell ajustait la flèche qui devait abattre la pomme fatale qu'un monstre avait placée sur la tête de son fils, il s'écriait : « Périssent mon nom et ma mémoire, pourvu que la Suisse soit libre ! » Et nous aussi nous dirons : « Périssent l'Assemblée « nationale et sa mémoire, pourvu que la France « soit libre ! »

Voilà certes qui est fort beau d'élan et de parole ; mais le malheur, c'est que tout cela repose sur un gros mensonge historique. Ce n'est pas le Guillaume Tell de l'histoire, — qui d'ailleurs n'a jamais pu faire de phrases, comme nous l'avons prouvé dans *l'Esprit dans l'Histoire,* — c'est le Guillaume Tell de la tragédie de Lemierre, qui dit en vers ce que Vergniaud répète en prose :

> Que la Suisse soit libre, et que nos noms périssent !

L'orateur citait le poëte, croyant citer le héros.

Donnons une dernière preuve du malheur de ce pauvre Lemierre qui, toujours cité, jamais nommé, ne gagna rien comme gloire à la fortune que ses vers se firent par le monde ; qui sans cesse détroussé sur la route du Parnasse, ce grand chemin ! porta trop bien la peine de sa fâcheuse manie de ne faire que de bons vers épars. Les gens qui vont un par un sont plus facilement volés que ceux qui marchent de compagnie.

Voici une anecdote qui, si elle ne péchait par un point, comme nous le ferons voir, prouverait une fois de plus quels risques couraient toujours les vers de Lemierre. Nous devons de la connaître à une communication spirituellement obligeante d'Émile Deschamps. Il s'agit de cet alexandrin :

> Les bûchers sont dans l'Inde, et partout les victimes.

« Un jour, nous écrivit Deschamps, Charles Nodier, qui n'était pas encore de l'Académie, se trouvait chez moi avec un académicien, mort à présent comme lui... et bien plus mort. Celui-ci jeta dans la conversation les *bûchers* en question,

comme étant de Voltaire dans ses *Épîtres philoso-phiques*. Charles Nodier, qui ne voulait pas paraître en savoir plus long qu'un immortel, dont il désirait la future voix, se contenta de dire : « Ah!
« nous prenons Lemierre en flagrant délit de pla-
« giat; ce vers est mot pour mot dans sa *Veuve du*
« *Malabar.* »

Nodier se trompait, le vers n'est pas dans la tragédie de Lemierre; mais l'académicien n'avait pas raison davantage, car je ne l'ai pas non plus trouvé dans Voltaire. Peut-être est-il dans *les Brames* de La Harpe. J'avoue que je n'ai pas poussé la recherche jusque sous les décombres de cette tragédie tombée. Le vers ne m'a pas paru en valoir la peine.

Si Lemierre l'eût fait, il eût été bien cruel que tout en le lui volant on criât après lui au voleur!

XXVII

Voltaire un jour, voulant faire un *mot*, tomba dans l'erreur que nous reprochions tout à l'heure à Vergniaud. C'était lors de son retour à Paris, quand on le tua à force de triomphes : « Je suis comme Spartacus, disait-il, je suis *étonné de ma gloire*. » Or, le Spartacus de l'histoire, comme bien vous pensez, n'a jamais rien dit de pareil; c'est celui du tragique Saurin que Voltaire confondait avec le véritable, encore changeait-il quelque chose au vers qui lui venait en mémoire et que voici : c'est Émilie qui parle du gladiateur, à la scène 1re de l'acte II :

Cet homme alors s'avance, *indigné* de sa gloire.

Voltaire faisait là un grand honneur à Saurin de prendre un de ses hémistiches pour un mot historique. On lui a rarement rendu pareil hommage. On se souvient pourtant d'un autre vers de sa façon tragique, c'est celui-ci de *Blanche et Guiscard* (acte V, sc. v) :

Qu'une nuit paraît longue à la douleur qui veille!

Celui qui vient après :

Que pour les malheureux l'heure lentement fuit!

est aussi quelquefois cité, et le mérite. Faire deux bons vers de suite, c'est une fortune pour un poëte comme Saurin.

Il en est encore deux autres dont je lui ferais honneur volontiers, s'il n'en avait pas pris l'idée aux anciens. Le premier (*Spartacus*, acte III, sc. III) :

La loi de l'univers est : Malheur aux vaincus!

n'est qu'une paraphrase du *Væ victis* de Brennus ; et le second, que vantait beaucoup La Harpe :

La loi permet souvent ce que défend l'honneur,

n'est qu'une traduction de celui-ci de Sénèque dans la *Troade* (act. III, sc. II) :

Quod non vetat lex, hoc vetat fieri pudor.

Un vers de Saurin resté beaucoup plus célèbre est celui qui fut mis au bas du buste de Molière, inauguré à l'Académie lors du *centenaire* de 1773 :

Rien ne manque à sa gloire, il manquait à la nôtre.

Triste aveu, tardif regret ! Ce vers-là, comme celui de Gudin (*Prix de poésie en* 1771), tant de fois cité à propos d'Henri IV,

Seul roi, de qui le pauvre ait gardé la mémoire,

est de ceux qui rentrent dans la catégorie des vers solitaires dont Rivarol nous parlait tout à l'heure.

Le vers de Gudin a été bien des fois altéré par la citation. Presque toujours, — et nous-même nous avons commis la faute dans notre première édition, — l'on met *peuple* au lieu de *pauvre*. Je sais bien que c'est à peu près la même chose, mais enfin Gudin a écrit *pauvre*, et il faut citer exactement. Lui-même, d'ailleurs, tenait fort à son mot, il ne manquait jamais de reprendre ceux qui, devant lui, le remplaçaient par l'autre. Arnault, dans un passage de ses *Souvenirs d'un sexagénaire,* nous avait déjà édifié à ce sujet, quand Émile Deschamps, par une aimable lettre, est venu nous en donner une preuve personnelle :

« M. Gudin de la Brenellerie (car il tenait à ces deux noms pour se distinguer d'un ou deux autres Gudin) était un matin chez mon père, — un de ces amateurs éminents qui sont devenus plus rares que les bons écrivains, — et il lui lisait quelques pages de sa *Conquête de Naples* (Charles VIII), poëme héroï-comique aussi long que *la Pucelle* de Voltaire. Je ne sais plus comment, moi, enfant de treize ans, je fus amené, par désir de respectueuse flatterie, à citer au vieux poëte son vers :

Le seul roi... (avec le mot *peuple*).

« — *Le seul roi dont le pauvre...,* reprit doucement
« M. Gudin. D'autres rois que Henri IV, mon petit
« ami, Louis XII, par exemple, surnommé *le Père*
« *du Peuple,* ont droit à son souvenir. Henri IV est
« le seul qui soit connu du pauvre, à cause de la
« *poule au pot,* etc. Quand j'ai écrit ce vers, le mot
« *peuple* n'avait pas la signification restreinte et hos-
« tile qu'on lui a donnée depuis. »

« Voilà, ajoute M. Émile Deschamps, comment je suis resté, par la mémoire, dans la pureté du texte. »

Puisque Gudin vient, par la bouche de Deschamps, de nous parler de la *poule au pot,* il sera bon de vous citer les fameux vers de Legouvé, dans sa tragédie de *la Mort de Henri IV* (act. IV, sc. 1). Il en fit quatre pour ce seul *mot,* et il trouva moyen de ne pas le dire. C'est le suprême de la périphrase classique. *Je veux,* dit le bon roi,

Je veux enfin qu'au jour marqué pour le repos,
L'hôte laborieux des modestes hameaux,
Sur sa table moins humble, ait par ma bienfaisance
Quelques-uns de ces mets réservés à l'aisance.

« *Il a tourné autour du pot,* » dirent les plaisants du parterre, qui eurent de l'esprit ce jour-là. C'est un modèle, je le répète, et pourtant on a voulu mieux faire encore. M. de la Bédollière, dans *les Français peints par eux-mêmes* (t. II, p. 87), reprend pour son poëte classique la célèbre périphrase; il lui fait refaire six vers au lieu de quatre. C'est un progrès, mais ce qui gâte tout, c'est qu'il dit presque le *mot* et se fait à peu près comprendre! Il commence comme Legouvé :

..... Je veux que l'humble laboureur
Célèbre avec gaîté le saint jour du Seigneur ;
Je veux voir sa misère un instant consolée,
Et qu'à son appétit la *géline* immolée,
Déposant tous ses sucs dans un *vase* fumant,
Fasse d'un doux banquet le plus bel ornement.

Nous tombons ainsi en plein dans les vers ridicules, et ce ne sont pas ceux dont il y aurait le moins à citer. Vu le nombre, il faut donc choisir, donner quelques-uns des plus fameux et, ce que l'on sait le moins, dire qui les a faits et où ils se trouvent.

Au dénoûment d'une tragédie de 1562, *Daire* (Darius), par Jacques de la Taille de Bondaroy, il en est trois que je ne dois pas omettre, et dont le dernier surtout est resté célèbre. Darius meurt, et de loin il prie son vainqueur d'avoir les siens en *recommandation :*

O Alexandre ! adieu, quelque part que tu sois,
Ma mère et mes enfants aie en *recommanda...*
Il ne put achever, car la mort l'en garda.

Juste à deux siècles de là, en 1763, on donna une tragédie de Le Blanc, *Manco-Capac*, dont un alexandrin *duriuscule* a seul fait aussi la célébrité :

« La versification, disent les auteurs des *Anecdotes dramatiques*, en est belle et mâle, mais trop abondante... » en cacophonies, sans doute, si j'en juge par l'alexandrin en question et que voici :

D'un forfait croirais-tu Manco-Capac capable?

« A la seconde représentation, disent les mêmes auteurs, les comédiens retranchèrent plus de trois cent soixante vers sans faire de tort à la pièce. » Je n'en doute pas si le vers que je viens de citer était du nombre.

Or, il ne se retrouve pas en effet dans la pièce imprimée.

On donne souvent ce distique :

Un pasteur doit à Dieu compte de son troupeau,
Œil pour œil, corps pour corps, dent pour dent, peau
[pour peau,

comme exemple de bizarrerie, mais on ne dit jamais où il se trouve, ce qui, en faisant croire qu'il n'a pas été écrit sérieusement, lui ôte une partie de son haut comique.

Il est pourtant vrai que ces vers ne sont pas de fantaisie. Ils sont une imitation de ce passage de l'*Exode* (ch. XXI, verset 24) : « *Oculum pro oculo, et dentem pro dente;* » ils se lisent dans un poëme, dont l'auteur n'avait rien de bouffon, quoiqu'il fût curé, comme l'avait été Rabelais. Vous pouvez les chercher dans l'*Anticénosophie* ou le *Contraire de la vraie sagesse,* poëme didactique en neuf chants par M. G*** (Gauné), ancien curé de Saint-M... (Maurice). Le poëme tient tout ce que promet le titre, et au delà. L'épigraphe, tirée du psaume XCIII, verset 8, est elle-même assez curieuse, quand on la rapproche de ce qu'elle annonce : « *Intelligite insipientes in populo...* » vous qui n'êtes pas sages, apprenez... à faire de mauvais vers !

Vous connaissez ceux-ci, qui terminent un couplet de la chanson burlesque, *la Ménagerie :*

> Cet animal est très méchant,
> Quand on l'attaque il se défend.

Mais peut-être ne connaissez-vous pas certaine phrase de prose qui est la variante du distique, et qui est bien plus burlesque encore, parce qu'elle a été écrite sérieusement. Il s'agit de loups marins « d'une grosseur surprenante, avec des dents fort longues, » qui furent rencontrés en 1497 par les compagnons de Vasco de Gama. « Ces animaux, dit l'auteur, sont si furieux, qu'ils se défendent contre ceux qui les attaquent. »

La prose ici, comme je vous le disais, vaut encore mieux que les vers. Si vous doutez de l'authenticité de la phrase, prenez le tome II de l'*Histoire générale des Voyages,* publiée par M. C. A. Walckenaër (Paris, Lefèvre, 1826, in-8º) et lisez les quatre premières lignes de la page 114.

XXVIII

Le répertoire de Corneille est surtout riche en vers proverbes; et pourtant, comme s'il ne l'était pas assez, on tend à l'enrichir encore. Ainsi, qui n'a pas pensé que ce vers qui est bien de lui, il est vrai :

Je ne dois qu'à moi seul toute ma renommée,

se trouvait dans l'une de ses pièces les plus héroïques? Il n'en est rien : pour le rencontrer en son lieu, il faut l'aller chercher dans une de ses *Épîtres* trop oubliées, *Excuse à Ariste*. C'est pour lui-même que Corneille l'a fait, se trouvant assez grand pour se dispenser d'être modeste.

Par contre, on préférerait volontiers que cette

belle maxime reprise, presque mot pour mot, par Delavigne, pour un vers que dit Nemours, au Ier acte, sc. ixe, de *Louis XI* :

Chaque instant de la vie est un pas vers la mort,

se trouvât, non pas dans une des tragédies de Corneille, mais dans sa traduction de l'*Imitation*. C'est pourtant dans une de ses pièces les plus tendres, *Tite et Bérénice* (acte Ier, scène v), qu'elle jette sa vérité sinistre, inspirée par ce beau vers de Manilius (*Astronom.*, liv. IV, vers 16) :

Nascentes morimur, finisque ab origine pendet.

Pour le citateur qui se tromperait comme je viens de dire, la faute ne serait pas grande. Il n'y a pas erreur, mais simple déplacement dans l'attribution.

On se trompe plus gravement quand on cherche aussi dans Corneille ce vers, jailli tout seul d'une vaillante ligne de prose de M. de Beauvais, évêque de Senez, au plus bel endroit de son *Oraison funèbre de Louis XV* :

Le silence du peuple est la leçon des rois.

C'est une excellente et terrible contre-partie de

cet hémistiche de *l'Eunuque*, de Térence (act. III, sc. II) :

Tacent, satis laudant,
(Leur silence est un assez bel éloge.)

dont le vieux proverbe : « Qui ne dit mot consent » est la triviale traduction.

En 1789, quand le peuple se mit à vouloir donner à son souverain un enseignement tout autre que celui dont parlait l'intrépide évêque, madame Necker se souvint de son mot, et elle écrivit : « On aurait actuellement peine à le comprendre. » Depuis lors, le peuple n'est pas revenu davantage aux habitudes silencieuses. *Mais*, hâtons-nous de dire en parodiant un vers de *Nicomède* (act. II, sc. III),

Mais ne nous brouillons pas avec la République.

Nous avons déjà donné plus haut un exemple de ces lignes prosodiées qui se glissent, comme des vers sans rime, au milieu de la prose des écrivains, et qui restent dans les mémoires comme des débris poétiques.

J'en pourrais citer de Molière plusieurs du même genre, je m'en tiendrai à celui-ci :

La naissance n'est rien où la vertu n'est pas,

qui, alexandrin sans le savoir, étincelle dans la tirade de don Louis, au IVe acte du *Festin de Pierre*. Th. Corneille ourlant de ses rimes adroites cette magnifique prose, se garda bien d'oublier ce vers tout fait.

Les beaux vers ne manquent pas non plus dans la prose de Racine. On en trouve qui scintillent comme des pierreries égarées jusque parmi les notes confuses recueillies dans son cabinet après sa mort, et publiées, il y a quelques années, par M. de La Rochefoucauld.

Celui-ci que j'y remarque :

Toutes grandes vertus conviennent aux grands hommes,

ne ferait-il pas bien dans *Mithridate ?* et cet autre :

Le bonheur semble fait pour être partagé,

n'a-t-il pas l'air d'avoir été oublié dans *Esther ?*

Chez les poëtes, dont chaque pensée naît pour ainsi dire dans le moule du vers, cette rencontre d'alexandrins involontaires au milieu de la prose n'est pas chose bien surprenante. Chez les écrivains qui ne sont que prosateurs, c'est plus étonnant, mais toutefois ce n'est pas beaucoup plus rare.

J'ai trouvé de beaux vers, même dans les lignes qu'Amyot mit en marge de sa traduction de Plutarque, pour résumer par une phrase ou deux la moralité d'un chapitre. Je citerai deux de ces vers par hasard ; l'un :

Le fol profite au sage et n'apprend rien de lui,

se trouve en marge du chapitre XIII de la *Vie de Marcellus;* l'autre :

La vieillesse n'a rien de beau que la vertu,

figure, en manchette, au chapitre IV de la *Vie de Caton.*

Chez M. de Chateaubriand, le poëte s'est souvent révélé, moins la rime, sous le prosateur. De magnifiques alexandrins se faufilent jusqu'au milieu des pages de ses *Mémoires;* c'est là, par exemple, dans le tome X, p. 295, que j'ai recueilli celui-ci, qui est si charmant, à propos des arbres de l'Infirmerie de Marie-Thérèse :

Ils croissent chaque jour du jour que je décrois.

M. de Chateaubriand a fait là, sans s'en douter, un beau vers où, sans peut-être qu'il s'en doutât davantage, se trouve comme un reflet de celui de du Bartas sur la fin du Déluge (*la Sepmaine*, second jour) :

Jà la campagne croist par le décroist des eaux.

Les proverbes, à force de circuler dans les mémoires, ont souvent pris la forme plus coulante et plus polie du vers, comme les cailloux se lustrent et s'arrondissent à force de rouler dans les flots. Je vais, d'après les *Études sur les proverbes* par M. Quitard, en citer quelques-uns de cette forme qui m'ont bien des fois mis martel en tête.

Je m'évertuai souvent à chercher qui les fit, sans songer qu'ils pouvaient fort bien, avec la double collaboration du hasard et du temps, s'être faits tout seuls. Ce vers :

On est souvent puni par où l'on a péché,

est né, par génération spontanée, pourrait-on dire, d'un verset de *la Sagesse* (ch. XI, 17) : *Per quæ peccat, quis per hæc et torquetur.*

Celui-ci :

On compte les défauts de l'homme qu'on attend,

se sera trouvé tout seul sur la langue de quelque solliciteur maugréant dans une antichambre.

Cet autre enfin, disais-je dans les précédentes éditions de ce volume, cet autre qui, plus qu'aucun, m'a vainement fatigué sur sa piste :

Le temps n'épargne pas ce qu'on a fait sans lui...

sera tombé, sans doute, en façon de plaintif *meâ culpâ,* des lèvres de quelque auteur dont l'œuvre, trop vite écrite, était morte plus vite encore.

Aujourd'hui, grâce à l'excellent, à l'inappréciable recueil bi-mensuel, *l'Intermédiaire des chercheurs et des curieux,* cet auteur, je puis le nommer, mais sans avoir malheureusement rien à retirer de ce que je pensais de son obscurité et de l'oubli dans lequel est tombé l'ouvrage où brille son alexandrin, comme un ver luisant au milieu des broussailles.

Il se nommait Fayolle, et plutôt compilateur qu'écrivain, il ne rima guère que dans sa jeunesse. Sur ses vieux jours, il avait dû se retirer à Sainte-Périne où il mourut en 1852, à soixante-dix-huit ans.

Il n'en sortait que pour venir, rue de Richelieu, à la Bibliothèque, qui jamais n'était plus bruyante qu'à ces moments-là, tant à lui seul il y faisait de tapage et de remuements. Je crois encore l'entendre s'agitant pour rien, parlant de tout à n'importe quel propos, mais principalement de lui. Je ne me souviens pas toutefois qu'il y ait jamais cité ni réclamé son fameux vers. Il datait de si loin! c'est en 1800, ayant environ vingt-six ans, qu'il l'avait, comme par mégarde, laissé tomber à la fin d'une assez longue tirade de son *Discours sur la littérature et les littérateurs,* dont il fit une lecture au Lycée, le 30 septembre.

Un rédacteur du *Journal des Débats* y assistait, remarqua le vers que de vifs applaudissements avaient d'ailleurs souligné, et le lendemain il le cita dans le journal.

C'est de là, c'est de cette première citation qu'il est parti pour faire fortune, bien plus que du *Discours* même de Fayolle, dont, avec une ingratitude toute filiale, il perdit bientôt le nom en chemin.

Le *Discours,* imprimé l'année même, fut reproduit en 1806 au tome IV, p. 11, des *Saisons du Parnasse,* où Fayolle ne rimait plus guère et compilait beaucoup.

L'épigramme en distique était restée son seul talent, ce qui lui valut celle-ci :

> Fayolle doit un jour agrandir son destin,
> La gloire du distique est l'espoir du quatrain.

Or, son destin ne s'agrandit pas. Ni quatrain ni distique n'ont survécu de tout son menu bagage de méchancetés. Il ne devait laisser qu'un vers, et sans que l'on sût même qu'il était de lui !

Maintenant qu'il lui est rendu, ce vers excellent parmi les meilleurs, son nom peut en vivre. Bien des poëtes de grande réputation n'en ont pas autant à leur compte.

J'en sais un autre encore, à peu près du même temps, qui, non moins solitairement, a fait la même fortune. Il est de Charles de Lacretelle, bien plus coutumier de beaux et bons ouvrages d'histoire que de poésies. Il en avait fait dans sa jeunesse, et ne s'était jamais complétement détaché de la rime.

En 1805, lorsqu'il allait avoir quarante ans, il fut frappé des airs de melancolie que se donnaient les jeunes gens. On n'en était pas encore au Byronisme, mais les romans, tels que *le Moine* de Lewis, *Delphine* de Mme de Staël, etc., faisaient déjà leurs ravages de rêveries et de langueurs.

Les airs penchés commençaient à être à la mode. On ne dansait plus qu'avec soupirs et sentiment.

Lacretelle, qui avait été un des beaux cavaliers d'une époque où l'on menait tout autrement la danse, décocha contre ces rêveurs de la chaîne anglaise et ces romanesques de la trénitz toute une satire, *Discours en vers sur les faux chagrins,* où se trouvait le très-bon vers auquel nous en voulons venir, et qui est moins sérieux par lui-même que par l'application qu'on en a faite, et qu'on en fait encore :

Et je dis aux danseurs d'un si grave maintien :
Cédez-moi vos vingt ans si vous n'en faites rien.

S'il est dans notre littérature des phrases de bonne prose, dont, comme nous l'avons vu tout à l'heure, on a fait de très-bons vers; il est, par contre, chez les latins d'excellents vers qu'on a pris pour de la prose.

Ovide nous en a déjà fourni un exemple : un de ses pentamètres, un peu arrangé ou plutôt dérangé, fut cité comme étant une phrase de Tacite.

Bien des fois celui-ci a bénéficié de même de cette expression d'Horace (lib. III, od. XXIX, v. 54-55.)

..... Meâ
Virtute me involvo.....
(Je m'enveloppe dans ma vertu,)

dont l'ample et superbe métaphore se prélasse encore dans notre langue, sans qu'on sache trop, il est vrai, d'où elle vient.

Un couplet la popularisa sous la Restauration. *Je vais,* disait un ministre tombé,

> Je vais, victime de mon zèle,
> M'envelopper dans ma vertu ;

et on lui répondait :

> Voilà, voilà ce qui s'appelle
> Être légèrement vêtu.

XXIX

Souvent, je l'ai déjà prouvé plus haut, Corneille vous trompe par la manière dont il place ses vers. Les plus tendres, les plus doux qui soient échappés à sa muse terrible, se trouvent quelquefois dans ses tragédies les plus sombres. On ne s'attend point, par exemple, à trouver dans l'effrayante *Rodogune* (act. I*er*, sc. VII) ce couplet, « d'un genre plus pastoral que tragique, » comme l'a dit mademoiselle Clairon dans ses *Mémoires :*

> Il est des nœuds secrets, il est des sympathies
> Dont, par le doux rapport, les âmes assorties
> S'attachent l'une à l'autre et se laissent piquer
> Par ce je ne sais quoi qu'on ne peut expliquer.

En revanche, on est moins surpris quand on

trouve dans *Sertorius* (act. III, scène Ire) le fameux vers imité d'Hérodien (lib. I, cap. vi) :

> Rome n'est plus dans Rome, elle est toute où je suis;

dans *Cinna* (act. II, sc. v) ce sublime alexandrin que tous admirent, mais citent mal :

> Et monté *sur* le faîte, il aspire à descendre;

dans *Polyeucte* (act. Ier, sc. iii) :

> A raconter ses maux, souvent on les soulage;

dans *Héraclius* (act. Ier, sc. iii) ce vers qui fut si longtemps la devise pleine d'espérance d'une dynastie exilée :

> Tyran, descends du trône, et fais place à ton maître,

et celui-ci encore (act. IV, sc. ix) :

> Devine si tu peux et choisis si tu l'oses.

Quant au *Qu'il mourût* du IIIe acte d'*Horace,* que Casimir Delavigne parodia avec tant de gaieté dans ses *Comédiens,* lorsque, parlant d'un malade aux prises avec un trio médical, il répète le vers de Corneille :

Que vouliez-vous qu'il fit contre trois ?— Qu'il mourût !

tout le monde en sait l'histoire; tout le monde, avec plus ou moins de raison, raconte la manière dont le cadet sut l'inspirer à l'aîné, et comment une rime jetée par Thomas donna à Pierre la sublime idée : « Ils logeoient ensemble, dit l'abbé de Voisenon, qui prête ainsi une preuve indirecte à l'anecdote. Thomas travailloit bien plus facilement que Pierre, et quand celui-ci cherchoit une rime, il levoit une trappe et la demandoit à Thomas qui la lui donnoit aussitôt. »

Ce qu'on sait moins, c'est la singulière pensée qu'eut Duclos de refaire le vers qui suit le *Qu'il mourût !* Voici sa variante :

SABINE

Mais il est votre fils.

LE VIEIL HORACE

Lui ! mon fils ! il le fut.

Lorsque nous tenions tout à l'heure le cadet des Corneille, nous aurions dû lui rendre ce vers du

Comte d'Essex (act. IV, sc. III), dont on grossit souvent le trésor de l'aîné, et que Charlotte Corday, dont ils étaient les ancêtres, citait, dans une lettre, la veille de sa mort :

> Le crime fait la honte et non pas l'échafaud ;

cet autre aussi de *Darius* (act. Ier, sc. v) :

> Les belles passions cherchent les belles âmes ;

et ceux-ci qui commencent le *Festin de Pierre* :

> Quoi qu'en dise Aristote et sa DIGNE cabale,
> Le tabac est divin, il n'est rien qui l'égale.

XXX

Racine est aussi heureux que Corneille. Les beaux vers jaillissent d'eux-mêmes dans tout ce qu'il écrit. J'en ai trouvé jusque dans ses *Cantiques*. Ainsi ce distique qui termine une stance du IIIe et qui est une imitation d'Ovide (voy. p. 169) et de saint Paul (*ad Romanos,* chap. VII, verset 15) :

> Je ne fais pas le bien que j'aime
> Et je fais le mal que je hais.

Des tragédies de Racine, que de vers survivent, même dans la mémoire de ceux qui en médisent le plus ! Nous ne vous redirons que les plus connus, comme ceux-ci de *Phèdre :*

Le jour n'est pas plus pur que le fond de mon cœur...
Quelque crime toujours précède les grands crimes,

imitation excellente de ce vers de Juvénal, le 83ᵉ de la Satire II :

Nemo repente fuit turpissimus,
(Personne ne devient tout à coup un infâme;)

comme ce distique tant parodié, que dit le Néron de *Britannicus*, à propos de Junie :

Belle sans ornement, dans le simple appareil
D'une beauté qu'on vient d'arracher au sommeil;

comme cet autre vers, du rôle de Junie dans la même tragédie (act. II, sc. III) :

..... Je n'ai mérité
Ni cet excès d'honneur, ni cette indignité;

comme cet autre encore des chœurs d'*Esther* (act. III, sc. IX) :

Je n'ai fait que passer, il n'était déjà plus,

qui est la traduction de cette phrase de l'Écriture : « *Transivi et ecce non erat;* » enfin, comme celui-ci :

Nourri dans le sérail, j'en connais les détours,

que dit Acomat au IVe acte de *Bajazet*.

Justice étant ainsi rendue à Racine, nous viendrons à Voltaire.

D'abord, en bonne justice, nous nous hâterons de réintégrer dans le domaine de ses œuvres tragiques ce qu'y prennent chaque jour les citateurs de tout esprit et de toute plume; ces deux vers de *Tancrède* :

> A tous les cœurs bien nés que la patrie est chère....
> (Acte III, sc. I.)
>
> Il s'en présentera, gardez-vous d'en douter;
> (Acte III, sc. IV.)

ce désolant distique de *Mérope* (act. II, sc. VII), dont quelqu'un fit la plus amère critique, en proposant de l'inscrire à la porte de la Morgue :

> Quand on a tout perdu, quand on n'a plus d'espoir,
> La vie est un opprobre et la mort un devoir.

Au passage, et sans, hélas ! nous éloigner beaucoup de cette apologie du suicide, puisque ses plus sinistres inspirations viennent de l'Amour, nous transcrirons ces deux vers mis par Voltaire au bas d'une statuette de Cupidon :

> Qui que tu sois, voici ton maître :
> Il l'est, le fut ou le doit être ;

et cela dit, nous ferons à maître Arouet un petit procès qui, je crois, ne lui a pas encore été intenté.

Commençons-le par une anecdote :

« Un jour, écrit Sénac de Meilhan, à la page 95 de son livre *Portraits et Caractères,* je trouvai Voltaire, la *Vie de Charles XII* à la main, et dictant à un secrétaire quelques corrections. Il avait sur une table les feuilles éparses d'une tragédie, et sur une autre des papiers relatifs à l'histoire du czar. Un instant après que je fus entré, il quitta *Charles XII,* parcourut quelques vers de sa tragédie, en déclama plusieurs et ensuite ouvrit un tiroir, où il chercha quelques papiers ; il en prit un que le temps avait jauni, et dicta des vers que ce papier contenait. S'apercevant de ma surprise : « Vous écrirez peut-
« être un jour, et il faut avoir soin de ne rien perdre.
« Un passage, des vers qui sont déplacés dans un
« endroit, vont à merveille dans un autre ; vous en
« voyez la preuve. Il y a vingt ans que j'ai ôté
« d'une tragédie les vers que je viens de dicter ; j'ai

« eu le bonheur de me les rappeler ; et ils feront
« un très-bon effet dans l'endroit où je les place. »

Habemus confitentem reum, mais ce n'est point
assez : nous tenons l'aveu, tâchons de trouver aussi
la trace du fait. Ce ne sera pas difficile.

J'avais pensé d'abord que cette tragédie dont
Voltaire ramassait les vieilles rognures pour composer de cet esprit tout fait l'esprit de son œuvre
à faire, n'était autre que l'une de ses premières
pièces, la tragédie d'*Artémire*, jouée et morte le
même jour, en 1720. Je m'imaginais qu'il s'agissait
par exemple de ce beau vers :

Soldats sous Alexandre et rois après sa mort,

l'un des premiers et des plus heureux de cette
pièce malheureuse. Perdu là, il était digne de se
retrouver dans *Olympie*. J'y allai voir, je ne l'y
trouvai pas. Celui-ci seulement qui se lit au IIe acte, scène II :

Les soldats d'Alexandre érigés tous en rois,

me parut en être un pâle reflet.

Ce n'était donc ni d'*Artémire*, ni d'*Olympie* qu'il
était question dans l'entretien de Voltaire et de
Sénac. A force de bien chercher, je découvris que

c'est à *Eryphile*, une autre de ses tragédies non moins infortunées, que Voltaire avait dû ce jour-là faire un emprunt posthume.

Donnée en 1732, elle n'avait pas eu le moindre succès. Quoique son cœur en saignât, il la laissa rentrer dans l'oubli, mais sans vouloir pourtant avoir le démenti sur la beauté du sujet ni sur le mérite de plusieurs vers que le public avait sifflés comme le reste. Du même sujet il fit *Sémiramis*, puis, reprenant un à un les vers dont la perte lui était si cruelle, il les éparpilla, comme les perles d'un collier brisé, ceux-ci dans *Mahomet*, ceux-là dans *Mérope*. Cette dernière tragédie eut la plus belle part : d'abord une grande tirade sur les courtisans, qui y entra tout entière et à peine refondue; puis des hémistiches de toute sorte, plus ou moins repolis pour devenir célèbres.

Dans un passage d'*Éryphile*, on lisait :

Et qui sert son pays n'a pas besoin d'aïeux.

Il suffit de deux mots changés, et le vers devint celui-ci, que dit si fièrement le Polyphonte de *Mérope* :

Qui sert bien son pays n'a pas besoin d'aïeux.

CHAPITRE XXX

Le vers qui précède celui-là dans *Mérope* :

Le premier qui fut roi fut un soldat heureux,

n'est pas dans *Éryphile*, mais il était dans la *Didon* de Lefranc de Pompignan sous cette forme :

Le premier qui fut roi fut un usurpateur...

La censure l'avait interdit à la scène. Voltaire en donna sa variante plus polie, qui passa. A la scène Ire de l'acte II d'*Éryphile*, Alcméon disait :

Je n'ai plus rien du sang qui m'a donné la vie.
. . . .
Je crois valoir au moins *des* rois que j'ai vaincus.

Or, c'est encore justement là ce que dit Polyphonte, avec la simple variante d'une lettre au dernier vers :

Je crois valoir au moins *les* rois que j'ai vaincus.

Quant à *Mahomet*, deux vers seulement, mais restés des plus célèbres, avaient eu la même origine.

Voltaire avait dit dans *Éryphile* :

Les mortels sont égaux ; ce n'est pas la naissance,
C'est la seule vertu qui fait la différence ;

mais, s'étant aperçu que la chute de la pièce avait empêché de les entendre, il les remit dans une œuvre qui devait leur rendre tout le bruit qu'ils méritaient. Il les plaça à la 1re scène du IIIe acte de *Mahomet*, où, par parenthèse, ils furent bien mieux de mise, puisqu'ils sont la traduction d'une maxime orientale, pour laquelle on ne pouvait trouver de place plus naturelle qu'en cette tragédie pseudo-arabe.

Voltaire, on le voit, tenait à ne rien perdre.

Ses vers, de son aveu même, n'étaient pas de ceux auxquels il suffit d'être entendus une fois pour que leur fortune soit faite, et qui n'ont pas besoin que l'impression les fixe et les impose.

Un distique de la *Marion Delorme* de Victor Hugo eut le bonheur qui manqua aux vers méconnus d'*Éryphile*. Vous citez tous ces paroles charmantes que le poëte prête à la courtisane réhabilitée par la passion :

De l'autre Marion, rien en moi n'est resté,
Ton amour m'a refait une virginité.

Écoutez la pièce à la scène, et vous n'entendrez pas ces deux vers ; lisez-la, vous ne les retrouverez pas davantage, si ce n'est peut-être dans le repli d'une note. La censure les avait interdits après la première représentation. Mais on les avait entendus une fois, et ce fut assez.

Il ne faut aussi qu'avoir vu une seule fois *Hernani* pour se rappeler toujours que le fameux : *J'en passe et des meilleurs,* tant cité, appliqué, parodié, nous vient de la scène de Don Ruy montrant à Charles-Quint les portraits de ses ancêtres.

Il n'y a pas à prendre dans l'œuvre énorme de Victor Hugo que ces menus débris : un vers à huis-clos, et un hémistiche banal. La moisson y sera considérable, quand le temps, qui la mûrit, en aura égrené les gerbes. Nous ne pouvons qu'y glaner, en attendant, des vers comme ceux-ci du XIVᵉ des *Chants du Crépuscule :*

> Ah ! n'insultez jamais une femme qui tombe,
> Qui sait sous quel fardeau la pauvre âme succombe !

ou comme cet autre d'une de ses satires de l'exil, qui, protestant contre toute clémence, et toute idée de rappel, lui faisait dire :

> Et s'il n'en reste qu'un, je serai celui-là.

Ruy-Blas est un de ses drames qui ont le plus fourni à la monnaie courante des citations.

On a retrouvé plus haut le vers, qui en vient, sur la popularité, dont M. Hugo, avec une ingratitude qu'il n'aurait pas, je crois, aujourd'hui, ne fait qu'une « gloire en gros sous. »

Nous nous en tiendrons ici au fameux :

Je suis un ver de terre amoureux d'une étoile,

qui, lors de la reprise de la pièce, il y a six ou sept ans, à l'Odéon, fit apostropher le poëte par cette épigramme :

> Hugo, ton *Ruy-Blas,* qu'on rentoile,
> Fait chercher par certains plaisants
> Ce qui d'un « ver de terre amoureux d'une étoile »
> Pourrait naître ? — Des vers luisants.

Le sentiment de la famille est, chez M. Hugo, celui qui a le mieux parlé, le cœur faisant taire l'imagination. Ses plus adorables vers sont pour les mères et pour les enfants. Qui ne sait par exemple tout ce passage de la pièce d'autobiographie poétique qui sert de préface aux *Feuilles d'Automne :*

> O l'amour d'une mère ! amour que nul n'oublie !
> Pain merveilleux, que Dieu partage et multiplie !
> Table toujours servie au paternel foyer !
> *Chacun en a sa part et tous l'ont tout entier.*

CHAPITRE XXX

Je ne crois pas que, sur ce ton de la note maternelle, on ait rien dit de plus délicat et de plus vrai.

Ces vers d'Augier, dans *Gabrielle* (act. V, sc. v), que quelqu'un dernièrement, en les prêtant à Sainte-Beuve, attribuait à l'homme le moins capable de les avoir faits, pourraient seuls entrer en comparaison. C'est Julien, le mari, qui parle des enfants :

> Nous n'existons vraiment que par ces petits êtres,
> Qui dans tout notre cœur s'établissent en maîtres,
> Qui prennent notre vie, et ne s'en doutent pas,
> *Et n'ont qu'à vivre heureux, pour n'être point ingrats.*

Ceci nous met en pleine comédie de sentiment, et, malgré nous, nous y attarde, lorsque nous nous devons encore un peu à la Tragédie. Il y faut retourner.

Nous manquerions d'égards envers elle si, après avoir parlé de Corneille, de Racine, de Voltaire, nous n'accordions pas quelques lignes à Crébillon, en citateur reconnaissant. Son bagage de citations n'est toutefois pas des plus considérables. Quand on aura dit ce vers d'*Atrée* (act. II, sc. II), qui réclame, pour vibrer à l'unisson, toutes les foudres de·fer-blanc de l'ancienne tragédie :

> Et le songe a fini par un coup de tonnerre ;

lorsque, songeant au proverbe allemand dont c'est une imitation : « La main sanglante ne touche pas l'héritage, » on se sera répété le célèbre alexandrin de *Rhadamiste* (act. II, sc. II) qui m'a toujours produit l'effet d'un article du *Code pénal* mis en vers techniques :

Ah ! doit-on hériter de ceux qu'on assassine ?

On ne trouvera plus guère à citer de Crébillon que ce vers de son *Discours de réception* à l'Académie française :

Aucun fiel n'a jamais empoisonné ma plume.

J'avais toujours applaudi à ce vers parce que je le croyais une vérité, mais depuis que j'ai trouvé à la fin du second volume de la *Revue rétrospective* une polémique en méchantes petites rimes entre Crébillon et Gacon, dans laquelle le *poëte sans fard* n'est pas celui dont la plume distille le plus de fiel, il m'a semblé que le fameux vers n'était qu'une flatterie gratuite de Crébillon à lui-même, et partant, il m'a paru beaucoup moins excellent.

Dans quelques-uns de nos tragiques du second et même du troisième ordre, nous trouverions plus à prendre que dans Crébillon. J'ai fait de bonnes rencontres jusque chez Campistron. C'est lui par exemple qui a dit dans *Pompeia* (act. II, sc. v) :

Le cœur sent rarement ce que la bouche exprime.

Scudéry n'a pas eu de moins heureux hasards. N'est-ce pas dans sa tragédie de *l'Amour tyrannique* que se lit le vers d'une si belle allure et d'un entraînement si conquérant :

La victoire me suit et tout suit la victoire.

C'est beau, c'est même vrai; j'aime mieux pourtant ce que dit Cicéron (*Epist. ad famil.*, X, ep. III), lorsqu'il veut que, si la fortune est notre compagne, la vertu, et non le succès, soit notre guide : « *Virtute duce, comite fortuna.* » Enfin, je préfère aussi de beaucoup, comme vers et comme morale, ce que dit le vieil Horace (act. III, sc. VIII) :

Faites votre devoir et laissez faire aux dieux.

Si Corneille n'avait pas fait *le Cid* six ans avant l'*Arminius* de Scudéry, celui-ci compterait un beau vers de plus :

Et vaincre sans péril serait vaincre sans gloire...

malheureusement Rodrigue avait dit pour la première fois en 1636 (act. Ier, sc. 1) :

A vaincre sans péril on triomphe sans gloire ;

ce qui fait qu'en 1642, M. de Scudéry n'était qu'un plagiaire. Et l'on ne dira pas qu'il ne connut point *le Cid* : il l'avait jugé, il l'avait condamné. Pour lui, voler le chef-d'œuvre, c'était dépouiller une victime.

C'est un poëte du même temps, Guérin du Bouscal, qui a écrit dans sa tragédie de *Cléomène* ce distique digne de survivre :

Je sçais ce que je fus, je sçais ce que je suis,
Je fais ce que je dois, je dois ce que je puis.

Guérin connaissait certainement la phrase de saint Augustin (*de Trinitate,*, lib. XIII, cap. XIII, n° 17) : « *Posse quod velit, velle quod oportet,* pouvoir ce qu'on veut, vouloir ce qu'on doit. »

De plus anciens avaient aussi fort bien rencontré. Dans la *Charité* de Pierrard Poullet (1595), on trouve ce joli vers :

Celuy meurt tous les jours, qui languit en vivant.

Celui-ci brille dans la tragédie de *Tyr et Sidon* par

Daniel d'Anchères (1608) et serait remarqué partout :

C'est un foible roseau que la prospérité.

L'Andromaque de *la Troade,* composée en 1640 par Sallebray, jette à la face d'Ulysse ce beau vers qui honorerait les plus fières héroïnes de Corneille :

Menace-moy de vivre et non pas de mourir.

Il n'est pas jusqu'à Richelieu qui n'ait fait, dans sa *Mirame,* et dans la comédie des *Thuileries,* à laquelle il eut part, comme on sait, quelques vers dignes de rester :

Savoir dissimuler est le savoir des rois,

lit-on dans *Mirame,* et dans *les Thuileries :*

Pour tromper un rival l'artifice est permis :
On peut tout employer contre ses ennemis.

Si ce ne sont pas de bons vers, ce sont d'excellents aveux politiques, et, de la part de Richelieu, c'est quelque chose.

Un autre, moins ancien mais tout aussi inconnu que ceux que j'ai cités tout à l'heure, Ferrier, a écrit au dénoûment de sa tragédie d'*Adraste*, publiée en 1705, ce vers si souvent répété depuis :

On est, quand on le veut, le maître de son sort.

Enfin, c'est dans l'*Alcyonée* de Du Ryer que se trouvent ces vers, pris pour devise par M. de La Rochefoucauld quand son amour naissant pour madame de Longueville l'eut lancé dans la Fronde, puis parodiés par lui, quand la guerre et son amour eurent cessé :

Pour obtenir un bien si grand, si précieux,
J'ai fait la guerre aux rois, je l'aurais faite aux dieux.

Voltaire a écrit (*Siècle de Louis XIV*, ch. IV) que ces vers étaient de M. de La Rochefoucauld. Encore une fois, c'est une erreur. Il citait ici, mais ne composait pas.

Campistron, que je nommais tout à l'heure, a ajouté au bagage des citations ironiques et burlesques ce vers, qui se dit très-sérieusement dans son *Andronic* (act. IV, sc. IX) :

. . . . D'en avoir tant dit il est même confus.

C'est en dépit de tout, même de la vérité, que cet alexandrin est devenu populaire. Une anecdote fausse a fait sa fortune. La voici : à la première représentation du *Gentilhomme Guépin,* de de Visé, pendant que le parterre sifflait à outrance, les marquis qui trônaient sur le théâtre applaudissaient à tout rompre. L'un d'eux, que les sifflets gênaient dans son admiration, s'avança jusque sur les chandelles et dit assez impertinemment au parterre : « Si vous n'êtes pas contents, on vous rendra votre argent à la porte ; mais ne nous empêchez pas d'entendre ce qui nous fait plaisir. »

Prince, n'avez-vous rien à nous dire de plus ?

cria quelqu'un, à qui tout aussitôt un de ses voisins riposta par ce vers qui rime avec l'autre dans la pièce de Campistron :

Non : d'en avoir tant dit il est même confus.

Ce qui me fâche pour l'anecdote et pour Léris qui l'a racontée dans son *Dictionnaire des Théâtres,* (page 219), c'est qu'*Andronic* est de 1685, tandis que le *Gentilhomme Guépin* date de 1670. Les deux vers auraient donc été cités quinze ans avant d'avoir été faits !

Quelqu'un à qui je contais la chose, me disait

qu'on aurait au moins pu crier à ce marquis si furieux d'entendre siffler :

C'est un droit qu'à la porte on achète en entrant.

Par malheur, ce vers, le 150ᵉ du IIIᵉ chant de l'*Art poétique,* n'était pas fait non plus en 1670.

Puisqu'il n'y a qu'un instant, j'ai parlé de La Rochefoucauld, à propos d'un de ses amours, on me permettra de le rappeler encore au sujet du dernier, celui qui l'unit sur son déclin à Mᵐᵉ de La Fayette.

Il en est resté, comme souvenir, une phrase célèbre, qui, en dehors de ce qu'elle a d'intéressant, donne une preuve de ce que la ponctuation a d'utile. Suivant, en effet, que l'on ponctue cette phrase, elle est, vous l'allez voir, un contre-sens ou une vérité.

La première édition du *Segraisiana* la cite ainsi : « M. de La Rochefoucauld disait : Mᵐᵉ de La Fayette m'a donné de l'esprit, mais j'ai reformé son cœur. » C'est le contre-sens.

Lisez-la ainsi, avec une ponctuation toute différente : « M. de La Rochefoucauld, disait Mᵐᵉ de La Fayette, m'a donné de l'esprit, mais j'ai reformé son cœur ; » vous aurez la vérité.

XXXI

Les comédies, je ne parle pas seulement de celles de Molière, mais de celles de Regnard, et de celles aussi des poëtes inférieurs, ont de même fourni un copieux contingent aux citations. Regnard abonde en vers proverbes.

Ouvrez *les Folies Amoureuses,* vous y trouvez, dans le rôle d'Agathe :

On aime sans raison, et sans raison l'on hait,

charmante imitation de la LXXXVIe épigramme de Catulle :

Odi et amo, quare id faciam fortasse requiris ?
    Nescio, sed fieri sentio et excrucior.

Benserade l'avait déjà faite dans un vers presque identique à propos du peuple de Paris pendant la Fronde.

Plus loin, Crispin, dans la même comédie, vous dit ce vers qui semble venu tout seul :

Hippocrate dit oui, mais Galien dit non.

Dans *le Légataire,* même richesse. Citons, pour preuves, ce vers que dit le cacochyme Géronte, refusant d'inutiles remèdes :

La maison ne vaut pas la réparation ;

et celui-ci, d'Éraste à la 1re scène du IVe acte, et qui semble un échappé de tragédie :

C'est dans les grands dangers qu'on voit les grands
[courages.

Dans *les Ménechmes* (act. III, sc. XI), se lit ce burlesque alexandrin digne de Scarron :

Que feriez-vous, monsieur, du nez d'un marguillier ?

Le Joueur est encore plus prodigue. C'est là que se trouve le fameux : *Allons, allons, saute Marquis!* et (act. III, sc. VI) les vers charmants :

CHAPITRE XXXI

> Il n'est pas dans le monde un état plus aimable
> Que celui d'un joueur. . . . .
> . . . . Sa poche est un trésor !
> Sous ses heureuses mains le cuivre devient or.

Écrits pour être la devise du jeu, ils sont restés comme enseigne de l'agiotage, cette autre fièvre, si bien qualifiée, dès ses premiers accès sous le Directoire, par ce vers d'Armand Charlemagne dans *l'Agioteur* :

> On spécule sur tout, même sur la famine.

Nous avons vu déjà que chez Destouches, les vers adages ne manquent pas non plus. Cherchons dans quelques comédies moins connues que les siennes, dans celles de Lanoue, par exemple, et nous serons tout surpris de ce que nous y trouverons.

A la scène IIIe du Ier acte de *la Coquette corrigée*, ce distique tant cité, et qu'Auber, comme fioriture de citation, fit chanter par Faure dans *Jenny Bell*, va tout à coup vous arrêter :

> Le bruit est pour le fat, la plainte pour le sot,
> L'honnête homme trompé s'éloigne et ne dit mot.

Dans tous ces poëtes du second ordre il n'y a d'ailleurs qu'à chercher.

N'est-ce pas un des moins connus, le très obscur Faur, qui a mis ce joli vers dans sa pièce du *Confident par hasard,* jouée en 1801 :

Mon acte de naissance est vieux... et non pas moi ?

Il avait dû penser, en l'écrivant, aux apparences d'éternelle jeunesse que s'était faites le maréchal de Richelieu, dont il avait été longtemps le secrétaire et dont il ne fut pas le plus discret historien.

Dorat lui-même pourrait nous fournir quelques bonnes citations, ne fut-ce que celle-ci, que je prends dans sa comédie *les Prôneurs* (act. II, sc. I), et qu'on pourrait croire d'un industrialisme littéraire moins ancien :

Travaillez peu vos vers, et beaucoup vos succès.

Avant de lui faire d'autres emprunts, j'y regarderais pourtant à deux fois, afin de n'être pas complice de quelque réminiscence. Ce que je sais pour deux vers de sa meilleure comédie m'engage à cette prudence.

Dorat, d'après un recueil du temps, dont j'abrége le récit, dînant un jour, avec Lemierre et Rochon de Chabannes, chez un nommé Collet, y fit la lec-

CHAPITRE XXXI

ture d'un opéra de la composition de celui-ci, intitulé *Sapho*.

Il s'y trouvait ces deux vers :

Mais pourquoi revenir sur les maux de l'absence?
La peine est déjà loin quand le bonheur commence.

Sans le vouloir probablement, Dorat les retint et les plaça dans sa comédie intitulée *le Célibataire* (act. Ier, sc. VII). L'auteur réclama. Dorat promit que les vers disparaîtraient à la seconde représentation de sa pièce, ou que celle-ci ne serait imprimée qu'avec une note explicative du larcin involontaire; mais il ne devait avoir de mémoire que pour retenir la citation. Il mourut sans avoir fait justice à Collet. Celui-ci cria de nouveau. « L'ingrat! dit l'anecdotier, il ne voyait pas quel service Dorat lui avait rendu. »

Le vol peut ainsi profiter au volé. Citons-en un autre exemple. Qui connaîtrait, chez nous, ces deux vers de Goldsmith :

Man wants litle here below
Nor wants that litle long,

si Ducis ne les avait pris, pour les traduire dans cet alexandrin qui semble être de Corneille :

Il faut si peu pour l'homme, et pour si peu de temps ?

Souvent, citer suffit, quand le citateur d'un vers ou d'une phrase est célèbre. Citation alors est recommandation. Fénelon, dans sa *Lettre VIe sur divers sujets,* n'eut qu'à rappeler ce vers de l'épitaphe de Quentin Metzys, de forgeron devenu peintre par amour pour sa femme :

Connubialis amor de Mulcibre fecit Apellem;

et le vers ne cessa plus d'être cité.

XXXII

Les épigrammatistes de tous les temps ne fournissent pas moins que les poëtes comiques. Pour peu qu'on les interroge, on est surpris de ce qu'ils nous répondent en fait d'esprit bon à mettre en cours, ou qui s'y trouve déjà. De ce dernier, le meilleur vient presque toujours de loin. Je sais des épigrammes aiguisées au XVIe siècle et dont la pointe est si piquante encore qu'on la croirait acérée de la veille.

N'avez-vous pas cité cent fois, comme fait d'hier, ce quatrain d'une malice si vraie :

> Les amis de l'heure présente
> Ont le naturel du melon,
> Il faut en essayer cinquante
> Avant qu'en rencontrer un bon.

Si vous êtes un peu puriste et connaisseur en archaïsme, il n'y a que ce dernier vers qui vous accusera la date du quatrain, sinon vous ne vous douterez guère qu'il est d'un poëte de la fin du XVIᵉ siècle. Il se trouve à la page 42 du recueil de Claude Mermet, publié à Lyon, en 1601, sous ce titre : « *Le Temps passé de Claude Mermet de Saint-Rambert en Savoye; œuvre poétique, sentencieuse et morale, pour donner profitable récréation à toutes gens qui aiment la vertu.* »

Pour tout vous dire, il faut vous apprendre, d'après une note de La Monnoye, à l'article de Claude Mermet dans la *Bibliothèque* de Du Verdier, que notre Savoisien avait emprunté la pensée de son épigramme à une satire de Pietro Nelli, la IXᵉ du livre II.

C'est, j'en jurerais, pour ce quatrain que L'Estoile, après avoir acheté 5 sols, au Palais, *le Temps passé* de Claude Mermet et l'avoir feuilleté, mit en note sur son *Journal,* à la date du 20 janvier 1609 : « C'est une poésie assez rude et mal limée, mais où il y a quelque chose à prendre. »

Si, comme je le pense, L'Estoile remarqua ce quatrain, il eût dû le citer, ainsi qu'il fit pour beaucoup d'autres vers, notamment pour ceux que vous lirez plus loin. C'est par lui que nous les connaissons. Il dit les avoir pris sur le manuscrit d'un pasquil, *le Petit Nain combattant le monde,* que Berion, l'imprimeur, lui avait communiqué. Ils étaient au commencement, dit-il (11 décembre 1606), sous forme d'un « petit dialogue bien gentil de l'auteur à son livre :

— Où vas-tu, petit nain ? — Je vais faire la guerre.
— Et à qui, petit nain ? — Aux maîtres de la terre.
— Que veux-tu leur ôter ? — L'impure vanité.
— Quelles armes as-tu ? — La pure vérité.
— Le monde te haïra. — Contre lui je secoue
Sa terre, son néant, sa poussière et sa boue. »

Il est une foule d'épigrammes courantes que je pourrais encore vous citer, puisque nous en sommes à ce chapitre, et dont il me serait facile de vous faire voir l'à-propos toujours malin, la pointe toujours perçante; ne fallût-il vous rappeler que celle de Piron contre Desfontaines, terminée par un vers si bien applicable encore à maint critique, gardien du sérail littéraire :

Il ne fait rien et nuit à qui veut faire.

J'aime mieux ne vous parler que de quelques-unes, dont la malice n'est pas toute l'histoire, et qui enchâssent leur trait dans une bonne anecdote.

De toutes celles qui furent faites contre les académiciens à l'époque de leur élection, et Dieu sait si elles sont nombreuses et mordantes! il n'en est pas de plus connue, de plus répétée, de plus souvent remise à neuf que certaine, citée par vous cent fois sans doute et dont voici le trait :

> Dans le nombre de quarante
> Ne faut-il pas un zéro ?

Eh bien! cette épigramme en quatrain, dont il n'est peut-être pas un académicien, et je dis le plus nul, qui méritât de subir toute la rigueur acérée, contre qui fut-elle d'abord faite? Je vous le donne en cent, je vous le donne en mille, — si toutefois il y eut depuis la fondation du docte corps mille académiciens, — et je suis sûr qu'avant d'avoir trouvé, vous *jetterez votre langue aux chiens,* comme écrivait madame de Sévigné. Mais je veux au plus tôt vous tirer de peine. Je vous dirai donc que cet immortel qu'on déclarait devoir être le *zéro* du nombre académique, dont les illustres que voici,

— Si j'en connais pas un je veux être étranglé,

comme dit le Chicaneau des *Plaideurs :* — Rose, Cordemoy, d'Estrées, de Mauroy, Testu, Galois,

Coislin, Renaudot, Harlay, Aucour, Chaumont, Lavau, Desmarais. Tourreil, etc., étaient les unités, les nullités! ce *zéro,* dis-je, c'était l'auteur des *Caractères,* c'était La Bruyère!

Les épigrammes, avouez-le, sont parfois des contre-sens bien saugrenus. Du moins celle-ci s'est dédommagée de son iniquité d'origine, en devenant un peu plus juste pour la plupart des académiciens contre lesquels on ne se fit pas faute de la renouveler.

Boursault, qui l'écrivit peut-être, il était assez spirituel et assez envieux aussi pour cela, va vous raconter, dans une de ses *Lettres,* sans toutefois oser nommer La Bruyère, comment le méchant quatrain fut décoché contre l'excellent moraliste, — qui, notez ce point, nécessaire ici, avait été trésorier en Basse-Normandie ; — comment il est impossible de méconnaître qu'il est dirigé contre lui ; comment enfin il fut envoyé aux trente-neuf qu'il flagorne si sottement :

« Enfin, Monseigneur, écrit-il à l'évêque de Langres, on reçut lundi à l'Académie françoise monsieur..., qui briguoit cette place depuis si longtemps. Vous sçavez combien il a été obligé de franchir de difficultés avant que d'y arriver, et de quelle autorité il a fallu se servir. Comme il est d'un païs où la clameur de *haro* est en usage, on dit que deux heures avant sa réception, messieurs de l'Académie trouvèrent cette épigramme sur leur table :

« Quand pour s'unir à vous Alcipe se présente,
   Pourquoy tant crier *haro?*
   Dans le nombre de quarante
   Ne faut-il pas un zéro ? »

Ici le pseudonyme dont on a couvert le patient avant de le frapper, tend à atténuer la violence du coup.

Despréaux y allait plus franchement, du moins à ce qu'il dit ; il nommait sans peur. Vous allez voir pourtant que cette vaillante franchise savait prendre aussi des précautions.

Après qu'il eut écrit ce vers, le 57e de sa Ire *Satire* :

J'appelle un chat un chat et Rolet un fripon,

il s'effraya de son courage. Rolet était un procureur d'intraitable humeur, il craignit d'avoir affaire à lui ; que fit-il donc ? il capitula avec son audace. Il laissa le nom, mais pour ne pas avoir l'air d'avoir attaqué celui qu'il désignait, il fit imprimer sur la marge à côté du nom de ROLET : *C'est un hôtelier du pays Blaisois*. Il avait fait sa malice, et se croyait tranquille. Mais il arriva que dans les environs de Blois se trouvait réellement un aubergiste du nom de Rolet, à qui l'on répéta l'hémistiche, et qui, furieux, adressa par la poste au poëte, tout ébaubi et tremblant, cent coups de bâton en attendant qu'il pût aller les lui administrer lui-même.

Dieu merci, l'affaire s'arrangea; mais Boileau qui s'était jeté dans le danger d'une rude bastonnade pour éviter celui des récriminations d'un aigre procureur, put s'assurer par avance de la justesse de ce vers qu'il devait écrire plus tard dans l'*Art poétique* :

Souvent, la peur d'un mal nous conduit dans un pire.

Les femmes poëtes, pas plus que les académiciens, n'ont trouvé grâce devant les épigrammes. C'est une double cible où tous les traits portent.

L'un des plus malins distiques dont on ait salué le ridicule des *bas-bleus* du dernier siècle est celui-ci :

Églé belle et poëte a deux petits travers :
Elle fait son visage et ne fait pas ses vers.

C'est Lebrun qui l'avait décoché à l'adresse pseudonyme de madame Fanny de Beauharnais. Elle se reconnut et jura de se venger. Lebrun était de ses amis, de ses hôtes, et même, — la révélation contenue dans le dernier hémistiche le donnerait à penser, — peut-être un de ses teinturiers poétiques.

Or, il n'eut pas assez conscience de sa méchanceté, il ne crut pas assez à la transparence du distique, ou bien encore à la perspicacité de madame de Beauharnais, pour cesser de hanter son hôtel à partir du jour où l'épigramme se mit à circuler.

Il y dîna même comme à l'ordinaire. C'est là qu'on l'attendait.

Après un de ces dîners, qui avait réuni à la table du rancunier bas-bleu un cercle de gens d'esprit plus que jamais nombreux et prêts à rire, on passa dans le salon tout resplendissant de lumières.

Aussitôt voilà de grandes exclamations, des cris d'indignation, des rires étouffés, et autour de la cheminée une véritable cohue de curiosité; puis auprès de madame de Beauharnais qui, sous son fard et ses grands airs, se donne un sourire moqueur et triomphant, pendant que Lebrun prend son chapeau à bas bruit et décampe en lançant sur la dame et sur tous ses amis des regards où flamboient déjà mille épigrammes furibondes.

Que s'était-il donc passé? Presque rien.

Sur la cheminée se trouvait un élégant petit cadre à baguette dorée, au milieu duquel s'étalait, sous la vitre, le distique impitoyablement calligraphié, avec cette note explicative : *Vers faits contre moi par M. Lebrun, qui dîne aujourd'hui chez moi!*

La vengeance était hardie, imprudente même, et la dame courait grand risque de se blesser au vif avec le trait dont elle se jouait ainsi. En effet, l'anecdote ne tarda pas à se répandre. Beaucoup de gens qui ne connaissaient que l'épigramme sans savoir encore à qui elle s'adressait, apprirent par là, sans que le doute fût permis, le nom du bas-bleu plagiaire et fardé. On biffa le pseudonyme pour écrire à la place le nom véritable, qui, par malheur, s'adaptait fort bien au premier vers; au lieu d'*Églé,* on se mit à dire *Fanny,* chaque fois qu'on récita le distique. C'est là tout ce que gagna madame de Beauharnais, sans compter les méchancetés de Lebrun, qui ne se firent pas attendre.

Lebrun, on le comprend, n'aimait pas beaucoup qu'on lui rappelât cette épigramme, mais il aimait moins encore que quelque plagiaire s'en fît honneur devant lui.

Un jour Rivarol l'aborde et lui dit : « Connaissez-vous le distique sur la vicomtesse de Beauharnais? » Lebrun hésite, puis répond bravement : Non.

« — Alors, écoutez-le, dit Rivarol ; et il le récite. Eh bien ! maintenant, comment trouvez-vous l'épigramme ?

« — Pas mauvaise.

« — Je le crois bien.

« — Et de qui est-elle ?

« — Ne devinez-vous pas ?

« — De vous peut-être ?

« — Est-ce que cela ne vous paraît pas possible ?

« — Au reste, dit Lebrun, pourquoi ne l'auriez-vous pas faite ? Je l'ai bien faite aussi, moi ! »

C'est Arnault qui raconte l'anecdote dans un article du *Plagiat et des Plagiaires,* où il prouve que si, quand le plagiat est flagrant, l'on a raison de crier au voleur, l'on a mille fois tort de risquer sans preuves une accusation pareille. Il donne pour exemple ce qui lui arrivait alors au sujet de la jolie fable de *la Feuille,* qu'on lui reprochait d'avoir pillée dans un recueil littéraire de 1810 : « Je consens, dit-il pour finir, à recevoir le nom que je serais en droit de donner à l'auteur de cette imposture, si l'on produit un recueil où *la Feuille* ait été insérée avant le mois de novembre 1815, époque où je l'ai composée. »

C'est formel, Arnault parle comme un homme qui a pour lui la vérité. Il est de fait qu'il n'y avait pas là de doute possible, et que l'accusation était de la plus flagrante mauvaise foi.

C'est aux premiers jours de son exil à Bruxelles, après le retour définitif des Bourbons, qu'Arnault avait écrit cet apologue, dont l'allégorie est si transparente. Comme poésie, il n'est guère resté que cela de lui.

Ses tragédies, même celle de *Marius à Minturnes*, sont bel et bien mortes; la pauvre petite *Feuille* a seule volé jusqu'à nous. Quand on lui faisait l'éloge de cette œuvre charmante et légère, sans lui parler de ses plus grosses, Arnault eût pu dire ce que dit un jour Soumet à quelqu'un qui lui vantait beaucoup son idylle de la *Pauvre fille,* et ne lui parlait pas de ses tragédies : « Vous louez douze vers pour en tuer douze mille ! »

Voici cette jolie pièce de *la Feuille;* aussi bien nous appartient-elle par ses derniers vers, qui se citent toujours :

>De ta tige détachée
>Pauvre feuille desséchée,
>Où vas-tu ?
>   Je n'en sais rien.
>L'orage a frappé le chêne
>Qui seul était mon soutien.
>De son inconstante haleine

>Le zéphyr ou l'aquilon
>Depuis ce jour me promène
>De la forêt à la plaine,
>De la montagne au vallon ;
>Je vais où le vent me mène,
>Sans me plaindre ou m'effrayer,
>*Je vais où va toute chose,*
>*Où va la feuille de rose*
>*Et la feuille de laurier.*

Un Belge, homme d'esprit, M. Plasschaërt de Louvain, fit une réponse en vers à l'allégorique plainte, et se porta garant que le poëte exilé trouverait en Belgique asile et sûreté, comme dans le *Jardin des Hespérides*.

Les gendarmes de M. de Thiennes, chef de la police des Pays-Bas, ne parlèrent pas malheureusement comme M. Plasschaërt, et le fugitif ne put lui répondre que par ces stances peu consolées et peu confiantes :

>Je vois bien l'arbre aux pommes d'or
>Prospérer dans vos prés humides ;
>Mais cela n'en fait pas encor
>Le vrai jardin des Hespérides.
>. . . . .
>L'honnête homme sans passe-port
>S'y promenait exempt d'alarmes,
>Un dragon veillait au dehors,
>Mais au dedans, point de gendarmes !

Ces vers nous ramènent naturellement aux épigrammes. Celle-ci :

> ALFANA vient d'*equus* sans doute,
> Mais il faut avouer aussi
> Qu'en venant de là jusqu'ici
> Il a bien changé sur la route,

est une des plus souvent citées, si je ne me trompe. Avec son ton bonhomme, elle est venue pincer à l'oreille plus d'un de ces érudits, pleins d'inventions, qu'on appelle étymologistes.

Je ne pense pas que beaucoup de gens ignorent qu'elle est du chevalier de Cailly (d'Aceilly) qui en fit plus d'une de la même force, dans le même ton goguenard et *guêpin*, — le chevalier était d'Orléans; — mais ce qu'on ne sait pas, je crois, aussi communément, c'est l'endroit où se trouve l'étymologie si plaisamment malmenée. Le chevalier ne le dit pas, il se contente d'écrire en tête de son épigramme : *Sur l'étymologie du mot* ALFANA, *qu'on soutenoit venir du latin* EQUUS.

Le nom de Ménage vient toutefois bien vite à l'esprit, mais ce n'est pas assez, et l'on se fourvoirait beaucoup si, pour trouver l'erreur, on se mettait à feuilleter tout son *Dictionnaire étymologique.*

Il faut s'adresser à un autre de ses ouvrages, fait,

il est vrai, sur la même matière : *Le Origini della lingua italiana, compilate da Egidio Menagio* (Geneva, G.-A. Choüet, 1635, in-folio). « C'est, dit le *Catalogue de la bibliothèque de M. L.....*, sous le n° 59, c'est dans ce livre célèbre et plus utile qu'on ne le pense communément, que Ménage a donné l'étymologie de Lacché (*laquais*) et d'Alfana (*jument*), qu'il fait venir de *verna* et d'*equus* : étymologies qu'on croirait inventées à plaisir, et qui se trouvent avec beaucoup d'autres, non moins étranges, dans cet ouvrage singulier. »

Le quatrain fameux sur l'incendie du Palais, en 1618 :

> Certes, ce fut un triste jeu
> Quand à Paris, dame Justice
> Pour avoir mangé trop d'espice
> Se mit tout le Palais en feu,

est donné partout comme étant de Théophile, tandis qu'il est de Saint-Amant, à qui nous l'avons restitué déjà dans une note de nos *Variétés historiques et littéraires* (t. II, p. 160).

Cette épigramme sur les femmes qui ont le vice dans l'âme et le fard au visage :

> De la ceinture en haut ce n'est que vanité,
> De la ceinture en bas ce n'est qu'impureté ;

> Au dedans ce n'est que malice,
> Et ce n'est que fard au dehors.
> Ostez leur fard et le vice,
> Vous leur ostez l'âme et le corps,

passe pour être de Charleval; cependant Saint-Marc, éditeur de ses *Poésies* (p. 64, 144), n'ose l'affirmer, et reconnaît même que le *Recueil* de Sercy, où il la rencontra d'abord, la donne avec une initiale qui n'est pas celle du nom de son poëte. De notre côté, nous la trouvons citée, avec l'augmentation des deux vers qui en sont ici le prélude, dans un livre : *Réflexions, pensées et bons mots*, par le sieur Pepinocourt, publié en 1696, c'est-à-dire bien avant le recueil des *Poésies* de Charleval. Les droits du charmant rimeur ne sont donc rien moins qu'établis sur cette jolie méchanceté. Je ne crains même pas de la lui enlever tout à fait; mais à qui la rendre? Je ne sais.

Celle-ci :

> L'autre jour au fond d'un vallon
> Un serpent mordit Jean Fréron.
> Devinez ce qu'il arriva?
> Ce fut le serpent qui creva,

semble être d'une restitution moins difficile. Le

nom de Fréron, la victime, nous dit tout d'abord que Voltaire est le bourreau.

Il se l'est, en effet permise, mais sans se mettre en grands frais d'invention. Deux rimes masculines dérangeant la régularité du quatrain, voilà tout ce qui lui appartient.

Il est évident qu'il n'eût pas fait son épigramme si celle qu'on va lire, publiée longtemps auparavant, et qui n'était, elle-même, que la traduction libre d'un distique latin de l'*Epigrammatum selectus* (1659, in-8o), n'eût pas été faite :

> Un gros serpent mordit Aurelle.
> Que croyez-vous qu'il arriva ?
> Qu'Aurelle en mourût ? — Bagatelle !
> Ce fut le serpent qui creva.

J'ai fait plus haut une petite querelle à Voltaire au sujet des vers qu'il s'est empruntés à lui-même ; l'occasion est bonne pour la recommencer, et plus sérieusement, à propos de plus d'un emprunt forcé qu'il a, comme ici, fait aux autres.

La Henriade prélude par un petit plagiat de ce genre. Le 2e vers du Ier chant est pris mot pour mot dans le poëme de *Henry le grand roy*, par l'abbé Cassagne, 3e édit., 1662, in-12, p. 20. Voici le passage accusateur, que Charles Nodier avait indiqué déjà dans les notes de ses *Questions de littérature légale*, mais inexactement. C'est Henri IV qui parle à son petit-fils Louis XIV :

> Monarque, dont le cœur, à ses devoirs fidèle,
> Veut, parmi tant de rois, me choisir pour modèle,
> Je reconnois mon sang qui t'enflamme le sein,
> Et ne m'oppose point à ton noble dessein.
> Lorsqu'après cent combats, je posséday la France
> *Et par droit de conqueste et par droit de naissance,*
> Le monde vit briller dans mes illustres faits
> La Valeur, la Bonté, la Victoire, la Paix.

En revanche, ces vers tant de fois cités du même poëme de *la Henriade*, chant VIIIe :

> Amitié, que les rois, ces illustres ingrats,
> Sont assez malheureux pour ne connaitre pas,

ne doivent, que je sache, rien à personne, pas plus que celui-ci, dont les progrès trop lents de la civilisation russe n'ont pas encore fait une vérité complète :

> C'est du Nord aujourd'hui que nous vient la lumière.

Ce vers est le 8e de l'*Épître* de Voltaire à Catherine II. Il est resté ce qu'il était quand le poëte l'écrivit, une flatterie.

Voltaire a écrit dans sa satire du *Pauvre Diable* :

Tu n'as point d'aile, et tu veux voler ! rampe.

C'est, à peu de chose près, ce vers de La Faye :

Cache ta vie : au lieu de voler, rampe.

Dans cette même satire, Voltaire a dit :

> Nous faisons cas d'un cheval vigoureux
> Qui, déployant quatre jarrets nerveux,
> Frappe la terre et bondit sous son maître :
> J'aime un gros bœuf, dont le pas lent et lourd
> En sillonnant un arpent dans un jour,
> Forme un guéret où mes épis vont naître.
> L'âne me plaît, son dos porte au marché
> Les fruits du champ que le rustre a bêché ;
> Mais pour le singe, animal inutile,
> Malin, gourmand, saltimbanque indocile,
> Qui gâte tout et vit à nos dépens,
> On l'abandonne aux valets fainéants.
> Le fier guerrier dans la Saxe, en Thuringe,
> C'est le cheval ; un Pequet, un Pleneuf,
> Un trafiquant, un commis, est le bœuf ;
> *Le peuple est l'âne, et le moine est le singe,*

Or, ce que personne, je crois, n'avait encore remarqué, tout ce passage est presque textuellement inspiré par celui-ci du *Gargantua* (ch. XL) : « Mais si entendez pourquoy un cinge en une famille est toujours mocqué et hercelé, vous entendrez pourquoy les moynes sont de tous refuyz, et des vieux et des jeunes. Le cinge ne guarde point la maison comme un chien : il ne tire pas l'aroy comme le beuf : il ne produict ny laict, ny laine, comme la brebis : il ne porte pas le faix comme le cheval. Ce qu'il faict est tout conchier et deguaster, qui est la cause pourquoy de tous receoipt mocqueries et bastonnades.

« Semblablement un moyne (j'entends de ces ocyeux moynes) ne laboure, comme le paysant; ne guarde le pays, comme l'homme de guerre; ne guarist les malades, comme le medicin; ne presche ni endoctrine le monde, comme le bon docteur évangelicque et pedagoge; ne porte les commoditez et choses nécessaires à la républicque, comme le marchant. C'est la cause pourquoy de tous sont huez et abhorryz. »

Ainsi voilà donc Voltaire pris en flagrant délit de vol qualifié envers Rabelais, ce bouffon ivre, dont il a tant médit. Je pourrais vous le montrer détroussant de même beaucoup de ceux contre lesquels il a le plus crié, crachant au plat pour en dégoûter les autres, comme dit le proverbe, ou bien se conformant ainsi à l'honnête doctrine de Rulhière, qui disait : « Ce n'est pas tout que de voler son homme, il faut le tuer. »

Encore un exemple pour bien vous le prouver. J'emprunte le récit des anecdotiers les plus connus.

« Un soir, après souper, il se promenait dans le parc de Cirey, il y contemplait les astres et s'écriait : « Que cela est beau! — Oui, répondit madame du « Châtelet, cela pourrait fournir le magnifique sujet « d'un poëme. — D'un poëme! répliqua Voltaire, « ce serait un peu long, d'un impromptu, passe; » et il fit à l'instant celui-ci :

Tout ce vaste océan d'azur et de lumière,
Tiré du vide même et formé sans matière,
Arrondi sans compas et tournant sans pivot,
A peine a-t-il coûté la dépense d'un mot. »

La *dépense d'un mot!* c'est peu de chose, mais, pour son quatrain, Voltaire n'en avait pas fait une beaucoup plus grande. C'est un impromptu à mémoire reposée qu'il s'était adjugé là. Ces vers sont d'un poëte dont il a dit, dans le *Catalogue des écrivains du siècle de Louis XIV* : « qu'il n'avait ni goût, ni connaissance du génie de sa langue. »

Ils se trouvent, sauf de très légers changements, dans les *Œuvres poétiques* du P. Lemoine (1671, in-fol., liv. I, épît. 11). Les voici tels que le jésuite-poëte les a faits, vous jugerez des différences :

> Tous ces vastes pays d'azur et de lumière,
> Tirés du sein du vide et formés sans matière,
> Arrondis sans compas et tournant sans pivot,
> Ont à peine *coûté la dépense d'un mot.*

Voltaire, en citateur trop avisé, avait escompté ici l'oubli dans lequel étaient tombées les poésies du jésuite. L'auteur des *Martyrs* était plus juste pour le P. Lemoine, il se comportait avec lui en citateur, non en accapareur. Si, par exemple, il lui empruntait ces vers :

> Vingt siècles descendus dans l'éternelle nuit
> Y sont sans mouvement, sans lumière et sans bruit,

il ne dédaignait pas d'avouer son poëte.

« M. de Chateaubriand, dit M. de Marcellus, à propos de cette citation faite à la page 306 du tome V des *Mémoires d'Outre-Tombe,* affectionnait tout particulièrement ces vers du P. Lemoine, dans son *Poëme de saint Louis,* sur les pyramides d'Égypte, et il aimait à en rapprocher un rondeau sur la création de l'homme, qu'il avait déterré dans Benserade (trad. des *Métamor.* d'Ovide). Il commençait ainsi :

Un peu de boue être de tant de poids!

et finissait par ces mots :

Mais, dans le fond, qu'est-ce que cet ouvrage,
D'où sont venus les peuples et les rois ?
Un peu de boue.

« Je l'entends encore, continue M. de Marcellus, prononcer ces vers d'une voix lente et forte, en se promenant d'un angle de son salon à l'autre, de ce pas rapide et allongé, habituel aux hommes de mer sur le pont des vaisseaux. »

Un M. Reboucher, — je demande mille pardons à Voltaire et à M. de Chateaubriand de nommer après eux cet inconnu, — se comporta avec certain quatrain du XVIIe siècle, non pas comme Chateaubriand, mais comme Voltaire s'était comporté avec les vers du P. Lemoine.

Ce quatrain avait été très célèbre, mais l'empreinte s'en était peu à peu effacée des mémoires. Le souvenir de l'époque où il avait été fait et du nom de l'auteur s'était surtout perdu ; car il en est des citations comme des médailles, où le millésime et les lettres du nom sont le plus souvent ce qui

CHAPITRE XXXII

s'efface d'abord. M. Reboucher avait profité de l'oubli complaisant; il s'était attribué les quatre vers qui, lorsqu'il mourut, restèrent son seul titre littéraire. Voici, en effet, ce que je lis à la date du 30 décembre 1766, dans les *Mémoires secrets* :

« Nous apprenons la mort de M. Reboucher, conseiller en la cour souveraine de Lorraine.

« Ce galant successeur de Chaulieu faisoit des poésies anacréontiques très agréables. Il est l'auteur d'un joli madrigal à une dame, en lui présentant une violette :

Modeste en ma couleur, modeste en mon séjour,
Franche d'ambition, je me cache sous l'herbe;
Mais si sur votre front je me puis voir un jour,
La plus humble des fleurs sera la plus superbe. »

Or, si vous ne l'avez reconnu déjà, ce quatrain est, sauf l'interversion des deux premiers vers, le même que Des Marets fit pour la *Guirlande de Julie*.

Il se trouve à la page 41 de l'édition que Charles Nodier a donnée, chez Delangle, en 1825, de cette œuvre galante, qui est moins un recueil qu'un bouquet.

La gloire poétique de Des Barreaux repose sur un sonnet emprunté, comme celle du conseiller lorrain sur ce quatrain volé. L'emprunt toutefois est bien moins flagrant que ne l'était le vol. Ici même, à bien prendre, il pourrait se réduire à l'une de ces imitations qui, à force d'être pratiquées en littérature, semblent être devenues choses permises et naturelles. C'est à un sonnet de Desportes que Des Barreaux doit toute l'idée du sien, et pour qu'on voie comment l'un n'est que le reflet de l'autre, nous allons reproduire le tercet final de chacun. Aussi bien ce sont ces trois derniers vers qu'on cite le plus du sonnet de Des Barreaux. Nous commençons par lui : *J'adore,* dit-il à Dieu,

> J'adore en périssant la raison qui t'aigrit,
> Mais dessus quel endroit tombera ton tonnerre
> Qui ne soit tout couvert du sang de Jésus-Christ ?

Voyons maintenant le tercet de Desportes :

> Ne tourne point tes yeux vers mes actes pervers :
> Ou, si tu les veux voir, vois-les teints et couverts
> Du beau sang de ton fils, ma grâce et ma justice.

« Je suis, dit Dreux du Radier, dans ses *Récréations historiques* (t. I, p. 90), je suis le premier qui ai fait cette petite découverte, dans une lettre imprimée et adressée à un M. Janvier, avocat à Chartres, qui contient plusieurs anecdotes *sur l'abbé Desportes et ses poésies.* »

CHAPITRE XXXII

Vous voilà un peu désenchantés au sujet du sonnet qui, de l'aveu des plus difficiles, passait pour être *sans reproches*.

Je pourrais vous dédommager, en vous citant le fameux sonnet qu'Arvers publia dans ses *Heures perdues*, en 1833 :

Mon âme a son secret, ma vie a son mystère...

et qui passe pour non moins irréprochable; mais il est trop connu.

J'aime mieux vous en faire connaître un qui n'a, que je sache, jamais été cité, et qui vaut bien celui dont je viens de déflorer le charme. Il est de René Arnoul, de Poitiers, poëte on ne peut plus obscur. Je l'ai trouvé dans le recueil de ses poésies, l'*Enfance de René Arnoul* (Poitiers, 1587, in-4º). L'auteur y chante les tristesses de son amour pour la belle Catherine de la Place :

J'avois trois fois cinq ans et trois ans davantage,
Quand j'écrivis ces vers témoins de mon ardeur ;
Je chantois pour flatter mon ingrate douleur,
Et non pour espérer honneur de mon servage.

Comme je le sentois, je plaignois mon dommage,
Véritable poëte à mon propre malheur ;
Mon penser incertain me servoit de fureur,
Mon tourment de succès, mon espoir de courage.

Pour moi seul j'ai souffert, pour moi seul j'ai chanté;
Ne pouvant pas beaucoup, beaucoup je n'ai tenté;
Sans fard fut mon amour, sans fard furent mes plaintes.

La loi non le plaisir me rendit amoureux :
C'est assez qu'on me laisse après tant de contraintes
Faire ce que je dois, dire ce que je veux.

« Il faut, ce me semble, dit Guillaume Colletet, dans son *Histoire des poëtes françois,* qui, avant l'incendie de la Commune, existait manuscrite à la bibliothèque du Louvre, ne se pas fort connoître en vers pour ne pas tomber d'accord qu'il y a de la force et de la justesse même dans ceux-ci; de quoi je m'étonne d'autant plus que, ce jeune esprit étant né dans une province éloignée du commerce des beaux esprits de la cour, il semble qu'à moins de cela il soit impossible d'écrire dans la sévérité de nos règles; cependant, il l'a fait, et peut-être aussi bien que pas un autre de son siècle. »

G. Colletet nous paraît bien faire le dédaigneux. Nous voudrions savoir, si dans les vers qu'il rimait, lui, à Paris, mêlé au « commerce des beaux esprits, » il s'en trouve beaucoup qui valent ceux que la passion dictait à René Arnoul dans un coin solitaire de sa province.

Nous ne voyons rien à reprendre dans son sonnet

que quelques redites, mais c'est un des faibles de l'amour, qui, Bussy l'a dit, « est un recommenceur. »

Reprenons maintenant bien vite notre tâche, pour qu'on n'y remarque pas d'interruption, de fissure, *ne quid hiet*, comme dit Ausone dans sa XVIe idylle.

XXXIII

Un homme de la plus hideuse célébrité, le marquis de Sade, passe, et cela de l'aveu même de Jules Janin, dans la brûlante étude qu'il lui a consacrée, passe, dis-je, pour l'auteur de ces deux vers :

> Tous les hommes sont fous, et qui n'en veut point voir,
> Doit rester dans sa chambre et casser son miroir.

Il nous répugnait de croire qu'une pareille vérité si bien dite fût tombée d'une plume aussi infâme. Nous avons bien cherché, et d'abord nous avons trouvé les deux vers au tome XIV de la *Correspondance secrète*, sous la date du 19 mars 1783. On les y met sur le compte d'un poëte. Donc, ce n'est pas du marquis de Sade qu'on veut parler. Pour nous, c'était déjà une preuve. Plus tard, feuilletant les *Discours satiriques,* etc., de Claude Le Petit (Rouen, 1686, in-12), voici ce que nous avons lu au commencement de la IVe satire, paraphrase des paroles du Sage : *Le nombre des fous est infini :*

> C'est une nation d'une telle étendue
> Que de quelque côté que l'on tourne la vue,
> Il s'en présente aux yeux, *et qui n'en veut point voir*
> Doit les tenir fermés *et casser son miroir.*

Sauf une variante, nous tenons notre distique, et sans rien devoir au hideux marquis.

Ce n'est pas tout ; nous avons découvert, depuis, une gravure du XVIIe siècle, représentant le *Chariot de la Mère Folle* à Dijon, au bas de laquelle le distique si bien fait pour servir de devise à cette compagnie, se lisait ainsi :

> Le monde est plein de fous, *et qui n'en veut pas voir*
> Doit se tenir tout seul *et casser son miroir.*

Charles Pougens s'était, comme nous, mais avec moins de bonheur, préoccupé de la source de ces vers, dont il aimait la justesse piquante et qu'il citait souvent : « Certes, dit-il dans la sixième des *Lettres* qui précèdent ses *Mémoires et Souvenirs,* je suis, comme personne ne l'ignore, un formidable explorateur, puisque j'ai réuni plus de cinq cent mille citations ou exemples tirés des principaux écrivains français... Toutefois il m'a été impossible de découvrir l'auteur de ces deux vers. »

Je crois qu'après ce que nous venons de dire, Pougens s'avouerait satisfait et ne chercherait plus.

Dans le volume de la *Correspondance secrète* que nous venons de citer, se trouve, à la page 97, le plus bizarre quatrain qu'on puisse lire. Nous l'avions rencontré plusieurs fois, mais nous n'en savions pas l'auteur ; la *Correspondance* nous renseigna. Le quatrain, à l'entendre, est du chevalier de Boufflers. Nous courûmes aux œuvres du bel esprit, et le quatrain s'y rencontra en effet. C'était donc une attribution vraie, l'auteur lui-même ne la désavouait pas. D'un côté, il avait raison, car le quatrain est fort plaisant, mais de l'autre très grand tort, car il n'est pas de lui. Dans le petit livre de Deslandes, *les Morts plaisantes*, publié longtemps auparavant, il nous arriva plus tard de lire ces deux vers, à la page 69, chapitre des *Épitaphes* :

> Cy Loth, sa femme en sel, sa ville en cendre ;
> Il but et fut son gendre.

C'est en un distique le quatrain de Boufflers.

CHAPITRE XXXIII

D'un vers, il en fit deux, il en ajouta un tout petit, et le tour fut joué :

> Il but,
> Il devint tendre,
> Et puis il fut...
> Son gendre.

Le crime n'est pas gros, mais enfin le plagiat est toujours un plagiat. Ainsi, quoique ce soit moins grave encore, j'en veux presque à Francis et Moreau d'avoir pris pour un refrain de leur vaudeville *les Chevilles de maître Adam*, ces deux vers de Maynard :

> Pégase est un cheval qui porte
> Les grands hommes à l'hôpital.

Pour que vous ne doutiez pas que cette fin de couplet est aussi la fin de l'épigramme, voici l'épigramme :

> Un rare écrivain comme toy
> Devroit enrichir sa famille
> D'autant d'argent que le feu roy
> En avoit mis dans la Bastille.
> Mais les vers ont perdu leur prix,
> Et pour les excellents esprits

> La faveur des princes est morte.
> Malherbe, en cet âge brutal,
> *Pégase est un cheval qui porte*
> *Les grands hommes à l'hôpital.*

Après tout, ce trait final a peut-être gagné au plagiat qui l'a rajeuni. Sans la popularité que lui a value le couplet et que ne lui avait pas donnée l'épigramme, il ne serait pas un proverbe.

La chanson a rendu le même service à certain dicton sur le bonheur bourgeois qui consiste à être

> . . . . . . en sa maison
> Le dos au feu, le ventre à table.

Il existait depuis le moyen âge, puisqu'il se trouve dans le vieux livre gothique *la Prenostication de maistre Albert Songe-creux biscain*, sous cette forme :

> En cette saison faict bon estre
> Sortis de viande notable,
> En sa maison assis en l'estre (âtre),
> Doz au feu, le ventre à la table ;

il fallut le couplet populaire pour en populariser l'expression.

Ces deux vers du chevalier Bonnard :

> Le silence est l'esprit des sots
> Et l'une des vertus du sage,

n'ont pas eu besoin du même secours, non plus que ceux-ci de Chaulieu à la fin de l'ode sur *sa première attaque de goutte* :

> Bonne ou mauvaise santé
> Fait notre philosophie.

Ils étaient vrais. Ils n'ont eu qu'à naître pour. toujours vivre.

C'est la fortune des vers heureux. Bien peu le sont assez pour qu'elle leur vienne.

On pourrait dire de la popularité, — j'entends la vraie et la sérieuse, — qui est le mets le plus envié qui soit servi au banquet des poëtes, ce que Cicéron disait à Lucullus d'un poisson rare, pour lequel il n'avait pas avec assez de soin choisi ses convives : « *Piscis hic non est omnium,* ce poisson-là n'est pas pour tout le monde. »

XXXIV

Toute chose *chantée* a cela de bon qu'elle se popularise, fût-elle banale et sotte, beaucoup mieux que seulement *dite*.

Le mot de Figaro : « Ce qui ne vaut pas la peine d'être dit, on le chante, » est ainsi justifié et étendu. L'air ne fait pas toujours la chanson, mais il en propage la vérité et en fait le succès. Le nombre des adages fredonnés, des proverbes en *flons-flons* qui nous viennent de l'opéra-comique ou du vaudeville, est incalculable.

Depuis le mois de janvier 1769, époque de la première représentation de l'opéra de *Lucile,* il ne s'est pas donné peut-être une seule fête d'intimité bourgeoise sans qu'on y répétât, avec ou sans musique, en solo ou en chœur, la phrase du fameux *quatuor* :

Où peut-on être mieux qu'au sein de sa famille ?

C'est peut-être le seul vers de Marmontel qui soit resté poulaire. A quoi le doit-il ? à la musique de Grétry.

Quand je dis le seul vers, je me trompe : il est encore quelques bribes des opéras de l'auteur des *Contes moraux,* à qui elle a valu le même honneur.

Grâce à Grétry, ne roucoule-t-on pas toujours, en façon de proverbe tendre, la fameuse phrase de *Zémire et Azor* :

> Du moment qu'on aime,
> On devient si doux.

Grâce à lui encore, lorsqu'on regrette le temps passé, l'on se désole sur ce vers d'Anseaume dans *le Tableau parlant* :

> Ils sont passés ces jours de fête.

Méhul de même a, par une gracieuse mélodie, fait la fortune de ce vers d'Hoffmann, dans *Ariodant* :

> Femme sensible, entends-tu le ramage.....

Della-Maria, par son aimable musique, a popularisé ces pauvres vers du *Prisonnier* d'Alexandre Duval :

> Il faut des époux assortis
> Dans les liens du mariage.

Depuis *les Deux Journées* du sentimental Bouilly, l'on chantonne toujours, plus ou moins sur l'air noté par Cherubini :

> Guide mes pas, ô Providence !

Dans le petit opéra d'*Une Folie,* la musique de Méhul a fait la fortune de ce vers du même rimeur bonhomme :

> Je suis encor dans mon printemps.

Félicie, ou *la Fille romanesque,* par Dupaty, avec partition de Catrufo, nous a laissé cette bribe de romance :

> Et le trésor que l'on espère
> Vaut presque le trésor qu'on a.

Chaque fois qu'on veut se donner du caractère,

CHAPITRE XXXIV

on se fredonne *in petto,* comme le farouche Altinkirckoff d'*Adolphe et Clara :*

> Prenons d'abord l'air bien méchant ;

et il n'est personne qui, grâce à l'air de Solié, ne connaisse et ne fredonne ce vers d'Hoffmann dans *le Secret :*

> Femmes, voulez-vous éprouver.....

Sans la musique de Meyerbeer, aurait-on jamais retenu ce piètre vers de la Ire scène de *Robert le Diable* qui, par son allure, rappelle le temps où ce grand opéra n'était qu'un opéra-comique :

> Oui, l'or est une chimère.

Il est plat et il est faux, surtout à notre époque, qui a si bien pris à cœur d'enchérir encore sur cette vérité de Racine dans *les Plaideurs* (act. I, scène I) :

> Mais l'honneur sans argent n'est qu'une maladie,

et sur celle-ci de l'*Épître V* de Boileau, qui n'est qu'un reflet affaibli de l'autre :

> La vertu sans argent n'est qu'un meuble inutile.

Les vers les plus sots ne sont pas ceux qu'on répète le moins, lorsqu'une bonne musique les patronne.

Pendant combien de temps n'a-t-on pas chanté, sans rire, les fameux vers de Dejaure dans *Montano et Stéphanie* :

> Quand on fut toujours vertueux,
> On aime à voir lever l'aurore.

La musique de Berton empêchait d'en apercevoir la niaiserie, comme celle de Monsigny, dans *le Déserteur*, permet à peine de remarquer ce vers digne de M. de la Palisse :

> Mourir n'est rien, c'est notre dernière heure.

Je préfère de beaucoup à cette naïveté célèbre sur le peu de crainte que doit inspirer la *dernière heure*, ces vers imités de la pensée de Sénèque : *Illis mors gravis incubat*, etc., dont La Fontaine a repris le dernier, et qui se trouvent dans les *Œuvres diverses* d'Hénault, l'auteur du fameux sonnet de l'*Avorton* :

> Heureux est l'inconnu qui s'est bien su connoître.
> Il ne voit pas de mal à mourir plus qu'à naître.
> *Il s'en va comme il est venu;*

mais j'aime encore mieux peut-être ce quatrain de Maynard :

> Las d'espérer et de me plaindre
> Des Muses, des Grands et du Sort,
> C'est ici que j'attends la mort
> Sans la désirer ni la craindre.

Maynard avait écrit ce quatrain au-dessus de la porte de son cabinet, lieu chéri où l'entouraient ces fidèles compagnons de l'esprit, ces doux consolateurs de l'âme si bien appréciés à leur juste valeur dans ce vers, que Guilbert de Pixérécourt avait fait imprimer sur l'estampille de chaque volume de sa riche bibliothèque :

> Un livre est un ami qui ne trompe jamais.

Je n'en connais d'aussi vrais, à propos de livres, que ceux-ci, dont Théodore Leclercq avait fait une inscription en grosses lettres pour sa bibliothèque hermétiquement close :

> Tel est le sort fâcheux de tout livre prêté :
> Souvent il est perdu, toujours il est gâté.

Quand le grand bibliophile du XVIe siècle, Grolier, faisait inscrire sur ses livres : *Grolierii et ami-*

corum, il mettait plus de libéralité dans sa devise, mais était-il aussi sincère ? J'en doute. Des volumes aussi magnifiques que les siens ne sont pas de ceux que l'on prête, même à ses amis.

XXXV

Le nom de Th. Leclercq nous a ramenés aux *Proverbes*; ne les quittons pas. Au Théâtre-Français même, il en est plus d'un qui se chante. Depuis *le Mariage de Figaro,* on répète le refrain : *Tout finit par des chansons.* On fredonne aussi volontiers ces vers que chante Basile :

> Si l'amour porte des ailes,
> N'est-ce pas pour voltiger ?

Mais on a tort de croire que ce distique précieux est de Beaumarchais. Il emprunta tout le couplet à une romance de madame Viot.

On ne se tromperait pas moins, si l'on attribuait à J.-J. Rousseau, le fameux :

> Je l'ai planté, je l'ai vu naître.....

Les paroles de cette romance, qu'il était certes bien capable d'écrire, sont de De Leyre : la musique seule est de lui.

Quant au vaudeville, nous savons ce qu'il a jeté dans le monde de refrains-proverbes :

> Guzman ne connaît plus d'obstacles

vient du *Pied de mouton,* comme cet autre :

> C'est l'amour, l'amour, etc.

est un vieux fredon du vaudeville *la Marchande de goujons,* dont H. Blanchard avait fait la musique.

> Adieu, je vous fuis, bois charmants

est un débris du vaudeville de *Sophie;*

> Daigne écouter l'amant fidèle et tendre

nous arrive tout brûlant de je ne sais quelle scène des *Jumeaux de Bergame.*

> J'ai vu partout dans mes voyages

CHAPITRE XXXV

est un dernier écho du vaudeville *le Jaloux malgré lui;*

> J'étais bon chasseur autrefois,

ce prélude de couplet, dont tant de conquérants sur l'âge font une fanfare pour leurs souvenirs, est tout ce qui nous reste du vaudeville de *Florian;*

> La comédie est un miroir

fait revivre un vieux proverbe, dont *Arlequin afficheur* fit une chanson; en revanche, ces vers charmants de Désaugiers dans *le Dîner de Madelon* :

> A soixante ans il ne faut pas remettre
> L'instant heureux qui promet un plaisir,

sont un débris de couplet qui n'eut qu'à naître pour devenir proverbe.

Avec Désaugiers nous tenons la chanson; profitons-en pour lui dire son fait. Commençons par un refrain qui vient de loin et de haut. C'est celui-ci :

> Si la vie est un passage,
> Sur ce passage au moins jetons des fleurs.

Il nous arrive en ligne directe d'un des trop rares couplets que fit le duc d'Orléans,

> Ce bon Régent, qui gâta tout en France,

comme a dit Voltaire dans son épître à madame du Châtelet *sur la Calomnie*.

A tout grand seigneur tout honneur. Venons à présent aux poëtes, à Béranger, par exemple. Vous imaginez-vous que son refrain :

> Commissaire, commissaire,
> Colin bat sa ménagère ;
> C'est un beau jour pour l'amour,

est inspiré du latin? Non, n'est-ce pas. Rien pourtant de plus vrai. C'est la mise en action de ce vers de Térence (l'*Andrienne,* act. III, sc. VI) :

> *Amantium iræ amoris integratio sunt.*

(Les fâcheries entre amants sont les sauvegardes de l'amour.)

La célèbre chanson :

> Vous vieillirez, ô ma belle maîtresse...

n'existerait peut-être pas si Ronsard n'eût écrit cet admirable prélude de son V^e sonnet à Hélène de Surgère :

> Quand vous serez bien vieille, au soir, à la chandelle,
> Assise auprès du feu, devisant et filant,

CHAPITRE XXXV 317

Direz, chantant mes vers et vous émerveillant :
Ronsard me célébroit du temps que j'étois belle.

Vous pensez sans doute que le fameux refrain :

Vivent les gueux !

est de Béranger. Eh bien! non; c'est un vers qui ne lui appartient que par la popularité qu'il lui a donnée. Il s'était fait tout seul bien avant lui. Nous l'avons trouvé dans plus d'un chansonnier du XVIIIe siècle, et notamment à la fin de quelques couplets de Piron recueillis par la *Société des Bibliophiles* dans le Ve volume de ses *Mélanges,* et que je vous recommande pour leur verve et leur gaieté.

Béranger l'a repris comme son bien et il a fait selon son droit. Il s'est dit, comme Désaugiers dans sa fameuse ronde :

Un refrain dont le vulgaire
A bercé mes premiers ans
Sous mes doigts reconnaissans
Va renaitre à la lumière :
 Eh ! qu'est-c' qu'ça m' fait à moi
Qu'on me nomme plagiaire,
 Eh ! qu'est-c' qu'ça m' fait à moi
Quand je chante et quand je bois ?

Voilà les gens qui seraient tentés de crier au plagiat à propos de chansons, bel et bien payés d'avance. Entre autres refrains que Désaugiers fit ainsi renaître est le *Souvenez-vous-en* de *M. et Mme Denis,* qu'il trouva avec toute l'idée de sa chanson en des couplets du xviiie siècle, qui se fredonnaient encore dans son enfance. Il fit aussi, par la manière dont il le reprit et le popularisa, la fortune de cet autre refrain :

> Faut d' la vertu, pas trop n'en faut,
> L'excès en tout est un défaut.

D'où lui venait-il ? d'un opéra-comique de Monvel, *l'Erreur d'un moment,* joué en 1773, et dont la musique était de Dezède.

Si l'on eût dit à Monvel, l'athée, que dans ces deux vers il prenait une pensée à saint Paul, il eût fait une belle grimace. C'eût été pourtant la vérité. On lit dans l'*Épître aux Romains,* chapitre xii : « *Non plus sapere quam oportet sapere, sed sapere ad sobrietatem.* Ne soyez pas plus sage qu'il ne faut, soyez-le avec sobriété. » Le verset parle comme le refrain chante. Il est vrai que pour trait d'union entre l'apôtre et le rimeur d'opéra-comique, nous avons Molière d'abord, qui fait dire à Philinte dans *le Misanthrope* (act. I, sc. i^re) :

> La parfaite raison fuit toute extrémité
> Et veut que l'on soit sage avec sobriété ;

puis, ce qui rapproche tout à fait les distances, la Bergère des chœurs de l'*Armide* de Quinault, chantant à la scène ive du IIe acte :

> Ce n'est pas être sage
> D'être plus sage qu'il ne le faut.

Vous voyez qu'un refrain peut être, si l'on remonte à son origine, beaucoup plus sérieux qu'il ne le paraît. C'est pour cela sans doute que bien des gens graves se sont mêlés de faire des chansons. Carnot, lorsqu'il était las *d'organiser la victoire,* en composait de très agréables, et celle-ci :

> J'ai vu Lise hier au soir,
> Lise était charmante,

est d'un sénateur, M. le comte Germain Garnier, qui l'écrivit, étant jeune et galant, pour madame la vicomtesse Jules de Polignac.

On l'attribua à M. de Boufflers, qui laissa dire, et même au comte de Provence, qui ne démentit pas non plus.

La chanson :

> O ma tendre musette,

est d'un homme tout aussi imposant, du moins à

l'apparence. C'est La Harpe, le lourd tragique, qui l'a faite. Il y tenait fort et se fâchait quand on chantait devant lui :

> O ma tendre musette,
> Musette *mes* amours.

— « *Mes* amours ! criait-il, que chantez-vous là ? c'est *des* amours qu'il faut dire. »

Il avait raison, mais on ne l'a pas écouté.

Cette chanson est son plus beau titre lyrique. Aussi, un jour qu'on vantait devant Delille les élans dithyrambiques du poëte de *Mélanie,* l'abbé coupa court à cet enthousiasme en disant :

> De l'admiration réprimez le délire,
> Parlez de sa *musette* et non pas de sa lyre.

L'erreur dont La Harpe s'indignait si fort venait d'une faute d'impression. Un premier imprimeur l'avait faite, les mille autres qui vinrent après ne l'ont pas encore effacée.

Béranger fut victime d'une pareille balourdise. Pour un couplet de lui, c'est plus grave que pour un couplet de La Harpe. Heureusement, si le crime fut consommé une fois, il n'y eut pas récidive. Les

CHAPITRE XXXV

éditions suivantes corrigèrent l'erreur de la première.

« Il s'agit, dit un spirituel écrivain de *l'Illustration*, F. Génin peut-être, il s'agit de *Rosette*, ce chef-d'œuvre de grâce, ce parfum de myrte et de rose, qui semble s'exhaler doux et tiède encore de la couronne d'Anacréon.

« Pour citer la bévue, il faut citer le couplet. Heureux si nous pouvions citer la chanson.

« Le poëte quadragénaire s'adresse à sa nouvelle maîtresse, s'excuse de ne pouvoir l'aimer avec la verdeur du jeune âge et évoque le vivant souvenir de Rosette dans ces vers charmants que nous lisons, et que nos pères, plus sages que nous, ont chantés :

> Elle avait moins d'esprit que vous,
> Même elle avait un cœur moins tendre,
> Ses regards se tournaient moins doux
> Vers l'amant heureux de l'entendre.
> Mais elle avait pour me charmer
> *Ma* jeunesse que je regrette.....
> Ah ! que ne puis-je vous aimer
> Comme autrefois j'aimai Rosette !

« L'éditeur, revoyant les épreuves, supposa que *Monsieur* Béranger, distrait par le souvenir de Rosette, avait dû se tromper de pronom possessif, et, de sa belle main, il se hâta d'écrire : « *Sa* jeunesse, » faisant ainsi d'un trait charmant une grosse banalité. »

Cet éditeur-là ne connaissait pas, ajouterons-nous, le proverbe latin : « Ce n'est pas la nature qui rend la femme belle, c'est l'amour, » dont le vers de Béranger n'est qu'un reflet, et qui inspira cet autre, non moins charmant, à Alfred de Musset :

Car sa beauté pour nous, c'est notre amour pour elle !

Dans sa chanson du *Marquis de Carabas,* Béranger avait écrit ce vers :

Varlets, vavasseurs et vilains.

Il lui fallut revoir vingt épreuves pour que le premier mot fût imprimé avec sa véritable orthographe.

Le compositeur s'obstinait à écrire comme il comprenait, c'est-à-dire *valet.*

Rouget de Lisle eut plus de bonheur avec sa *Marseillaise.* C'est une faute d'impression qui lui inspira cette excellente variante pour son invocation à la liberté :

CHAPITRE XXXV

> Dans tes ennemis expirants
> Vois ton triomphe et notre gloire.

Il avait écrit, il avait imprimé d'abord :

> Que tes ennemis expirants
> *Voient* ton triomphe et notre gloire.

Quoiqu'il ait corrigé, c'est toujours ce qu'on chante!

Nous devons cette curieuse anecdote à M. G. Brunet, qui l'a racontée dans un article du *Bulletin du Bibliophile* sur les fautes d'impression. Il est aussi d'avis que c'est à une *coquille* très intelligente qu'il faut renvoyer l'honneur de ce vers de Malherbe :

> Et rose, elle a vécu ce que vivent les roses.

Le poëte, nous dit-il en se laissant aller à une tradition très en faveur, je le sais, mais peu autorisée, avait écrit sur la copie de son *Ode à Du Perrier* :

> Et Rosette a vécu.....

L'imprimeur lut mal; du nom de *Rosette* il fit deux mots : *rose* et *elle*. Malherbe adopta d'enthousiasme la variante, et de la faute du compositeur, acceptée par le poëte, est né le vers célèbre. C'est fort ingénieux; mais jusqu'à ce qu'on m'ait apporté des preuves certaines, jusqu'à ce qu'on m'ait clairement démontré que mademoiselle Du Perrier s'appelait *Rosette* ou *Rose,* et non Marguerite, comme le pense et l'a dit le dernier éditeur du poète, M. Lud. Lalanne, je n'y croirai pas.

On a prétendu aussi, toujours en alléguant le fameux prénom, qu'il n'y a là qu'une plate antithèse. Malherbe aurait joué avec le nom et avec le mot. Pour se dispenser d'admirer la grâce charmante du vers, on y cherche du mauvais goût. Je vais vous dire d'où vient cette chicane. Le coupable n'est pas Malherbe, mais *quelqu'un de l'Académie,* comme dirait Racine.

Voici ce que je lis dans un assez curieux recueil du dernier siècle, *Bibliothèque de cour,* etc., t. II, p. 422 :

« M. de Cerisay, de l'Académie françoise, regrettoit une belle demoiselle qui s'appeloit Rose, qui étoit morte à dix-huit ans. Il lui appliquoit ces vers de Malherbe :

Mais elle étoit du monde où les plus belles choses
  Ont le pire destin,
Et Rose, elle a vécu ce que vivent les roses,
  L'espace d'un matin. »

CHAPITRE XXXV

De là, encore une fois, toute la tradition, tout le mauvais goût.

Nous voilà un peu éloignés des chansons; pas tant cependant, car depuis Béranger elles sont les sœurs germaines de l'ode, et parler de celle-ci, c'est encore parler d'elles. Disons donc sans plus de transition ce qui nous reste à dire à leur sujet.

Le dicton « *Vogue la galère!* » n'est qu'un refrain du XVIe siècle. MM. Burgaud Des Marets et Rathery nous ont fait connaître, dans une note de leur nouvelle et si remarquable édition de Rabelais (t. I, p. 19), la ronde qui le ramenait à chacun de ses couplets :

> Il y avoit trois filles,
> Toutes trois d'un grand :
> Disoient l'une à l'autre :
> Je n'ai point d'amant.
>   Et hé! hé!
> *Vogue la galée!*
> Donnez-lui du vent.

Il se trouve déjà cité au liv. III, ch. Ier, du *Pantagruel*, et un célèbre imprimeur parisien du milieu du XVIe siècle, Galliot Dupré, jouant un peu sur son prénom, le prenait pour devise.

C'est vous en dire à peu près l'âge.

La locution : « *Adieu, paniers, vendanges sont*

faites! » n'est aussi qu'un autre débris de chanson dont nous vous ferons l'histoire dans un petit livre à part sur les chants populaires.

Quand vous dites de quelqu'un qui rabâche éternellement les mêmes histoires : « Il chante toujours la même *rengaine,* » vous faites, sans y penser, allusion à une chanson qui fut très populaire au dernier siècle, et qui ramenait vingt fois au refrain le mot :

Rengaine ! rengaine !

En 1784, suivant les *Mémoires secrets* (tome XXVII, p. 54), on fit à propos des velléités belliqueuses de Joseph II contre la Hollande une caricature, qui portait pour légende le refrain : *Turlututu rengaine.*

Le couplet dont il est resté deux vers encore si populaires :

> *Que Pantin serait content,*
> *S'il avait l'art de vous plaire,*
> *Que Pantin serait content,*
> *S'il vous plaisait en dansant,*

est un souvenir de cette vogue des pantins qui fit si bien fureur vers 1747, et dont vous pouvez lire les coûteuses folies dans l'intéressante *Histoire des marionnettes,* par Charles Magnin.

Dites-vous : « C'est comme s'il chantait *Paisibles bois* ou *Triste raison*, » vous parlez, sans le savoir peut-être, d'une ariette et d'une romance dont ces seuls mots sont les deux derniers restes.

Voici les premiers vers de l'une :

Paisibles bois, vergers délicieux,
J'abandonne pour vous le séjour du tonnerre,
    J'ai laissé mon rang dans les cieux ;
    Tous mes plaisirs sont sur la terre.

Voici le premier couplet de l'autre. Vous y reconnaîtrez l'époque où elle fut faite :

Triste raison, j'abjure ton empire,
Toi seul, Amour, tu peux me rendre heureux :
Viens, fais passer dans le cœur de Thémire
Toute l'ardeur dont m'enflamment ses yeux.

L'ariette, dont les deux premiers vers sont toujours fredonnés en proverbe :

Plus inconstant que l'onde et le nuage,
Le temps s'enfuit, pourquoi le regretter ?

est aussi de ce temps-là, de même que la fameuse chanson :

Que ne suis-je la fougère...

dont l'auteur, M. Riboutté, était contrôleur des rentes sous Louis XV. Il n'a laissé son nom qu'à ces couplets, et à une rue de Paris, bâtie sur des terrains qui lui appartenaient. La rue est démolie, la chanson reste. Mieux vaut, pour survivre, quelques vers heureux qu'une fortune.

On ne s'attendait guère à trouver ici un contrôleur des rentes. Je vous étonnerai davantage quand je vous aurai dit que ce n'est pas d'Henri IV qu'il est question dans la fameuse chanson qu'aimait tant Alceste :

> Je dirais au roi Henri :
> J'aime mieux ma mie
> Au gué,
> J'aime mieux ma mie.

J'ai pour autorité J.-J. Ampère, dans ses *Instructions relatives aux poésies populaires de la France*, p. 2, note, et lui-même s'autorise de l'*Histoire archéologique du Vendômois*, par M. de Pétigny, p. 342.

« Le Henri de cette *vieille chanson*, dit donc Ampère, n'est point Henri IV, mais Henri II... Elle aurait été composée par Antoine de Navarre, duc de Vendôme (le père même de Henri IV!), qui réunissait de gais convives au château de la Bonnaventure, près le Gué-du-Loir, et se plaisait à y composer avec eux de joyeuses chansons.

« Le refrain, qui fait allusion à la position du manoir, doit donc être orthographié *au gué,* et non *ô gué!* comme cela a eu lieu dans la suite par corruption. »

Ainsi quand Beaumarchais, dans *le Mariage de Figaro,* fait dire par l'alerte fiancé de Suzanne que ce refrain qu'il fredonne vient de « la chanson du bon roi; » lorsque Collé, au IIIe acte de *la Partie de chasse,* la fait chanter devant Henri IV lui-même par le jeune Richard, qui prétend l'avoir faite, ils se trompent... comme tout le monde.

Beaumarchais, que nous retrouvons ici, après l'avoir déjà trouvé tout à l'heure, ne se gênait pas, on le sait, pour mêler au sien l'esprit des autres, prose ou vers.

Nous lui avons vu prendre un couplet à Mme Bourdic Viot. Cherchons un peu, et nous allons le voir procéder de même avec une chanson du marquis de Bièvre, qui, heureusement pour son esprit, ne fit pas que des calembours.

Lorsque le comte, dans le *Mariage de Figaro,* dit au Ve acte, scène VII : « L'amour... n'est que le roman du cœur, c'est le plaisir qui en est l'histoire, » il nous répète le prélude même de la chanson du marquis, que le révolutionnaire Osselin réfuta par une autre non moins charmante, que lui inspira à la Conciergerie la marquise de Charry :

> L'amour est le roman du cœur
> Et le plaisir en est l'histoire...

XXXVI

Le grand Opéra, d'ordinaire, ne fait pas aux paroles de ses poëmes l'honneur de les laisser entendre. Il les éteint dans son grand bruit, et, comme on les sait plates et banales, on ne s'en plaint pas. Quelques vers pourtant, *rari nantes*, comme les naufragés du Ier livre de l'*Énéide*, ont surnagé au-dessus du tapage qui les submerge.

Nous en avons tout à l'heure cité un de Quinault; nous pourrons faire le même honneur à celui-ci de Guillard dans *Œdipe à Colone* (acte II, sc. IV) :

J'ai connu le malheur et j'y sais compatir.

Après cette traduction chantée d'un bel hexamètre de Virgile dont nous reparlerons, je ne sais guère, chez les lyriques modernes, d'autres vers qui méritent citation. Scribe surtout s'est peu occupé d'en faire de cette espèce.

Ce pauvre Jouy, avec son *Guillaume Tell,* si médiocre pourtant, a été une fois mieux avisé ou plus heureux. Le brave homme y a glissé son vers-proverbe :

On pardonne aisément un tort que l'on partage.

Qui sait? C'est peut-être M. Hippolyte Bis qui l'a trouvé.

Revenons au bon temps où l'on mettait de bons vers partout, voire dans les opéras, et où les parodies même avaient l'honneur d'enrichir de leurs bribes le trésor de l'esprit courant. Ce vers :

Quand on prend du galon, on n'en saurait trop prendre,

en vient directement : M. Génin va vous le prouver, dans un de ses curieux articles de *l'Illustration* (12 novembre 1853). « Au second acte, scène v^e du *Roland* de Quinault, dit-il, le théâtre représente un site délicieux dont le fond est rempli par une vaste et superbe fontaine : c'est la fontaine d'amour. Une « troupe d'amants fidèles, » comme on n'en voit que sur les listes de Quinault, se presse autour de la gerbe jaillissante, tandis que « deux amants contentés » chantent ce qui suit :

> Qui goûte de ces eaux ne saurait se défendre
> De suivre d'amoureuses lois.
> Goutons-en mille et mille fois :
> *Quand on prend de l'amour, on n'en saurait trop prendre.*

Ce petit duo de morale lubrique fut trouvé fort joli et obtint un succès de vogue. La parodie s'empara du dernier vers, devenu proverbe, comme tant d'autres auxquels la musique a procuré le même honneur. »

M. Génin n'en dit pas davantage.. Peut-être eût-il pu ajouter que la parodie dont il parle, non comme l'ayant vue, mais comme prévoyant qu'elle dût être faite, arriva de la manière suivante à donner au vers de Quinault la transformation qu'il a subie.: alors pour un *nœud de ruban*, une *faveur*, un *galon*, on disait un *galant*. Un vers de la scène du *Dépit amoureux* entre Marinette et Gros-René en est la preuve. Pour désigner un *galon* et un *amoureux*, un même mot, *galant*, suffisait donc, et dès lors, jugez des équivoques! Pourquoi, dans cette parodie, dont M. Génin suppose avec tant de raison l'existence, n'aurait-on pas fait dire à quelque fine mouche de soubrette :

Quand on prend *du galant*, on n'en saurait trop prendre.

C'est encore, sauf un mot plus trivial, tout le vers de Quinault. Que ce mot reste, en s'altérant d'une seule lettre, et ce sera le vers qui court encore !

L'*Atys* de Quinault, s'adressant à la nymphe, fille du fleuve Sangar (acte Ier, sc. VI), a mis en circulation un vers qui se répétait à tout instant dans les bonnes compagnies d'autrefois :

Sangaride, ce jour est un grand jour pour vous ;

puis ceux-ci :

Qui n'a plus qu'un moment à vivre,
N'a plus rien à dissimuler ;

enfin, ces deux autres encore (acte IV, sc. v) :

L'eau qui tombe goutte à goutte
Perce le plus dur rocher.

Ces deux vers :

Il est beau qu'un mortel jusques aux cieux s'élève,
Il est beau même d'en tomber,

se trouvent dans l'opéra de *Phaéton* (acte IV, sc. II), et sont chantés par Phaéton lui-même, comme on le devine sans peine.

Ce que l'on devinerait moins facilement, c'est la curieuse énigme sortie de l'opéra d'*Atys* que je citais tout à l'heure, et dont Castil-Blaze, en son *Molière musicien* (t. II, p. 93), nous explique ainsi l'origine et le sens : « *Descendez, Cybèle!* Ceux, dit-il, qui se servent à chaque instant de cette expression en jouant à l'impériale, ceux qui l'emploient pour inviter familièrement une jolie femme à passer du premier étage au rez-de-chaussée, ne savent peut-être pas d'où vient ce dicton proverbial et ce qu'il signifie. S'ils voulaient tracer leur invitation sur le papier, croyez qu'ils écriraient : *Descendez, si belle!* afin qu'il ne manquât rien au compliment. Il est donc indispensable, nécessaire, et même utile que je fasse disparaître les doutes qui pourraient s'élever cet égard.

« Dans *Atys,* opéra de Quinault, *musiqué* d'abord par Lulli, 1676, *remusiqué* par Piccini, 1780, Atys et le chœur des Phrygiens s'évertuent à chanter au lever du rideau :

> Allons, allons, accourez tous ;
> Cybèle va descendre,

et ne doutant pas de l'excellent naturel de cette déesse, ils disent ensuite : *Descendez, Cybèle!* Ces mots proférés en solos, en duos, à grands chœurs et mille fois répétés sur les théâtres, passèrent bientôt dans les salons, et furent adoptés généralement pour les entretiens où l'étiquette n'imposait pas de trop sévères lois; le premier *Cybèle va descendre* obtint plus de crédit à cause de l'impériale, où les joueurs sont forcés de *descendre*, d'annuler, démarquer leurs jetons lorsque la chance leur est défavorable.

« Le joueur heureux dit alors à son adversaire : *Descendez, Cybèle!* »

De la *Didon* de Marmontel et de Piccini (act. II, sc. III), nous sont restés ces deux vers, dont toute maîtresse de maison bien stylée pourrait faire l'application aux hôtes de sa préférence :

> Ah ! que je fus bien inspiré
> Quand je vous reçus dans ma cour !

Champcenetz les parodia un jour d'une bien amusante manière.

Le nombre de ses créanciers devenait infini, c'était une véritable armée qui l'assiégeait et le traquait partout. Il n'eût fallu qu'un mot, une promesse de son père pour la disperser, mais le vieux gentilhomme était inexorable. Champcenetz prit alors une grande résolution. Un matin d'hiver, il convoque toute la bande dans la cour de l'hôtel paternel, qu'elle ne tarde pas à encombrer complétement. On attend M. le chevalier, il ne paraît pas; on piétine, on crie, personne encore; alors, de clamante et réclamante, la troupe devient hurlante. Une fenêtre s'ouvre, c'est le père qui paraît. On l'a réveillé en sursaut, et il vient voir si le feu n'est pas à la maison. Il n'y est pas, mais on menace de l'y mettre si l'on n'est pas payé sur-le-champ. « Eh bien! dit le brave homme que ces furieux épouvantent, on vous payera! allez-vous-en! » Et la fenêtre se referme.

Une autre s'ouvre au-dessus tout aussitôt. Cette fois, c'est M. le chevalier qui paraît : il fait à messieurs ses créanciers grelottants, mais contents, son salut le plus poli et leur chante pour adieu, de sa plus belle voix :

> Ah! que je fus bien inspiré
> Quand je vous reçus dans *ma cour!*

Si *les Dettes,* opéra-comique de Forges, musique de Champein, eût été déjà connu alors, M. le chevalier aurait pu donner pour variante à sa triomphante fanfare le refrain resté fameux :

> Mais nos créanciers sont payés,
>   C'est ce qui nous console.

L'application du refrain eût été heureuse; on en fit une tout aussi spirituelle le 1ᵉʳ janvier 1791. L'Assemblée constituante avait décrété récemment la liquidation des dettes de l'État; la musique de la garde nationale, qui vint, suivant l'usage, donner une aubade au roi, ne joua qu'un air. Lequel? vous le devinez : celui des *Dettes*.

Voltaire citait souvent des vers d'opéra, surtout ceux de Quinault, dont il continuait ainsi la réhabilitation par la pratique. La plupart des bribes lyriques que nous avons glanées tout à l'heure se trouvent éparpillées dans son immense correspondance. C'est là qu'il a le plus cité. Vers latins, vers français, vers de comédie, vers de tragédie saupoudrent ses lettres et en relèvent encore l'esprit. Il savait que nulle part les citations ne brillent mieux, et qu'elles sont comme l'épice naturelle du style épistolaire.

Senecé pensait de même; ce qu'il trouvait pédantesque ou parasite ailleurs, il le déclarait là excellent : « A la vérité, dit-il dans une des lettres publiées par les éditeurs de ses *Œuvres posthumes,* on auroit mauvaise grâce d'alléguer des citations en écrivant l'histoire, parce qu'elles en interromproient la suite, ou dans un poème dramatique, parce qu'elles en refroidiroient le mouvement ; mais dans des lettres familières, pourvu qu'elles soient écrites à des gens à qui la langue qu'on leur parle n'est pas étrangère, je prétends qu'elles relèvent le goût de ce qu'on peut dire de bon de son chef, et que ce sont autant de pierres précieuses enchâssées dans de l'or...

« Sçavez-vous ce que je pense des gens qui ne veulent point citer ? Il n'y en a que de deux espèces : l'une de ceux qui n'étudient point et n'ont pas eu le soin de se meubler la mémoire de passages des anciens, dont ils se puissent servir à l'occasion, et à ceux-là il leur est difficile de supporter que la diligence des autres leur reproche leur paresse. L'autre espèce est encore plus condamnable, et c'est de ceux qui, sçachant ce que les anciens ont dit de juste et d'agréable sur la matière qu'ils traitent, veulent s'en faire honneur et s'en attribuer l'invention, en le tournant en leur langue sans citer l'endroit dont ils l'ont tiré, semblables à ces bohémiens qui, après avoir dérobé un cheval, le déguisent si subtilement, soit par des teintures, ou en lui coupant la queue et les oreilles, que la mère qui l'a fait auroit peine à le reconnoître. »

Je crois que ces spirituels préceptes ne cloront pas mal cette grosse série de petits chapitres. Avant de la terminer pourtant, nous devons demander pardon d'y avoir peut-être fait fi du *Ne quid nimis* de Térence (l'*Andrienne*, act. I, sc. 1) si bien compris de La Fontaine quand il a dit (liv. IX, fable XI) :

> Rien de trop est un point....

Si l'on nous en voulait de nos longueurs, nous nous donnerions la même justification que Pascal, qui, à la fin de sa XVIe *Provinciale,* prenait cette excuse, tant reprise depuis : « Je n'ai fait celle-ci plus longue que parce que je n'ai pas eu le loisir de la faire plus courte. »

Peut-être nous accusera-t-on d'avoir pris trop de peine pour fixer ce qu'il fallait laisser emporter au vent : *Ludibria ventis,* comme dit Virgile (*Énéide,* liv. VI, v., 75). « Ce ne sont que vains mots et vains bruits, rien de plus, » dira-t-on se rappelant ce pentamètre, commencé par Horace et achevé par Quintilien :

> *Sunt verba et voces præstereàque nihil.*

Peut-être encore, trouvant plus d'ivraie que de bon grain dans cette moisson, choisie pourtant, nous renverra-t-on dédaigneusement à ce vers de Martial sur ses propres épigrammes (lib. I, epist. XVII) :

Sunt bona, sunt quædam mediocria, sunt mala plura ;
(Il en est qui sont bonnes, quelques-unes médiocres, da-
[vantage qui sont mauvaises.)

nous nous consolerons en ne pensant qu'à la bonne part.

Ce que nous craignons surtout, c'est, malgré notre soin, d'avoir commis bien des fautes, nous qui nous donnions pour mission de redresser celles des autres. Ne sommes-nous pas tous en effet,

Des taupes dans chez nous, et des lynx chez autrui ;

ainsi que l'a dit le vieux d'Esternod dans le *Tableau des ambitieux de la Cour,* excellente satire réimprimée dans nos *Variétés historiques et littéraires,* (t. IV, p. 58.) Vous avouerez qu'après ce vers. La Fontaine n'eut pas grand'peine à faire celui-ci de sa fable de *la Besace :*

Lynx envers nos pareils, et taupes envers nous.

L'abondance des citations latines vous aura déplu-

peut-être. Félicitez-vous que je n'aie pas poussé jusqu'aux citations grecques. En Angleterre, il l'eût fallu. Un jour Coleridge, du temps qu'il était soldat, entendit deux officiers qui causaient près de la guérite où il était en faction, et dont l'un cita tout à coup un vers grec, en l'attribuant à Euripide.

— « Pardon, lieutenant, dit le factionnaire, mais vous ne citez pas exactement. Le vers d'ailleurs n'est pas d'Euripide, mais de Sophocle, dans *Œdipe*, 2ᵉ antistrophe. »

L'officier serra la main du soldat, qui peu de temps après, ayant de nouveau prouvé qu'il avait plus de goût pour la littérature que pour la discipline, obtint son congé.

Donnez-moi le mien aussi obligeamment.

Comme Coleridge, je suis depuis longtemps sous les armes; comme lui, sauf le grec pourtant, j'ai prouvé que j'ai en grande estime l'exactitude dans les citations; comme lui relevez-moi de ma faction.

POST-SCRIPTUM

I

Ecce iterum. Crispinus. Eh oui! c'est encore nous avec nos citations; tout à l'heure nous déclarions le volume trop long déjà, et voilà pourtant que nous le reprenons. La faute en est à la richesse de ce qu'il exploite. Nous nous laissons entraîner, et tout d'abord, comme vous voyez, nous rentrons au vif dans le sujet. C'est par une citation que nous préludons de nouveau, voire par l'une des plus connues et des plus courantes.

Qui, voulant se mettre en humeur, et reparler d'une matière banale et rebattue, comme celle-ci par exemple, n'a pas allégué en effet les trois mots sacramentels qui nous servent de prélude; mais, par contre, qui sait d'où ils viennent? Peu de gens, je crois; nous allons donc vous le dire. Ces trois mots sont le premier hémistiche du premier vers de la IVe satire de Juvénal :

Ecce iterum Crispinus et est mihi sæpe vocandus.
(Voici de nouveau Crispinus et j'aurai souvent à l'appeler
[encore.)

II

Cette citation jetée ainsi comme préface, passons à d'autres; et ici, de grâce, ne m'arrêtez pas, déjà effrayés que vous êtes par la longueur de l'énumération que vous prévoyez. Soyez sans crainte, je tâche de faire justice ici d'un ridicule d'ignorance, et ne veux pas tomber dans un ridicule de pédantisme. Je m'essaye à continuer une leçon, — un peu peut-être comme le Gros-Jean du proverbe, — mais je ne tiens pas du tout à faire un pastiche, une de ces *farcissures* de citations indigestes dont a parlé Montaigne, et dont Charles Nodier s'est si judicieusement moqué au chapitre II de ses *Questions de littérature légale.*

« Pour revenir, dit-il, à la citation et à ses abus, en est-il de pire que celui qu'en faisait le philosophe Chrysippe, qui poussa la manie de grossir ses livres de citations parasites au point qu'il y enferma une fois toute la *Médée* d'Euripide ? Cet usage était d'ailleurs peu considéré des anciens, et on remarquait avec éloge qu'Épicure eût écrit trois cents volumes sur trois cents sujets sans alléguer un seul auteur. » Plus haut, dans la même page, Nodier avait écrit encore :

« Je parcours de gros volumes de ces temps, desquels, si l'on voulait en enlever tout ce qui est la légitime propriété d'autrui, il ne resterait à l'auteur que la table des chapitres, comme dans les livres de cet éphore historien, où l'on comptait jusqu'à trois mille lignes copiées de différents auteurs.

« Bayle parle d'un certain Victorin Strigellius qui avait porté l'indécence du plagiat encore plus loin, et qui était assez impudent pour en convenir, en offrant revanche sur ses écrits aux auteurs qu'il avait dépouillés. Je ne connais Strigellius que par ce trait ; mais je doute fort que le marché qu'il proposait ait convenu à personne, quoiqu'il n'y ait pas d'auteur si pitoyable où les plagiaires ne trouvent à prendre. »

Ce que Nodier dit ici des plagiaires, on peut le dire des citateurs ; de même que ce qu'il avance à propos de pitoyables auteurs, où il se trouve encore à prendre, on peut le dire à plus forte raison des mauvaises œuvres des bons auteurs.

III

Il est telle tragédie de Corneille honnie et conspuée par Voltaire, puis par tout le monde, d'après Voltaire, de laquelle sont sorties de belles et bonnes citations, pauvres enfants perdus de l'esprit, qui, depuis, courent le monde sans avouer d'où elles viennent.

Le fameux vers :

Le courage est souvent un effet de la peur,

qui se retrouve un peu dans le *Una salus victis*, etc., du IIe livre de l'*Énéide* (v. 344), et dans une phrase célèbre de l'abbé Galiani, est, par exemple, à peu de chose près, ce vers légèrement modifié de la *Théodore* du grand poëte :

Son courage est peut-être un effet de la peur.

Le vers est bon, puisqu'il est vrai et qu'il est resté. Voltaire cependant ne l'a pas remarqué. Il n'a pas moins oublié celui de l'acte Ier, scène IIe :

Un bienfait perd sa grâce à le trop publier,

qui est resté proverbe, tout aussi bien que celui plus célèbre de l'*Iphigénie* de Racine :

Un bienfait reproché tint toujours lieu d'offense.

Le dernier hémistiche me rappelle un peu celui qui termine ce distique de *Suréna* (act. III, sc. Ire) :

Un service au-dessus de toute récompense
A force d'obliger tient presque lieu d'offense.

Voilà deux vers, vous en conviendrez, qui sont aussi d'une belle facture et d'un fier caractère; or, que je sache, le commentateur n'en a rien dit, non plus que des deux suivants de l'*Attila* (acte I, sc. II), qui semblent comme une prédiction de la grandeur de cette belle France de Louis XIV, qu'il aimait tant :

> Un grand destin commence, un grand destin s'achève,
> L'empire est prêt à choir, et la France s'élève.

Que voulez-vous ? dans son travail sur ces œuvres obscures du grand Corneille, il aimait mieux compter les taches et les ombres que faire étinceler les rares lueurs. Ce serait le cas de répéter avec le Francaleu de *la Métromanie* (acte V, sc. VI) :

> Voilà de vos arrêts, messieurs les gens de goût !

Pour conclure : ce commentaire de Voltaire ne fait qu'égarer. On n'y marche pas avec un guide sûr, ni sous de justes auspices : *Teucro duce et auspice Teucro,* comme dit Horace (Livre I, Ode VI, vers 27).

IV

Nous ne venons de parler ici que des ouvrages les plus malheureux d'un de nos auteurs les plus heureux par la gloire, œuvres mort-nées d'un poëte immortel, desquelles ont jailli toutefois des vers bien constitués et toujours bien vivants. Afin de compléter ce paragraphe, dont les phrases de Nodier alléguées plus haut nous ont donné le motif, reparlons aussi de ces auteurs obscurs comme leurs œuvres, et qu'en raison de leur obscurité même on ne cite pas, mais qu'on vole; car il en est dans la littérature comme sur les routes et dans les bois : les ténèbres ont toujours alléché au braconnage.

Quoique la comparaison me semble juste, je vous demande mille pardons de la faire ici, d'autant mieux que, sans autre transition, je vais vous parler de l'un de nos grands poëtes, Lamartine, à propos d'un alexandrin frappé à sa marque, et qui suffirait à le faire reconnaître, *ex ungue leonem,* comme disait l'adage des Grecs, que reprirent les Latins et qui signifiait, selon Ch. Blanc, que, d'après la longueur de l'ongle se mesurait la taille du lion.

Ce vers, le voici :

La gloire n'est jamais où la vertu n'est pas.

C'est un des mieux en circulation. L'on ne sait pas qu'en le citant sous le nom de notre poëte, parce qu'il est dans ses œuvres, on se fait le complice d'un plagiat, involontaire, je le veux bien, c'est-à-dire commis par imitation fortuite, mais toutefois réel.

Le vers est dans la *Didon* de Le Franc de Pompignan (act. IV, sc. III); oui, de ce bon Le Franc, *natif de Montauban*, à qui l'on doit aussi la belle *Ode sur la mort de J.-B. Rousseau* dont la dernière strophe contient ces vers si souvent cités :

> Le Dieu poursuivant sa carrière
> Versait des torrents de lumière
> Sur ses obscurs blasphémateurs....

Le Franc était plus heureux pour ses vers profanes que pour ses vers sacrés, qui ont fait dire à Voltaire dans *le Pauvre Diable* :

> Sacrés ils sont, car personne n'y touche.

Ce n'est pas tout; ce qui va peut-être vous surprendre encore plus, c'est que ce même vers dont je cherche la vraie paternité, car en littérature cette recherche n'est pas interdite, se trouve aussi, à un mot près, dans un sonnet que l'abbé Boyer, l'auteur de la *Judith* tant bafouée par Racine, composa sur *la véritable gloire*. Ainsi, voilà, vous l'avouerez, un bien singulier ricochets de plagiat ou de rencontres poétiques, si vous l'aimez mieux.

Pour votre édification, nous vous donnerons ici le tercet final du sonnet très peu connu de l'abbé Boyer :

> Trompés par de faux jours qui conduisent nos pas,
> Nous pensons rencontrer la véritable gloire ;
> *Mais il n'est pas de gloire où la vertu n'est pas.*

Ce dernier vers n'est-il pas tout à fait celui de tout à l'heure ? Vous m'objecterez à cela que notre auteur fut toujours trop bon poëte pour se fourvoyer dans la société des mauvais, et que, par conséquent, il n'a pas pu connaître, il n'a pas pu voler l'abbé Boyer. Peut-être ; mais souvenons-nous bien toutefois que les poëtes sont souvent plus instruits et, partant, moins inspirés qu'on ne peut croire.

Ils sont plutôt mosaïstes que peintres ; telles de leurs tirades sont faites de vers rapportés, tels de leurs vers de pièces et de morceaux.

V

Laissez-moi à ce sujet vous conter l'histoire d'un vers plus fameux encore que beaucoup de ceux que je vous ai cités jusqu'ici.

Un épicier-droguiste de Saint-Germain-en-Laye, nommé Baudouin l'aîné, s'amusait, vers 1784, à faire des comédies et des tragédies, comme en avait fait le paveur Aubry, comme en faisait encore le perruquier André. Mais, soit que l'épicerie aiguillonne mieux l'inspiration, soit que Baudouin eût une vocation poétique plus franchement décidée, il est vrai de dire qu'il réussissait presque où les autres n'avaient été que ridicules : tous ses vers étaient sur leurs pieds, et pour les faire de mesure convenable, il n'avait pas besoin, comme maître André, d'en calculer la longueur avec une ficelle, d'après la dimension des alexandrins de Voltaire.

Il se trouvait même parfois, dans le chaos de ses actes en vers, des traits heureux, des hémistiches bien frappés. On en citait quelques-uns de sa comédie en trois actes, *Estelle, ou la Coupable innocente*, et plus encore de sa tragédie de *Démétrius*. Il en faisait lecture chez les pratiques influentes qui voulaient bien l'honorer de leur confiance au comptoir, et de leur attention au salon.

Ces lectures mirent en réputation le droguiste-poëte, et en circulation ses meilleurs vers, que happaient au vol les connaisseurs de Saint-Germain-en-Laye. Tout alla même si bien, que la tragédie de l'épicier, par une troisième migration, dut passer bientôt du salon au théâtre, comme de la boutique elle était passée dans le monde. Bref, les acteurs du Théâtre-Français, Saint-Prix était du nombre, vinrent la jouer le 8 décembre 1785, sur le théâtre de Saint-Germain-en-Laye.

Le succès fut immense : c'était la première fois que les épiciers de l'endroit, tenus en éveil par l'esprit de corps, n'avaient ni dormi ni même bâillé à une tragédie; en revanche ils avaient pleuré à verse.

Chacun emporta un bien doux souvenir de ce triomphe de l'illustre droguiste, et les amateurs venus en nombre de Paris et de toute la banlieue se plurent à en recueillir, puis à en colporter, comme échantillons poétiques, les meilleurs vers qu'ils avaient pu glaner au passage.

De ces connaisseurs, s'il faut en croire un des premiers qui contèrent l'anecdote, le mieux avisé fut un jeune homme de vingt ans à peu près, Gabriel Legouvé, qui, lui aussi, sentait bouillonner dans sa tête un avenir de tragédies et d'élégies.

De tous ces vers de ce *Démétrius,* qui tombaient drus comme la grêle, il n'en avait saisi qu'un seul au vol, mais c'était le bon.

A sept ans de là, il s'en souvenait encore, et comme la tragédie, et peut-être le poëte-épicier lui-même lui semblaient bel et bien morts, il cherchait à enchâsser le bienheureux alexandrin dans quelqu'une de ses œuvres, absolument comme s'il eût été de lui.

En 1792, l'idée lui vint de faire une *Mort d'Abel*, laquelle idée, soit dit en passant, ne manquait pas d'une certaine originalité à une époque qui commençait à prendre pour devise ces mots : *Fraternité ou la mort,* dont Chamfort donnait cette interprétation à la Caïn : « Sois mon frère, ou je te tue, » et que Lebrun paraphrasait dans ces deux vers :

> L'aimable siècle, où l'homme dit à l'homme :
> « Soyons frères, ou je t'assomme ! »

Avouons, en passant, qu'un temps pourvu de telles maximes n'était pas digne, comme l'Assemblée en décida, le 19 août 1790, de faire rayer sur le bronze des canons la devise : *ultima ratio regum*. Son *ultima ratio* par la guillotine était encore pire.

Le vers de Baudouin, car il est temps d'y revenir et de vous le faire connaître enfin, n'était autre que celui-ci :

> Un frère est un ami donné par la nature.

Le bon épicier, qui sans doute avait été jusqu'en

sixième au moins, s'était souvenu pour le faire de cette phrase du *de Amicitiâ* de Cicéron (cap. VI) :

Cum propinquis amicitiam natura ipsa peperit,
(De la nature même est née l'amitié entre parents,)

ou bien il s'était tout simplement inspiré de ce vieux distique proverbial, grommelé dans sa boutique par quelque bouvier de Poissy :

Le frère est ami de nature ;
Mais son amitié n'est pas sûre.

Tant il y a pourtant que, lui vînt-il de n'importe où, d'Auteuil ou de Pontoise, comme dirait Martine, le vers était bel et bien de Baudouin l'épicier ; c'est lui le premier qui, l'ayant mis sur ses pieds, avait le droit de le lancer dans le monde des citations. Legouvé n'en pouvait être l'auteur que de seconde main, par emprunt forcé. Mais la réminiscence fait si bien croire à l'idée !

« Voici la place de mon alexandrin ! » s'écria-t-il donc aussitôt que la pensée de sa *Mort d'Abel* lui eut jailli au cerveau. Et, en effet, c'est dans cette tragédie qu'il le plaqua. Il croyait certainement l'endroit merveilleusement choisi, et pourtant c'était le moins heureux qu'il pût prendre.

Nodier l'a remarqué avant nous, avec cette malice pleine de sens qui donnait tant d'originalité à son esprit. Selon lui, le vers de Baudouin est déplacé pour deux raisons dans la *Mort d'Abel* de Legouvé : d'abord, parce qu'il y fait partie du rôle de Caïn et qu'il n'est guère possible que le premier fratricide ait jamais pu s'écrier :

Un frère est un ami donné par la nature ;

ensuite, continue Nodier, « parce que c'était une chose fort difficile, au temps d'Abel et de Caïn, qu'il y eût des amis au troisième degré. » Il est vrai qu'en ce temps-là les choix de l'amitié n'étaient pas longs à faire ; il fallait forcément s'en tenir à la fraternité, grand mot et piètre chose, qui, même en passant dans la trinité de la devise républicaine, n'a pas démenti Caïn, son premier patron.

Je vous donne comme très-authentique l'histoire du vers de Baudouin.

Plusieurs en ont parlé avant moi, vous l'avez vu par ce qu'en dit Nodier, et personne n'a contesté au poétique épicier la propriété de son alexandrin.

Si les récits diffèrent, c'est seulement pour la manière dont l'idée de l'emprunt serait venue à l'emprunteur. Après la version que je viens de vous donner, et qui n'est pas la moins amusante, laissez-moi vous en dire une plus probable. Elle a bien son piquant aussi.

Suivant un passage du livre d'Arnault, les *Souvenirs d'un sexagénaire,* que m'a obligeamment rappelé un homme expert et savant en mille choses, M. Régnier, de la Comédie-Française, il paraîtrait que c'est Saint-Prix le tragédien, et non pas Legouvé le tragique, qui aurait gardé dans sa mémoire le fameux vers. Quand, bien plus tard, Legouvé serait venu lui offrir un rôle dans sa *Mort d'Abel,* Saint-Prix le lui aurait cité, en lui conseillant de le tirer du fumier de Baudouin pour le mettre dans son écrin. Legouvé se serait laissé faire, mais embarrassé de son vol, il n'aurait rien trouvé de mieux que de le placer dans le rôle du fratricide !

Nous avons une preuve sans réplique, qui donne à cette version du *Sexagénaire* le pas sur la première. C'est une note de Baudouin lui-même dans la brochure de son *Démétrius,* imprimée in-8° en 1797. Au bas de la page où se trouvent ces vers (act. V, sc. II) :

Ah ! le doux nom de frère est un titre si saint
Qu'en osant l'offenser, au ciel on fait injure :
Un frère est un ami donné par la nature,

notre *négociant*, — il se qualifie ainsi sur le titre, — a écrit : « J'ai consenti que ces vers fussent donnés par M. Saint-Prix à M. Legouvé. Il s'en est servi ainsi dans son bel ouvrage de *la Mort d'Abel*, act. III, sc. III ; c'est Caïn qui parle :

> Oui, le titre de frère est un nœud si sacré
> Qu'en osant le briser, au ciel on fait injure.
> Un frère est un ami donné par la nature. »

Ainsi voilà un vol consenti par le volé, un plagiat légalisé par qui de droit.

C'est une nuance qui manquait.

On a fait bien des vers sur l'amitié, et ce n'a pas toujours été pour engager à y croire et la déclarer des plus sûres. Les anciens y étaient aussi défiants que nous :

> *Vulgare amici nomen, sed rara est fides,*
> (Le nom d'ami est chose vulgaire, mais la fidélité dans
> [l'amitié chose rare.)

dit Phèdre (Lib. III, fab. IX).

Térence, dans l'*Andrienne* (act. I, sc. I), n'est pas moins sévère :

> *Obsequium amicos, veritas odium parit.*
> (Complaisant, vous aurez des amis ; sincère, des gens qui
> [vous haïssent.)

Ovide (*Tristes*, lib. III, eleg. IV), ne la croit possible qu'entre égaux :

> .... *Amicitias tu tibi junge pares,*
> (Ne lie d'amitié qu'avec tes pareils,)

hémistiche qui serait juste si l'amitié, impossible entre le riche et le pauvre, à cause de l'envie, ne l'était pas moins entre gens de même sorte, à cause de la jalousie.

Il a dû inspirer l'abbé Aubert pour ce vers :

> L'amitié disparaît, où l'égalité cesse,

qui sent bien sa déclamation du dernier siècle, et paraît même assez ridicule lorsqu'on songe que c'est une nourrice qui le dit, et que la fable où il se trouve s'appelle *Fanfan et Colas !*

Le plus joli mot qu'aient inspiré les doutes sur l'amitié nous vient encore d'Athènes, cette inépuisable source des vérités et de l'esprit. C'est par Montaigne (*Essais*, liv. I, ch. XXVII), que nous vous le laisserons dire d'après Diogène Laërce (liv. V, ch. XXI) : « En l'usage, dit-il, des amitiés ordinaires et coustumières... il faut employer le mot qu'Aristote avoit très-familier : « O mes amys ! il n'y a nul « amy. »

VI

Le petit procès que nous faisions tout à l'heure à l'auteur de *la Mort d'Abel* tomberait de lui-même, aussi bien que celui que nous avions fait plus haut à Lamartine, si dans l'un et l'autre cas, c'eût été par une réminiscence involontaire, et non grâce à un plagiat dissimulé, que les vers déjà écrits avant eux se fussent retrouvés sous leur plume. Pareille chose arriva, par exemple, à l'abbé Delille, pour un vers de sa traduction du premier livre de l'*Énéide*. Ayant à faire passer dans notre langue cet admirable hexamètre que Virgile fait dire à Didon (liv. I, v. 630) :

Non ignara mali, miseris succurrere disco,

dont Voltaire, dans *Zaïre* (act. II, sc. II), avait déjà donné cette heureuse version, si souvent citée :

Qui ne sait compatir aux maux qu'il a soufferts ?

notre abbé traducteur écrivit ce vers plus heureux

encore, surtout comme traduction exacte et simple de celui de Virgile :

Malheureuse, j'appris à plaindre le malheur !

Et il cria bien haut que personne n'avait fait mieux pour exprimer toute la pensée du grand poëte latin, et surtout pour rendre, il le dit lui-même dans une note du livre I, « le mot philosophique, le mot véritablement essentiel, *disco*, qui exprime si bien que la pitié se forme à l'école de l'adversité. » Delille avait raison et plaidait juste : malheureusement ce n'était pas dans sa propre cause. Le vers n'était pas de lui, mais de Gilbert.

Lisez son *Héroïde de Didon à Énée*, et vous verrez qu'il en est le 144e. L'abbé Delille n'avait pas trouvé, il s'était souvenu. Ce qu'il prenait pour un bonheur d'inspiration n'était qu'un bon hasard de mémoire. MM. Michaud et de Fontanes, ses deux élèves, qui firent les notes des six derniers livres de cette traduction de l'*Énéide*, et qui revirent celles des six premiers, rendirent à Gilbert la justice qui lui était due, et que Delille lui aurait certainement rendue lui-même s'il eût pu savoir qu'ici il avait emprunté et non traduit.

Annotateurs consciencieux, et prenant pour règle

de conduite le vieil adage : *Amicus Socrates* — je prends le texte de Roger Bacon, qui cita le mot le premier, au XIIIe siècle, dans son *Opus majus*, en l'attribuant à Platon — *sed magis amica veritas*, les deux amis de Delille mirent au bas de la note citée plus haut cette notule qui la commente : « Delille était sans doute bien capable de traduire aussi heureusement la belle pensée de Virgile, mais il est juste de remarquer que ce vers appartient à Gilbert. »

Pour en finir avec l'admirable hexamètre, j'ajouterai ce qu'en pensait Rousseau : « Rien, dit-il, dans *Émile* (liv. IV, 2e maxime), rien de si beau, de si profond, de si touchant, de si vrai. »

Jean-Jacques a raison, mais un autre vers de Virgile a peut-être encore plus de vérité profonde, et plus réellement sortie des entrailles mêmes de l'humanité, c'est celui-ci de l'*Énéide* encore, où il est le 462e du livre Ier :

Sunt lacrymæ rerum, et mentem mortalia tangunt.
Les choses ont leurs larmes, dont le charme mortel péné-
[tre l'âme.)

« Virgile, dit excellemment M. Nisard, après avoir cité ce vers, d'une intraduisible beauté, Virgile est le premier, parce que son cœur, le plus tendre de l'antiquité, a ressenti plus profondément le contrecoup des choses humaines. »

Delille, que ses amis Fontanes et Michaud avaient raison de défendre tout à l'heure, eut dans ses traductions quelques échos émus, quelques sympathiques reflets de cette âme, dont il s'était peu à peu pénétré par une longue familiarité avec ses œuvres. Son vers par exemple :

Hélas ! nos plus beaux jours s'envolent les premiers,

ne vaut guère moins que les hémistiches des *Géorgiques* (liv. III, v. 66-67), dont il est la traduction :

Optima quæque dies miseris mortalibus ævi
Prima cadit.

VII

Puisque nous parlions, il n'y a qu'un instant, du malheureux Gilbert, disons donc bien vite que le vers si magnifique, si vrai, et si souvent cité, sur la Rome papale :

Veuve d'un peuple-roi, mais reine encore du monde,

est aussi de lui.

On y sent comme un dernier reflet de la grandeur de la ville souveraine qui savait si bien, comme dit Virgile (*Énéide*, liv. VI, v. 853) :

> *Parcere subjectis et debellare superbos.*
> (Pardonner aux vaincus et vaincre les superbes.)

Nous ne quitterons pas non plus l'abbé Delille, dont le vers qu'il prit à Gilbert nous a conduit à parler. Nous lui donnerons d'abord une seconde revanche, en citant de son *Dithyrambe sur l'immortalité de l'âme*, ce sublime alexandrin :

> Que la terre est petite à qui la voit des cieux !

suivi de près par cette admirable imprécation, qui inflige aux tyrans, comme punition de leur vie, l'éternité du souvenir qu'elle laisse :

> Tremblez, tyrans, vous êtes immortels?

Puis après cet hommage, nous entamerons contre lui, ou plutôt contre ceux qui l'enrichissent aux dépens d'autrui, un nouveau procès en revendication. Il s'agit du distique-épitaphe mis par tous les Le Ragois passés et présents sous le portrait de Louis XVI, avec la signature de l'abbé :

Louis ne sut qu'aimer, pardonner et mourir !
Il aurait su régner s'il avait su punir.

Or, ces deux vers ne sont pas de Delille. Il aurait pu, il est vrai, en trouver la pieuse pensée dans son cœur, et les mauvaises rimes dans le Richelet aux pauvres assonances qui était à son usage; mais enfin, on en dira ce que l'on voudra chez l'éditeur de M. Le Ragois, le distique n'est pas de lui. Il est du comte de Tilly, à qui, mieux qu'à personne, il appartenait de le penser et de l'écrire.

Au 10 août il avait été l'un des plus vaillants défenseurs des Tuileries, et, peu de jours auparavant, il avait adressé à Louis XVI une lettre, imprimée en 1794 à Berlin, dans laquelle se trouvait cette phrase d'un si hardi conseil : « Vivez comme un héros, et s'il le faut (j'ose vous en prier), Sire, mourez en roi. »

Se souvenant de ce vers de Silius Italicus :

Fit scelus indulgens per nubila sæcula virtus,
(Faiblesse devient crime aux époques orageuses,)

convaincu de la justesse du vers d'Horace sur les erreurs des rois, dont les peuples portent souvent la peine (Epist. II, v. 14, lib. I) :

Quidquid delirant reges plectuntur Achivi;

se rappelant enfin que si, comme De Belloy l'a dit dans *Gabrielle de Vergy* (act. II, sc. v) :

... Aux cœurs heureux les vertus sont faciles,

elles sont aussi quelquefois funestes, comme des défaillances de caractère, aux rois menacés, Tilly avait ajouté :

« Sire, quand vos prédécesseurs furent cléments et modérés, ils méritèrent les bénédictions du peuple, qui ne leur contestait rien, mais dans l'attitude forcée où vous êtes, votre impassibilité est homicide. Vous voulez sauver l'effusion du sang impur, et le vôtre se mêlera peut-être aux torrents que vous en ferez couler en Europe. »

Ces lignes énergiques auraient atteint leur but, si elles se fussent adressées à un homme comme celui d'Horace (O. III, v. 1, lib. III,) à la fois juste et ferme :

Justum et tenacem propositi virum.

Louis XVI n'était que juste. Aussi les paroles du comte de Tilly ne furent-elles que la prophétie d'une mort dont son distique fut l'épitaphe.

Pour ceux qui aiment les variantes, nous dirons qu'on le trouve souvent imprimé ainsi :

Il ne sut que mourir, aimer et pardonner ;
S'il avait su punir, il aurait su régner.

La rime est meilleure ici, mais le premier vers vaut moins ; la gradation est mal observée dans les mots, au point que Louis XVI, qui « *aima, pardonna* et *mourut*, » semble, d'après ce vers, avoir commencé par *mourir* !

Ceux qui prêtent le distique à Delille prétendent qu'il se trouve dans son poëme de *la Pitié*. Notre premier soin fut de l'y chercher. Rien ne nous dédommagea de notre peine que la découverte de ce vers du chant Ier, qui, je crois, est aussi resté :

Le sort fait les parents, le choix fait les amis.

C'est bien dit, mais j'aime encore mieux peut-être le vers d'Émile Deschamps :

Les amis, ces parents que l'on se fait soi-même.

VIII

Quoique le chapitre des épitaphes ne soit pas le plus gai de ce livre, nous en citerons encore trois ou quatre, à commencer par une qui, du reste, n'est pas triste. C'est celle qui désigne quatre rois par leur juron favori, et qu'on attribue à Marot, partout où l'on veut bien l'attribuer à quelqu'un. Il est vrai pourtant qu'elle n'est pas de lui.

Si l'on veut l'aller chercher à sa véritable source, c'est aux *Œuvres de maistre Roger de Collerye*, réimprimées avec tant de tact érudit et de soin par M. Charles d'Héricault, dans la Bibliothèque elzévirienne de P. Jannet, qu'il faut la demander :

ÉPITHETON DES QUATRE ROYS.

Quand la Pasque-Dieu décéda
Le bon iour Dieu luy succéda ;
Au bon iour Dieu deffunct et mort
Succéda le diable m'emport.
Luy décédé, nous voyons comme
Nous duist la foy de gentilhomme.

Dans la *Pasque-Dieu*, vous avez reconnu Louis XI, et Charles VIII dans le dicton qui suit. Louis XII, le monarque paternel, est moins reconnaissable dans le juron le *diable m'emport*, qui était pourtant le sien; mais quant à François Ier, il n'y a pas à s'y méprendre, il est tout dans sa chère et chevaleresque exclamation, *foi de gentilhomme!*

Vous voyez que toutes les épitaphes ne sont pas de nécessité funèbres et moroses, et qu'il en est qu'on peut citer sans assombrir la conversation. Les citateurs ont donc pu s'assortir de quelques bons vers, en lisant avec fruit quelques-unes de celles qui passent pour être les meilleures.

Celle que Piron fit en un seul vers pour le maréchal de Belle-Isle dont on voulait mettre la tombe à Saint-Denis, près de celle de Turenne :

Cy-gît le glorieux à côté de la gloire,

est du nombre, aussi bien que celle de Regnier pour lui-même :

J'ay vescu sans nul pensement,
Me laissant aller doucement
A la douce loy naturelle;
Et je m'estonne fort pourquoy
La mort osa songer à moy
Qui ne songeay jamais à elle.

L'épitaphe que se fit Passerat est bonne aussi à citer. Le dernier vers en est resté :

> S'il faut que maintenant en la fosse je tombe,
> Qui ay toujours aimé la paix et le repos,
> Afin que rien ne pèse à ma cendre et mes os,
> *Amis, de mauvais vers ne chargez pas ma tombe.*

J'aime à croire qu'on lui obéit, et que sur cette tombe, où nul adieu rimé n'avait déposé son poids, chaque ami du poëte put dire avec raison, en citant Martial (liv. IX, épig. XXX) : « *Sit tibi terra levis* Que la terre te soit légère. »

Le dédain posthume de Passerat pour les mauvais vers me plaît mieux que l'abaissement suprême du poëte tragique, Tristan L'Hermite, dans son épitaphe anticipée :

> . . . .
> Je véquis dans la peine, attendant le bonheur,
> *Et mourus sur un coffre en attendant mon maître.*

Je le préfère aussi à l'imprécation d'outre-tombe que Patrix, un autre poëte du même temps à peu près, se faisait adresser par un gueux, son voisin de cimetière, et dont le dernier vers est aussi resté fameux :

> Je suis sur mon fumier comme toi sur le tien.

IX

Nous nous en tiendrions là sur ces citations un peu sépulcrales, si l'une des plus fameuses ne nous tenait au cœur. C'est celle-ci, qui n'est pas d'un trop méchant poëte, si elle est d'un assez méchant mari :

> Ci-gît ma femme : ah ! qu'elle est bien
> Pour son repos et pour le mien !

Je l'ai vu mettre sur le compte de Piron, mais bien à tort.

Il fut bon mari, même en vers.

Cette épigramme, dont la source est une facétie grecque, comme l'a prouvé Boissonade dans une note du *Philogélos*, à la suite de son édition des *Déclamations* de Pachymère (p. 329) ; ce distique que Despréaux, au dire du *Bolæana* (p. 151), estimait l'un des meilleurs qu'on ait faits, est de Du Lorens, bon faiseur de satires, dans lesquelles, en mari malheureux et conséquent, il continue de ne pas épargner sa femme. Il vivait à Chartres au temps de Louis XIII. C'est donc un poëte du même pays, du même temps et de la même veine que Mathurin Regnier, ce qui lui a fait tort. Les satires de l'un firent oublier celles de l'autre ; et il y eut injustice, car chez Du Lorens, se trouve tel vers que Molière lui-même aurait bien voulu faire.

Que dites-vous, par exemple, de celui-ci, de la satire Ire de notre Du Lorens, sur je ne sais quel faux dévot :

Gardez-vous bien de lui les jours qu'il communie !

Ne trouvez-vous pas que c'est un des vers que Molière a oubliés dans *Tartuffe* ?

Et cet autre, le 147e de sa VIIe satire :

Je n'en veux point aux sots, j'en veux à la sottise,

ne vous semble-t-il pas que c'est Boileau lui-même, qui avec sa solide précision l'a imité de ce vers de Martial (lib. II, épigr. XXXIII), dont *l'Année littéraire* avait fait son épigraphe :

Parcere personis, dicere de vitiis.
(Dire tout des vices, rien des personnes.)

Un jour, selon Chamfort, on rappelait ce vers au satirique anglais Donne, en lui disant : « Tonnez sur les vices, mais ménagez les vicieux. — Comment, répliqua-t-il, condamner les cartes et pardonner aux escrocs ! » C'était bien répondre.

Je ne vois pas chez les satiriques de ce temps, de vers qui valent mieux que ceux de Du Lorens que je viens de citer, hormis pourtant chez Regnier, bien entendu, et aussi chez Angot, sieur de l'Éperonière, qui en a fait d'excellents.

N'est-ce pas lui qui, dans *les Pistoles, ou l'injure du siècle,* l'*un* de ses *satires,* — ce mot était alors du masculin et du féminin, — a écrit cet alexandrin énergique si digne de revivre à notre époque, pour qui ne sont plus rien les douceurs de la vie cachée : l'*angulus ridet* d'Horace (Liv. II, ode 4) ; le *res augusta domi* de Juvénal (sat. III, v. 146) ; le « Il n'est n'est pas de petit chez soi, » de Ducis, mais qui semble, au contraire, vouée toute à la soif, à la faim de l'or, *auri sacra fames,* comme dit Virgile (*Énéide,* liv. III, v. 54) :

Si le diable étoit or, il deviendroit monnoie.

L'or, du reste, est assez volontiers d'une heureuse inspiration pour les poëtes. Sans doute parce qu'ils n'ont que cela de lui, et qu'ils peuvent ainsi se donner tous les droits d'en dire du mal impar-

tialement. Le seul bon vers qu'ait fait Lézay de
Marnézia, qui pourtant s'en permit beaucoup, est
de cette veine :

L'âge d'or était l'âge où l'or ne régnait pas,

a-t-il dit dans l'*Epître à mon Curé*.

X

Tartuffe, que nous avons rappelé tout à l'heure,
nous remet en mémoire les vers, citations-types,
qui en sont jaillis. Vous pensez bien que nous ne
vous les énumèrerons pas tous. Nous ne vous par-
lerons guère que de ceux que la citation y dénature ;
encore, dans le nombre, n'en prendrons-nous qu'un
seul, celui-ci :

Il est avec le ciel des accommodements.

Le vers est excellent, mais Molière ne l'a pas fait
imprimer ainsi. Pour l'obtenir, il faut prendre la

substance de deux des siens à l'acte IV, sc. v. C'est Tartuffe qui parle :

> Le ciel défend, de vrai, certains contentements ;
> Mais on trouve avec lui des accommodements.

Une chose est pourtant à faire observer, c'est que dans la *Lettre sur l'Imposteur*, compte rendu justificatif de la comédie, fait peut-être par Molière lui-même et joint avec raison par Aimé Martin à l'édition qu'il a donnée de ses œuvres (t. IV, p. 260), le vers se trouve cité tel que tout le monde le cite encore. C'est sous cette forme qu'il avait sans doute été dit à la première représentation, suivie comme on sait d'une défense de continuer à jouer la pièce. Plus tard, *Tartuffe* reparut, mais à condition que quelques changements y seraient faits, et je croirais volontiers que l'un de ces changements imposés fut la transformation du vers dont je parle. On crut que délayée en un distique la pensée porterait moins. Le public ne fut pas dupe. Il avait entendu le vers une fois, ce fut assez, il ne l'oublia plus. Voilà pourquoi c'est sous cette première forme qu'a toujours circulé la pensée de Molière. Ici, par exception, l'on ferait donc bien de ne pas citer le texte imprimé ; mais par exception, je le répète encore au risque d'être accusé de minutie.

Dans tout autre cas, citez juste, et à la lettre, ce qu'à écrit Molière. C'est un devoir que vous imposent l'amour du vrai et de l'exact, le respect dû au grand poëte dont chaque œuvre est comme une arche sacrée, à laquelle aucun profane ne doit porter atteinte. Cet amour du vrai, qui passe avant tout, nous fera avouer de même la source de cet autre vers de *Tartuffe* :

Les envieux mourront mais non jamais l'envie.

Molière l'a pris tout fait dans les proverbes de son temps. M. Quitard, à la page 345 de son *Dictionnaire des Proverbes*, nous le donne comme la traduction textuelle d'un adage latin du XVIe siècle. Bien mieux, nous le trouvons aussi tout composé, et en fort bon français, dans l'étrange *Comédie de Proverbes* d'Adrien de Monluc, imprimée pour la première fois en 1633. Molière devait la mettre encore à contribution, notamment pour un passage de la 1re scène du *Médecin malgré lui* où se reproduit l'idée comique de cette phrase de la *Comédie de Proverbes* (act. II, sc. III) : « Ils ont la mine de ne manger pas tout leur bien ; ils en boiront une bonne partie. »

Dans *l'Ecole des Femmes* (acte II, sc. v), ce vers sentence que dit Arnolphe :

Nous sommes tous mortels, et chacun l'est pour soi....

n'est aussi qu'un proverbe, et bien vieux puisqu'il se trouve déjà dans le *Roman de Rou* :

« *Chascun por sei morir estuel.* »

XI

Pourquoi Molière, le grand thésauriseur de bonnes vérités, n'aurait-il pas pris quelque chose à la morale des nations ? il a tant ajouté lui-même à ce vaste trésor !

Pour une vérité qu'il y a prise, il en a rendu cent, comme nous l'avons longuement prouvé déjà.

Écoutez-le par exemple dans *Tartuffe* encore. Les proverbes s'y étalent à chaque scène. Dans la 1re scène de l'acte III, Dorine vous dira :

Et le chemin est long du projet à la chose.

Ce sera ensuite le tour du rôle d'Elmire, où brille ce vers charmant, à la scène III du IVe acte :

.... L'on est aisément dupé par ce qu'on aime.

Enfin, vous n'aurez qu'à relire tout le personnage de Tartuffe ! Avec lui les faux dévots de tous les temps vivront dans ces deux vers où le poëte le fait se démasquer :

Ah ! pour être dévot je n'en suis pas moins homme.
(Acte III, sc. III.)
Et ce n'est pas pécher que pécher en silence.
(Acte IV, sc. v.)

Dans *l'Ecole des Femmes*, Molière nous avait encore donné ces vers bien courants :

La place m'est heureuse à vous y rencontrer.
(Acte IV, sc. VI.)
Du côté de la barbe est la toute-puissance ;
(Acte III, sc. II.)

puis dans *les Femmes savantes* (acte III, sc. III), cet autre qui, depuis la querelle de Vadius et de Trissotin où il a jailli d'abord, servit d'armes pour tant de logomachies bien autrement envenimées :

Vous donnez sottement vos qualités aux autres ;

et dans la même pièce encore, à la scène précédente, celui-ci, devise de toutes les coteries :

Nul n'aura de l'esprit, hors nous et nos amis.

Il fut presque toujours cité mal, même par les contemporains de Molière. Il n'est pas jusqu'à Bayle qui fit la faute, trompé qu'il était par la citation défectueuse que Pradon en avait donnée. « On a, dit Bayle, dans la préface de la *Critique générale de l'histoire du calvinisme* (1734, 3ᵉ édit.), on a fait tort à Molière de lui attribuer ce vers :

Et nul n'aura d'esprit hors nous et nos amis.

« Ayant consulté la comédie des *Femmes savantes,* l'on a trouvé qu'il a dit, comme il falloit dire :

Nul n'aura de l'esprit, hors nous et nos amis,

mais comme le livre XIII étoit déjà achevé d'imprimer, la faute n'a pu être corrigée. Le mal n'est pas grand, et néanmoins il peut nous apprendre combien il importe de ne s'en fier à personne, en matière de citation.

« L'auteur de ces *Lettres* se souvenoit d'avoir vu ce vers dans la préface de *Phèdre et Hippolyte,* cité comme il l'a cité.

« Il croyoit bonnement, quoique l'expression lui semblât un peu barbare, que Molière s'étoit exprimé ainsi. Qui ne l'auroit cru, sur la foi d'un assez grand poëte pour disputer le prix à M. Racine ? Il ne falloit pourtant pas le croire sans remonter à la source, et voilà ce que c'est de n'avoir pas les choses de la première main ! »

Dans *Amphitryon* vous trouverez les deux vers suivants, que Molière doit, il est vrai, presque complètement aux *Sosies* de Rotrou, et grâce auxquels le nom grec du mari d'Alcmène s'est fait un mot français :

>Le véritable Amphitryon
>Est l'Amphitryon où l'on dîne ;
>(Acte III, sc. v.)

enfin ceux-ci encore :

>J'aime mieux un vice commode
>Qu'une fatigante vertu.
>(Acte I, sc. iv.)
>Le seigneur Jupiter sait dorer la pilule.
>(Acte III, sc. xi.)

Ainsi, je le répète, Molière est quitte envers la sagesse des nations. S'il a beaucoup pris, il n'a pas moins rendu.

Tous nos bons poëtes en sont là. Voyez Corneille dans son *Menteur*. Ici (act. I, sc. 1), d'un proverbe il fait un vers :

Et le jeu, comme on dit, n'en vaut pas les chandelles ;

un moment après, d'un vers il fait un proverbe :

La façon de donner vaut mieux que ce qu'on donne.

De même il avait, dans *le Cid*, lancé en prodigue ces alexandrins qu'on n'a plus oubliés, et dont le premier, déjà cité plus haut, est l'imitation d'un proverbe latin, que je trouve dans Sénèque (*De Providentiâ*, cap. III) :

A vaincre sans péril on triomphe sans gloire....
(Acte Ier, sc. 1.)
. . . . Aux âmes bien nées,
La valeur n'attend pas le nombre des années.
(Acte II, sc. II.)
Et le combat cessa faute de combattants.
(Acte IV, sc. III.)

Chez Casimir Delavigne, je trouve un semblable échange entre les vers du poëte et la sagesse des nations. Celle-ci lui prête, — après il est vrai l'avoir prêté d'abord à Shakspeare (*Richard III*, acte

III, sc. 1), — ce mot cruel que dit le Glocester des *Enfants d'Édouard* (acte I, sc. II) :

Quand ils ont tant d'esprit les enfants vivent peu ;

mais d'avance le poëte avait remboursé son emprunt aux proverbes, lorsqu'il avait fait (*École des vieillards*, act. II, sc. I), — au sujet des promenades dont la mode fait des solitudes, ce vers, variante comique du *væ soli* de l'Ecclésiaste (IV, 10) :

Si personne n'y va, c'est qu'on n'y voit personne.

Gresset avait aussi adopté un procédé pareil pour sa comédie du *Méchant*. Ainsi, empruntant à la monnaie des citations ces vers de Lingende, dont nous avons déjà parlé :

> La faute en est aux dieux
> Qui la firent si belle,

il en donne cette variante, ou plutôt cette parodie (acte II, sc. VII) :

La faute en est aux dieux qui la firent si *bête;*

puis aussitôt, comme pour prendre sa revanche sur les citations, le voilà qui accumule dans ses cinq actes une foule de vers propres à entrer dans leur domaine et à devenir de droit le lot des citateurs :

> Un rapport clandestin n'est pas d'un honnête homme.
> Quand j'accuse quelqu'un, je le dois et me nomme.
> (Acte V, sc. IV.)
> L'aigle d'une maison n'est qu'un sot dans une autre....
> (*Ibid.*, sc. VII.)
> Les sots sont ici-bas pour nos menus plaisirs.
> (Acte II, sc. I.)
> ....Elle a d'assez beaux yeux,
> Pour des yeux de province....
> (Acte IV, sc. V.)
> Tout est mal, tout est bien, tout le monde est content.
> (*Ibid.*, sc. VII.)
> Des protégés si bas, des protecteurs si bêtes.
> (Acte II, sc. III.)
> L'esprit qu'on veut avoir gâte celui qu'on a.
> (Acte V, sc. VII.)

Pour celui-ci, le mieux venu de tous, et le plus célèbre, il avait été un peu devancé par ce vers de La Fontaine dans sa fable du *Bûcheron et Mercure* :

> Un auteur gâte tout quand il veut trop bien faire,

qui lui-même avait bien pu être inspiré par cette phrase de Pline le jeune (liv. IX, épître XXXV) : « *Nimia cura deterit magis quam emendat.* Trop de soin gâte plutôt qu'il ne corrige. »

On doit encore à Gresset ce vers si bien trouvé de l'épître *sur* sa *convalescence :*

La douleur est un siècle, et la mort un moment.

C'est dans *Vert-Vert* qu'il avait commencé le mieux son émission de vers heureux et faits pour aller loin. N'y avait-il pas écrit, par exemple (chant II) :

Désir de femme est un feu qui dévore,
Désir de nonne est cent fois pire encore.

Au chant Ier du même poëme, il avait dit aussi :

Dans maint auteur de science profonde
J'ai lu qu'on perd à trop courir le monde.
Très-rarement en devient-on meilleur ;
Un sort errant ne conduit qu'à l'erreur.

Mais ici Gresset faisait encore un emprunt. Il imitait visiblement ces vers :

Rarement à courir le monde
On devient plus homme de bien.

Afin qu'on ne pensât point à Regnier Desmarets, qui les a faits, il l'appelle *un auteur de science profonde !* On ne pouvait le déguiser mieux. Ce distique termine une strophe de son agréable *Voyage à Munich* (*Poésies diverses*, in-12, t. Ier, p. 178).

C'est une jolie pièce, mais la strophe surtout est charmante. Le poëte, parlant du Danube qui voit autant de religions différentes qu'il parcourt de contrées, dit :

> Déjà nous avons vu le Danube inconstant,
> Qui tantôt catholique et tantôt protestant,
> Sert Rome et Luther de son onde
> Et qui comptant après pour rien
> Le Romain, le luthérien,
> Finit sa course vagabonde
> Par n'être pas même chrétien.
> *Rarement à courir le monde*
> *On devient plus homme de bien.*

C'est qu'on ne s'absente jamais de soi-même, c'est que votre naturel vous suit comme une ombre :

> On traîne ses malheurs en croyant qu'on les fuit,

dit un vers fort beau que je n'ai pourtant trouvé que dans un proverbe de Carmontelle, *Girardus et Scandée* (scène I).

> Chacun a son défaut où toujours il revient,

dit dans la fable de *l'Ivrogne et sa femme,* La Fontaine, qui savait ce qu'est un tel joug.

> Coups de fourches et d'étrivières
> Ne lui font changer de manières,

dit-il ailleurs à propos du naturel dans *la Chatte métamorphosée en femme,* et cette fois il se souvient de Lucrèce, qui a dit (liv. III, v. 311) :

> *Ne radicitùs evelli mala posse putandum est,*
> (Ne croyez pas qu'il soit possible d'arracher un mal radi-
> [calement;)

et bien plus, il traduit presque Horace (Epist. XXIV, v. 10, lib. I) :

> *Naturam expellas furcâ, tamen usque recurret.*

Vous ne m'en voudrez pas de cette citation de notre cher poëte. Depuis longtemps il me manquait, et j'avais hâte de me mettre un de ses vers sous la dent. « Les citations d'Horace, disait un jour M. Decazes, ce sont les grains de raisin de Corinthe dans le baba. »

Joli mot, aussi juste que bien trouvé.

XII

La Fontaine empruntait souvent, comme on vient de le voir, mais, par ce qu'il rendait en beaux vers à la morale courante, il payait au centuple les intérêts de ses emprunts.

Nodier pensait que Le Sage, qui mit en cours tant de bonnes vérités, avait procédé de même dans *Gil Blas*.

A l'en croire, pour un prêt qu'auraient fait à son livre les phrases devenues proverbes, il en aurait aussitôt rendu vingt, dignes de le devenir. Il se trompait.

Bien loin d'avoir fait pour le français ce que Cervantes fit pour l'espagnol, bien loin d'avoir placé dans *Gil Blas* tous les proverbes de notre langue, comme Nodier le donnerait à penser, c'est tout au plus si dans son roman on en rencontre un seul. François de Neufchâteau qui le commenta, trouvant celui-ci : *A quelque chose malheur est bon*, au chapitre 1er du liv. V, est si surpris de la rencontre, qu'il en pousse cette exclamation : « Voilà un des premiers proverbes employés dans *Gil Blas !* »

Le Sage, comme vous voyez n'abusait pas du libre échange.

On a pensé que Boileau donnait de meilleur cœur dans ce système ; aussi, comme pour lui faire puiser quelque chose dans cette précieuse masse des proverbes à laquelle il a tant ajouté, on a mis sur son compte ce vers fait d'un proverbe :

Le prêtre, dit Saint-Paul, doit vivre de l'autel

Boileau n'aurait certes pas eu grand'peine à le mettre sur ses pieds ; ce n'est cependant pas lui qui s'en est chargé, c'est le père Sanlecque, dans son épître de la *Fausse dévotion.*

Ici, la parole de l'apôtre est intégralement conservée dans le vers du poëte. C'est ainsi que nous voudrions qu'on en usât toujours et c'est ainsi qu'on n'en use presque jamais.

Le plus souvent, le citateur tronque ce qu'il cite, soit par défaut de mémoire, soit par amour de la variante.

Une phrase célèbre de madame de Staël en sera une nouvelle preuve.

On a colporté partout sous son nom cette pensée digne de Vauvenargues amoureux : « *L'amour est un égoïsme à deux.* ». Cette phrase, tout adorable qu'elle soit, n'a jamais été écrite par l'auteur de

Corinne. C'est celle-ci qui est tombée de sa plume, dans son livre *de l'Allemagne*, Ire partie, chapitre III, *Les Femmes* : « *Leur personnalité est toujours à deux.* »

M. Ferdinand Denis, à la page 37 de son charmant *Essai sur la Philosophie de Sancho,* nous dit que la pensée prêtée à madame de Staël se trouve dans un écrit d'Antoine de la Salle. Je le crois volontiers, mais ici, c'est un homme qui aurait écrit, et il faudrait, je gage, ramener l'axiome amoureux à la variante moins délicate et moins féminine que les citateurs ont admise : « *L'amour est un égoïsme à deux.* »

XIII

Une pensée perd toujours beaucoup à ne pas être citée telle que l'auteur l'a écrite; l'absence d'un mot insignifiant en apparence la dénature ou l'affaiblit. On invoque partout cette grande vérité littéraire et humaine : « Le style c'est l'homme, » et l'on s'imagine que l'on cite textuellement Buffon. Ce qu'il a écrit, dans son admirable *Discours de réception,* vaut bien mieux pourtant, et surtout est plus formel : « Le style est l'homme même. »

D'après quelques éditions, notamment celle de ses *Œuvres choisies* (*Paris*, Firmin Didot, in-12, t. I, p. 25), la différence entre la phrase écrite par Buffon et la phrase arrangée par les citateurs serait plus grande encore. On en va juger : « Les ouvrages bien écrits seront les seuls qui passeront à la postérité, » dit le grand écrivain ; puis parlant de ce qui fait la matière des ouvrages, et des connaissances qu'on y développe, etc., il aurait ajouté : « *Ces choses sont hors de l'homme, le style est de l'homme même.* » Mais, comme l'a prouvé Philarète Chasles dans un excellent article du *Journal des Débats* (31 juillet 1859), la vraie version est celle que nous avons donnée d'abord : « *Le style est l'homme même.* » Elle fut ainsi imprimée, et, dit Chasles, sans doute sous les yeux de Buffon lui-même, dans le *Recueil de l'Académie*, 1753, p. 337-338.

Lemontey se trompait donc lorsqu'il a dit dans une note de son *Eloge de Vicq-d'Azyr* que le mot célèbre ne se trouve pas dans la première édition du remerciement de Buffon à l'Académie, et « qu'il l'a probablement créé ou adopté après coup. » Le mot ne manque réellement que dans une édition, celle de l'an VIII, chez Bastien. Il y a été omis, sans qu'il en reste de trace, par une inconcevable erreur que Chasles met sur le compte du correcteur : « Ayant, dit-il, trouvé deux fois le mot *homme*, il a laissé *tomber dans la casse*, c'est le terme technique, tout ce qui séparait le premier *homme* du dernier ! »

Les citateurs, quelquefois, dénaturent les phrases de manière à les rendre complètement méconnaissables. Joignez à cela qu'ils ne disent jamais où ils les ont prises pour les défigurer ainsi, et par là jugez des peines sans nombre qu'il faut se donner pour faire ce que je tente ici, c'est-à-dire pour restituer avec bons certificats le signalement de ces pauvres estropiées, dresser leur état civil et les renvoyer clopin-clopant à leur adresse.

Sur la foi de la *Biographie universelle,* où l'on s'en est servi pour épigraphe, j'avais fait honneur à Voltaire de cette ligne de bonne prose : « On doit des égards aux vivants, on ne doit aux morts que la vérité. » Un jour pourtant, voulant à ce sujet calmer ma conscience, par un peu de certitude, je fis une battue dans ses œuvres. Je n'y trouvai pas la phrase, mais au contraire celle-ci, qui prouverait qu'il n'y a de vérité ni pour les vivants ni pour les défunts, du moins dans la littérature : « La satire ment sur les gens de lettres pendant leur vie, et l'éloge ment après leur mort. » (*Lettre à Bordes,* 10 janvier 1769.)

Je crus avoir mal cherché, et bravement j'allais

recommencer, quand je ne sais quel livre citant le fameux passage sous le nom de La Mothe, me donna des doutes sur l'auteur véritable. Les œuvres de La Mothe sont moins volumineuses que celles de Voltaire. C'est par elles que je repris ma recherche. »

Arrivé à la page 19 du tome III de l'édition de 1754, in-12, voici ce que je trouvai au beau milieu du chapitre *De la manière de critiquer les auteurs* : « Tous les égards sont dus à ceux avec qui nous vivons, et nous ne devons rien aux autres que la vérité. »

Plus de doute, la phrase, un peu arrangée, n'était pas de Voltaire, mais de La Mothe. Erreur encore, La Mothe n'était qu'un plagiaire. J'en eus la preuve, lorsque revenant à Voltaire, et, après m'être attaqué aux œuvres, m'attaquant aux préfaces, — chez lui ne faut-il pas tout lire ? — je repassai même celles de ses pièces.

Dès la première, *Œdipe,* dont la préface, très-compliquée, se disperse en huit longues lettres, je découvris ce que je cherchais tant. Où ? dans une note, et voici pourquoi ce ne pouvait pas être ailleurs.

La première de ces lettres de préface, adressée, comme six des suivantes, au jeune Génonville, malmenait assez l'abbé de Chaulieu, et, comme il vivait encore, la première édition, celle de 1719, supprima les mots mal sonnants. Un an après, l'abbé était mort et une seconde édition prête. Tout y parut, et Voltaire fit la note dont je parle, où, après deux lignes d'explication, il concluait ainsi : « On doit des égards aux vivants, on ne doit que la vérité aux morts. »

Bien longtemps après, dans une lettre qu'il lui adressa (21 juillet 1764), le cardinal de Bernis reprit ainsi sa pensée : « Quant à moi, je voudrais qu'on gardât pour les vivants les égards de la politesse, et qu'il fût permis de dire librement son avis sur les morts. »

Aujourd'hui, on ne dit la vérité ni sur ceux-ci ni à ceux-là, et l'histoire n'en a que plus de succès ; c'est que, comme au temps de Pline le Jeune, de quelque façon qu'elle soit écrite, elle plaît. « *Historia*, dit-il (lib. V, epist. VIII), *quocumque modo scripta delectat.* »

Ce que nous venons de vous dire sur le célèbre passage de Buffon et sur l'axiome de Voltaire arrangé par La Mothe, pourrait suffire pour vous prouver ce qu'une phrase peut subir d'altérations en voyageant par le monde. Permettez-nous pourtant un nouvel exemple.

Il s'agit encore d'une phrase mise en vedette au frontispice d'un gros recueil. Le *Dictionnaire de la Conversation* avait besoin d'une épigraphe. On chercha partout sans trouver, jusqu'à ce que Français (de Nantes) apportât celle-ci qu'on imprima sans vérifier : « Qui voit tout, abrège tout. » Montesquieu.

Où l'auteur de *l'Esprit des lois* a-t-il écrit cet apophthegme à la laconienne ? Nulle part. Je pus m'en convaincre par une recherche aussi laborieuse que l'autre. Il est vrai de dire pourtant qu'au livre XXX, chap. ii de *l'Esprit des lois,* on lit ceci : « Tacite fait un ouvrage sur les mœurs des Germains. Il est court cet ouvrage ; mais c'est l'ouvrage de Tacite, qui abrégeoit tout, parce qu'il voyoit tout. »

Il fallait de bons yeux pour retrouver là l'épigraphe *abrégée* de Français (de Nantes).

Le citateur avait cru n'ôter de la phrase que le superflu, mais, en bon voltairien qu'il était, il eût dû se souvenir de ce vers du *Mondain :*

> Le superflu, chose très-nécessaire.

Par grâce, et je vous le dis pour les vers comme pour la prose, quand vous citez, citez la phrase écrite ou bien ne vous en mêlez pas :

Soyez plutôt maçon, si c'est votre *talent*.

Notez que je ne dis pas *métier*, comme tant de citateurs, mais j'ai le ridicule de savoir encore mon Boileau.

XIV

Nous pourrions bien ici vous dire l'histoire de ce vers du IVᵉ chant de l'*Art poétique*, mais elle est faite ailleurs, et quoique ce soit dans un livre de notre façon, *Paris démoli*, au chapitre *Boileau, maçon du Louvre en* 1665, vous nous permettrez de vous y renvoyer.

Nous ne quitterons point Boileau sans rappeler encore quelques-uns des vers échappés de ses œuvres pour circuler dans les entretiens, dont ils sont la raison et l'esprit.

Dans sa IIIᵉ épître, il dit d'après le vers de Perse (Vᵉ satire) : ... *Fugit hora, hoc quod loquor inde est,*

Le moment où je parle est déjà loin de moi.

Dans la Vᵉ, il donne cette traduction du *Sedet*

post equitem atra cura d'Horace (lib, III, od. 1, v. 40) :

Le chagrin monte en croupe et galope avec lui.

Au chant 1er de l'*Art poétique*, il étend, en deux vers excellents :

Hâtez-vous lentement, et sans perdre courage,
Vingt fois sur le métier remettez votre ouvrage,

le fameux *festina lente*, repris aussi par le Crispin des *Folies amoureuses*, et que l'on croit d'Horace, peut-être parce que c'était la maxime favorite d'Auguste (Suétone, *Aug.*, chap. XXV).

Il faut prendre de ce conseil tout ce qui s'y trouve : ne pas laisser l'activité qu'il recommande, pour ne s'abandonner qu'à cette lenteur dont il fait aussi une loi. On arriverait ainsi bien vite à la paresse, triste mère de l'impuissance. On y gagnerait sans doute une quiétude que ne troubleraient jamais les critiques, et l'agrément de pouvoir faire le censeur, sans craindre les revanches de l'auteur censuré ; mais croyez-moi, tout cela ne serait pas satisfaction. « C'est, a dit Rivarol dans la préface de son charmant livre, *le Petit Almanach de nos grands hommes*, c'est sans doute un terrible avantage que de n'avoir rien fait, mais il ne faut pas en abuser. »

Le vers suivant, écrit pour Fouquet, et resté si vrai, est le 208e de la VIIIe satire de Boileau :

Jamais surintendant ne trouva de cruelles.

Après avoir rendu à la vérité qu'il aimait tant, surtout en littérature, l'hommage de ces deux vers célèbres, les 42e et 43e de son *Épître IX* adressée à Seignelay :

Rien n'est beau que le Vrai. Le Vrai seul est aimable,
Il doit régner partout, et même dans la fable ;

il rend justice, même aux sots, dans celui-ci, qui est le 50e du IVe chant de l'*Art poétique*, et que la citation a si souvent défiguré :

Un fat quelquefois ouvre un avis important ;

puis il consacre encore à la vérité ce vers :

Le vrai peut quelquefois n'être pas vraisemblable.

Nous voudrions pouvoir vous écrire ici la très-ingénieuse, mais trop triviale variante qu'en a faite le *père Vireloque*, de Gavarni. A son défaut nous

nous contenterons de celle-ci, fort ingénieuse aussi, de Colardeau :

Le vraisemblable est le vrai pour les sots.

« Il y a dans Boileau (satire X), dit l'auteur des *Curiosités littéraires* de la *Bibliothèque de Poche*, deux vers que les pères de famille... aiment fort à citer :

L'honneur est comme une île escarpée et sans bords,
On n'y peut plus rentrer dès qu'on en est dehors.

Ces vers passent pour être beaux ; nous en conviendrons volontiers quand on nous aura dit ce que c'est qu'une *île sans bords.* »

C'est bien sévère, c'est même injuste. *Bords*, au temps de Boileau, se disait pour *abords*.

En revanche, voici un distique du 1er chant du *Lutrin*, où pas un homme de sens et de goût, je ne parle pas, bien entendu, de M. Vueillot, ne trouverait à mordre :

Pour soutenir tes droits que le ciel autorise,
Abyme tout plutôt, c'est l'esprit de l'Église.

Celui-ci, du même poëme (chant Ier, v. 104) :

Un dîner réchauffé ne valut jamais rien,

a devancé de deux siècles les mieux épicés de Berchoux dans sa *Gastronomie*, coulis d'alexandrins, où celui-ci du IIIe chant :

> Rien ne doit déranger l'honnête homme qui dîne,

et ce distique, non moins célèbre du chant Ier, se laissent savourer :

> Le sénat mit aux voix cette affaire importante,
> Et le turbot fut mis à la sauce piquante;

Ces vers sont à la hauteur des meilleurs *aphorismes* culinaires de Brillat-Savarin. Je n'en connais pas qui valent mieux, fût-ce ceux-ci : « *On devient cuisinier, mais l'on naît rôtisseur. — Convier quelqu'un, c'est se charger de son bonheur pendant tout le temps qu'il est sous notre toit. — Dis-moi ce que tu manges, je te dirai qui tu es.* »

Le vers du *Lutrin*, fin du IIe chant :

> L'été n'a pas de feux, l'hiver n'a pas de glace,

fut au contraire ramené un jour dans la catégorie des *aphorismes* anticonfortables, par quelqu'un qui le parodiait, en le retournant contre un amphitryon chez qui l'on cuisait en été, et l'on grelottait en hiver.

Qui n'a pas dit :

Le Français né malin *créa* le vaudeville ?

et qui en cela n'a pas cru bien dire ? C'était cependant une fausse citation. On n'a pour s'en convaincre, qu'à relire le second chant de l'*Art poétique*.

Boileau vient de parler de la satire ; il ajoute avec sa rectitude ordinaire :

> D'un trait de ce poëme en bons mots si fertile,
> Le Français né malin *forma* le vaudeville ;

ce qui, sans le paraître, est bien différent et bien préférable surtout à la variante dont s'accommode tout citateur dans sa manie de résumer en un vers ce qu'il faut dire en deux.

C'est quand il servit d'inscription au théâtre qui lui dut même, cela soit dit en passant, son titre de Théâtre National, que ce vers se pervertit et devint ce qu'il est resté dans les conversations.

On dit que les directeurs du Vaudeville ne voulurent pas l'arborer, sous la forme véritable, au sommet de leur affiche pour une raison bien simple. Ils craignirent que, le faisant imprimer avec ce mot malencontreux *forma*, le compositeur ne vînt à se tromper, et, coquille intelligente ! ne fit dire à l'affiche :

Le Français né malin *ferma* le Vaudeville.

XV

Le Vaudeville ! que de choses il me remet encore en mémoire, même après tout ce que j'ai écrit, que de choses qui n'étaient que dites ailleurs et qu'il a fait chanter ! c'est comme son digne frère l'Opéra-Comique, dont nous confondrons les larcins avec les siens.

Ici, ce sont les fameux vers sur le bibliomane :

> C'est elle ! Dieu que je suis aise !
> Oui, c'est la bonne édition ;
> Voilà bien, pages douze et seize,
> Les deux fautes d'impression
> Qui ne sont pas dans la mauvaise,

faits en épigramme par Pons de Verdun (*Contes et poésies*, 1807, p. 9), et mis mot pour mot en couplet par M. Scribe dans son vaudeville *le Savant* (act. II, sc. IV).

Là, c'est le joli madrigal de Lemierre sur l'*Eventail*, que le même M. Scribe fait marivauder en musique par M. Halévy dans la première scène de son *Nabab*. C'est encore ce vers qui termine *les Fausses infidélités* de Barthe :

L'amour nous les ravit, l'hymen nous les rendra,

qu'il arrange en distique dans le grand air de Saldorf, au Ier acte de *la Fiancée* :

L'amour nous les enlève,
L'hymen nous les rendra.

Puis, et toujours avec le même sans-gêne, c'est l'hémistiche de Delille : *espérer, c'est jouir,* dont il fait le refrain du couplet de Raphaël au deuxième acte de *la Part du Diable;* enfin, c'est cette jolie phrase de son vaudeville *la Quarantaine* (sc. XIV) : « *Le bonheur tient si peu de place !* » qu'il prend toute faite dans le quatrain que Bernard écrivit en inscription au-dessus de la porte d'un boudoir (*Dictionnaire portatif des poëtes français,* par Philipon de la Madelaine, 1805, in-18, p. 102) :

> Contentons-nous de cet espace,
> Il suffit à tous nos souhaits ;
> *Le bonheur tient si peu de place !*
> Et ce dieu n'en change jamais.

Le fameux « *Ils ne chantent plus* » du V⁰ acte des *Huguenots* n'est lui-même qu'un écho du beau vers des *Templiers* de Raynouard (acte V, sc. VIII) :

Mais il n'était plus temps.... Les chants avaient cessé.

Dans une pièce plus ancienne : *Un jour à Paris*, paroles d'Etienne, musique de Nicolo, nous retrouvons deux couplets de Charleval, que le *parolier* a pris vers pour vers, et qui nous ont laissé ce refrain dont l'ombre d'Etienne se fait encore gloire, aux dépens de Charleval :

> Mes amis, peut-on vivre un jour
> Sans boire et sans faire l'amour.

Bien des fois pourtant, il faut le répéter, sous apparence de plagiat, il n'y a que rencontre de pensée.

Quand, pour passer à des citations plus sérieuses, quand par exemple Lamartine, dans sa deuxième méditation, *l'Homme*, dédiée à lord Byron, mit ce distique vraiment sublime :

> Borné dans sa nature, infini dans ses vœux ;
> L'homme est un dieu tombé qui se souvient des cieux ;

croyez-vous qu'il pensait à ce vers de Voltaire dans son discours sur *la Liberté* :

> Tes destins sont d'un homme et tes vœux sont d'un dieu,

qui n'est lui-même qu'une imitation de cet hexamètre d'Ovide (*Metamorph.*, lib. II, v. 56) :

> *Sors tua mortalis, non est mortale quod optas ?*

je ne crois pas. Cependant la pensée est la même. C'est que, quoi qu'on fasse, tout ce qu'on dit a toujours été dit déjà. On le dit mieux quelquefois, souvent plus mal ; voilà tout. Il n'est pas d'idée sans famille, de pensée orpheline, de même qu'il n'est pas d'enfant sans père ni sans mère, *prolem sine matre creatam*, comme Ovide le dit encore (*Metam.*, lib. II).

> C'est imiter quelqu'un que de planter des choux,

dit Alfred de Musset dans *Namouna*. Il ne savait pas si bien dire.

POST-SCRIPTUM

Un jour il fit ce joli alexandrin :

Mon verre n'est pas grand, mais je bois dans mon verre,

le lendemain on vint lui faire l'histoire de son idée. D'abord c'était le graveur Raphaël Sadler qui, ayant pris pour marque une tortue, avait écrit au-dessous : « *Sub parvo, sed meo.* Mon toit est petit, mais il est mien. » Puis c'était un docte gentillâtre de la rue Mignon, qui avait écrit au-dessus de sa porte ces mots : *Fundulo, sed avito,* dont quelqu'un donna cette traduction sérieuse :

Le domaine est petit, mais il vient de mes pères,

tandis que Benserade en donnait cette version plaisante : « *Je suis gueux, mais c'est de race.* »

Musset, en disant qu'il n'empruntait pas, avait emprunté sans le savoir.

Si, après les noms que j'ai cités, il m'est permis de rappeler le mien, si, après toutes ces grandes œuvres, je puis en nommer une bien humble à laquelle j'ai eu part,

Si parva licet componere magnis,
(S'il est permis de comparer les petites choses aux grandes,)

comme dit Virgile (*Georg.*, lib IV, v. 176), je vous

citerai sur ces rencontres d'idées et même de formules d'idées, un fait qui m'est personnel.

Dans la comédie de *Christian et Marguerite*, que j'ai faite en collaboration avec mon excellent ami Pol Mercier, et qui fut jouée, non sans quelque succès, à la Comédie-Française, il y a déjà bien longtemps, nous avions mis ce vers :

C'est en amour surtout que les absents ont tort.

Depuis longtemps la pièce était faite, reçue, enfin prête à jouer, quand un soir, assistant à la première représentation d'une petite comédie de M. Viennet, qui ne devança la nôtre que de quelques mois et qui s'appelait *la Migraine*, voilà que la soubrette nous lance notre vers sans un seul mot changé.

M. Viennet l'avait trouvé comme nous, avant ou après, peu importe ; mais si on le cite jamais, nous aurons à la citation autant de droit que l'académicien.

J'en sais un autre de lui, que je voudrais bien lui disputer de même, car il est des mieux venus :

L'homme est un corrompu qui fait le délicat ;

c'est un véritable vers de comédie, qu'il avait malheureusement égaré dans un gros drame, *Michel Brémond*, que Frédérick Lemaître lui joua à la Porte-Saint-Martin.

Quand M. Viennet allait dans le monde, c'était son vers de poche. A la première mendicité d'album, qui se mettait à ses trousses, il le livrait, en vrai prodigue. C'était pourtant sa seule monnaie.

Puisque j'en étais tout à l'heure aux faits personnels, laissez-moi vous conter ce que j'ai appris pendant que la première édition de ce livre était sous presse, au sujet d'un vers dont je fais l'histoire à ses premières pages; c'est celui-ci : *Indocti discant*, etc. (Voy. pag. 39-40) :

M. Frédéric Thomas faisait alors chaque dimanche dans *l'Estafette* un *Courrier du Palais* où il donnait de l'esprit à tout, même à la chicane. Celui qu'il publia le 22 avril 1855 s'égaya sur le vers pédagogique, et sur l'ignorance où, dans le monde même de ceux qui le citent le plus souvent et qui vont jusqu'à le prendre en épigraphe, l'on est de son origine véritable et de son auteur. M. Frédéric Thomas avouait qu'il partageait cette *inscience* générale, et en appelait à l'érudition des lecteurs de *l'Estafette*.

L'appel fut entendu : dans le *Courrier* suivant, il

put nommer l'auteur demandé, dire la source authentique, etc., etc., en se récriant sur l'érudition de ses correspondants. L'un d'eux lui avait écrit de Brives-la-Gaillarde.

C'était de l'érudition qui vous semblera venue de bien loin, surtout quand je vous aurai dit que M. Fréd. Thomas avait son renseignement sous la main, et que sans sortir des bureaux de *l'Estafette* et de la Chambre où s'y accumulait la collection complète, il n'avait pour trouver qu'à chercher un peu.

J'avais, le 14 janvier 1852, donné dans le même journal l'histoire des fameux vers, telle que vous l'avez lue plus haut. Elle faisait partie d'un article Variétés, qui sous le titre de : *les Citations,* était comme le rudiment du long travail que je vous débite aujourd'hui. Les correspondants de M. Frédéric Thomas étaient peut-être d'anciens abonnés exacts collectionneurs, qui, la demande du *Courrier* lancée, n'eurent pour le satisfaire qu'à fouiller dans leurs liasses : et de moi pas un mot ! Je fus toutefois charmé qu'en cela *l'Estafette* n'eût rien dû à personne. Sans le savoir, le journal s'était fait la réponse avant de se faire la question.

Si vous me reprochiez de vous raconter ces petites anecdotes, toutes personnelles, je vous répondrais par une phrase de l'un des premiers chapitres de l'*Émile* :

« Lecteur, pardonnez-moi de tirer quelquefois mes exemples de moi-même ; car pour bien faire ce livre, il faut que je le fasse avec plaisir. »

XVI

Peut-être serait-il bon de consacrer un petit chapitre aux vers que la citation détourne souvent de leur sens : Je commencerais par ceux-ci :

> Le masque tombe, l'homme reste
> Et le héros s'évanouit,

qui se trouvent dans une pièce sérieuse de J.- B. Rousseau, l'*Ode à la Fortune*, et qui sont la traduction de cet hémistiche non moins sérieux de Lucrèce (lib. III, vers 57) :

> ..... Eripitur persona, manet res.

Que de fois ils m'ont été pris dans un sens burlesque et parodiste !

Très-souvent de même, et toujours en les intervertissant l'on a fait abus de ces vers du conte de La Fontaine, *la Coupe enchantée* :

> Quand on l'ignore, ce n'est rien ;
> Quand on le sait c'est peu de chose ;

de celui qui se trouve dans l'*Épître au roi* par Marot, et que Rabelais citait déjà dans son édition de *Pentagruel* de 1555 (liv. II, ch. XVI) :

> Au demeurant le meilleur fils du monde ;

et de cet hémistiche de l'*Œdipe* de Voltaire (acte IV, sc. 1) :

> J'étais jeune et superbe....

Combien aussi n'a-t-on pas abusé de ces vers de l'ode de Malherbe à Du Perrier, *Sur la mort de sa fille* :

> Et la garde qui veille aux barrières du Louvre
>   N'en défend pas les rois ?

Maintes fois ils furent pris en moquerie et à contresens ! On fit même bien pis. Dès 1792, on alla jusqu'à les proposer pour servir d'inscription à la guillotine ! A cette date, c'était invraisemblable ; l'an d'après c'était vrai !

Nous ne prendrons pas à tâche de nous faire le redresseur de tous ces torts des citateurs, et de rétablir ce qu'ils ont ainsi faussé ; notre travail, si long déjà, n'en finirait jamais.

Nous ne tenterons même rien sur ce point en faveur de ce bon Cicéron, à qui, d'après Juvénal (sat. X, v. 122), on prête ce ridicule hexamètre :

O fortunatam natam me consule Romam,
(O Rome fortunée,
Sous mon consulat née.)

M. Granville Penn, dans un mémoire recueilli par le *London litterary Gazette* du 24 février 1826, veut le restituer ainsi :

O fortunatam, nato me consule, Romam.

Que les arguments de M. Penn soient ou non excellents et irréfutables, nous ne nous en occuperons pas. Nous avons trop bien juré de ne plus nous mêler des affaires des âges classiques.

Et cependant, ingrats que nous sommes, si nous faisons fi des citations qui nous viennent des anciens, lesquelles aurons-nous donc pour notre partage ?

Sait-on aujourd'hui couler en bronze, et frapper à la bonne effigie du beau et du vrai, des vers dignes de vivre et d'entrer dans la circulation des bons entretiens ? Hélas ! le temps n'est plus des grands poëtes, sublimes monnayeurs de la pensée.

Est-ce l'esprit qui manque ? Non pas, mais le cœur ; et sans lui pas d'éloquence ; Quintilien (lib. X, cap. VII) l'avait dit avant Vauvenargues : « *Pectus est quod disertos facit*, c'est par le cœur que les hommes sont éloquents. »

Les dieux s'en vont ! L'historien Josèphe, écrivain de la première décadence, a été le premier à le dire, et M. de Chateaubriand l'a redit après lui, sans penser qu'il fût besoin de le citer, tant la chose était redevenue vraie aux premiers jours d'un siècle qui est encore le nôtre !

FIN.

TABLE DES CITATIONS

	Pages
Ab ovo.	47
Ab uno, disce omnes.	50
Abyme tout plutôt, c'est l'esprit de l'Église.	398
Abyssus abyssum invocat.	55
Adieu, je vous fuis, bois charmants.	314
Adieu, paniers, vendanges sont faites.	325
Æquam memento rebus in arduis, etc.	68
Ah ! doit-on hériter de ceux qu'on assassine.	260
Ah ! frappe-toi le cœur, c'est là qu'est le génie.	89
Ah ! le bon billet qu'a la Châtre.	4
Ah ! n'insultez jamais une femme qui tombe.	257
Ah ! pour être dévot je n'en suis pas moins homme.	378
Ah ! que je fus bien inspirée, etc.	336
Aide-toi, le ciel t'aidera.	83
Alas ! poor Yorick !	103
Alfana vient d'*equus*, sans doute, etc.	285
Allons, allons, saute, marquis.	268
Alterius non sit, qui suus esse potest.	187
A l'œuvre on connaît l'artisan.	83

Amantium iræ amoris integratio sunt.	316
Amare et sapere vix Deo conceditur	196
Amicitias tu tibi junge pares.	359
Amicus Socrates sed magis amica veritas.	362
Amis, de mauvais vers ne chargez pas ma tombe.	370
Amitié, que les rois, ces illustres ingrats, etc.	289
Amour! Amour! quand tu nous tiens, etc.	202
Amour, tu perdis Troie.	202
Angulus ridet.	373
Appelez-vous messieurs, et soyez citoyens.	219
A raconter ses maux, souvent on les soulage.	246
Arcades ambo.	25
A soixante ans, il ne faut pas remettre, etc.	315
A tous les cœurs bien nés que la patrie est chère.	251
Attacher le grelot.	81
Aucun fiel n'a jamais empoisonné ma plume.	260
Aur icted calumniare, semper aliquit hæret.	95
Au demeurant le meilleur fils du monde.	410
Audentes fortuna juvat.	190
Aurea mediocritas.	66
Auri sacra fames.	373
Aussi bien que savoir douter a son mérite.	91
Aux cœurs heureux les vertus sont faciles.	366
Aux petits des oiseaux il donne la pâture.	80
A vaincre sans péril on triomphe sans gloire.	262, 381
Barbarus hic ego sum, quià non intelligor ulli.	171
Beati possidentes.	48
Belle Philis, on désespère, etc.	156
Belle sans ornement, dans le simple appareil, etc.	250
Bene qui latuit, bene vixit.	45
Bis dat qui cito dat.	86
Bonne ou mauvaise santé, etc.	305
Breves haustus in philosophiâ ad atheismum ducunt, etc.	183
Briller par son absence.	65
Brisant des potentats la couronne éphémère, etc.	14

TABLE DES CITATIONS

Cache ta vie : au lieu de voler, rampe.	290
Calomniez, il en reste toujours quelque chose.	95
Car il n'est si beau jour qui n'amène sa nuit.	88
Car plus il est prié moins il est exorable.	195
Car sa beauté pour nous, c'est notre amour pour elle.	322
Carpe Diem.	49
Castigat ridendo mores.	42
Caton se la donna. — Socrate l'attendit.	217
Cedant arma togæ.	189
Ce bon Régent, qui gâta tout en France.	316
Cédez-moi vos vingt ans si vous n'en faites rien.	243
Ce fut le serpent qui creva.	287
Celuy meurt tous les jours qui languit en vivant.	262
Ce monde-ci n'est qu'une œuvre comique.	183
Ce n'est pas être sage d'être plus sage qu'il ne faut.	319
Ce que je sais le mieux, c'est mon commencement.	26
Ce que l'on conçoit bien s'énonce clairement.	118
Ce qui ne vaut pas la peine d'être dit on le chante.	306
Certes, ce fut un triste jeu, etc.	286
. . . . . Ces malheureux rois, Dont on dit tant de mal, ont du bon quelquefois.	213
Ces grandes pièces qui se jouent sur la terre ont été composées dans le Ciel.	183
Certum quia impossibile.	57
C'est la faute de Voltaire	99
C'est le bon sens, la raison qui fait tout.	119
C'est l'amour, l'amour, etc.	314
C'est posséder les biens que savoir s'en passer.	178
Cestus artemque repono.	53
Ce sont là jeux de prince, etc.	214
C'est ainsi qu'en partant je vous fais mes adieux.	168
C'est dans les grands dangers qu'on voit les grands courages.	268
C'est de lui que nous vient cet art ingénieux, etc.	165
C'est de lui que nous vient ce fameux art d'écrire.	166

C'est du Nord aujourd'hui que nous vient la lumière.	289
C'est elle !... Dieu ! que je suis aise, etc.	401
C'est en amour surtout que les absents ont tort.	406
C'est imiter quelqu'un que de planter des choux.	404
C'est posséder les biens que savoir s'en passer	178
C'est un bétail servile et sot à mon avis Que les imitateurs.	139
C'est un droit qu'à la porte on achète en entrant.	266
C'est un faible roseau que la prospérité.	263
C'est une sphère dont le centre est parout. la circonférence nulle part.	90
C'est une tempête dans un verre d'eau.	70
.... C'est une lettre Qu'entre vos mains, monsieur, l'on m'a dit de remettre.	192
Cet âge est sans pitié.	129
Cet animal est très méchant, etc.	232
Cet homme alors s'avance indigné de sa gloire.	225
Chacun a son défaut où toujours il revient.	385
Chacun en a sa part et tous l'ont tout entier.	258
Chacun son métier, etc.	129
Chacun est artisan de sa propre fortune.	69
Chaque instant de la vie est un pas vers la mort.	235
Chaque jour est un bien que du ciel je reçois.	162
Chassez le naturel, il revient au galop.	106
Chat échaudé craint l'eau froide.	71
Chercher à connaître, c'est chercher à douter.	91
Ci-gît le glorieux à côté de la gloire.	369
Ci-gît ma femme : ah ! qu'elle est bien, etc.	371
Commissaire, commissaire, etc.	316
Connubialis amor de Mulcibre fecit Apellem.	272
Conscia mens recti famæ mendacia ridet.	96
Convier quelqu'un, c'est se charger de son bonheur, etc.	399
Corsaires à corsaires, etc.	204

TABLE DES CITATIONS

Coups de fourches et d'étrivières	
Ne lui font changer de manières.	386
Croire tout découvert est une erreur profonde.	221
Credat judœus Apella	48
Cuique sua.	13
Cuique suum	68
Cum propinquis amicitiam, etc.	355
Cy Loth, sa femme en sel, sa ville en cendre, etc.	302
Daigne écouter l'amant fidèle et tendre.	314
Dans le nombre de quarante	
Ne faut-il pas un zéro.	276
Dans ce sac ridicule où Scapin l'enveloppe	110
Dans le temps des chaleurs extrêmes, etc.	211
De la ceinture en haut ce n'est que vanité, etc.	286
De loin c'est quelque chose, et de près ce n'est rien.	203
D'en avoir tant dit il est même confus.	264
Dépouiller le vieil homme.	58
De nihilo nihil.	61
Descendez, Cybèle.	335
Désir de femme est un feu qui dévore, etc.	384
Des lois et point de sang.	216
Des protégés si bas, des protecteurs si bêtes.	283
Deus aut bestia.	61
Deux estions et n'avions qu'un cœur.	76
Devine si tu peux, et choisis si tu l'oses.	246
Dieu est un cercle dont le centre est partout.	91
Dieu fit du repentir la vertu des mortels.	138
Difficiles nugœ.	47
Dimidium facti qui cœpit habet.	49
Diseur de bons mots, mauvais caractère.	89
Dis-moi ce que tu manges, je te dirai qui tu es.	399
Diversité, c'est ma devise.	139
Diversos diversa juvant.	36
Donec eris felix, multos numerabis amicos, etc.	26
Dubitando ad veritatem pervenimus.	64
Du côté de la barbe est la toute-puissance.	378

Ducunt volentem fata, nolentem trahunt.	182
Dulce est desipere in loco.	49
Dulce et decorum pro patriâ mori.	62
Du moment qu'on aime, etc.	307
D'un forfait croirais-tu Manco-Capac capable ?	231
Ecce iterum Crispinus.	343
Églé belle et poëte a deux petits travers, etc.	279
Ego primam tollo, nominor quoniam Leo.	27
Elle a d'assez beaux yeux pour des yeux de province.	383
Elle fuit, mais en Parthe, en lui perçant le cœur.	9
Emunctæ naris.	82
En toute chose il faut considérer la fin.	84
En vérité, ce siècle est un mauvais moment.	78
Eripitur persona, manet res.	409
Eripuit cœlo fulmen, sceptrumque tyrannis.	40
Errare humanum est.	54
Espérer, c'est jouir.	156, 402
Est modus in rebus.	66
Est quædam flere voluptas.	51
Es-tu content, Couci.	93
Et ce n'est pas pécher que pécher en silence.	378
Et c'est être innocent que d'être malheureux.	70
Et ces deux grands débris se consolaient entre eux.	157
Et comme elle a l'éclat du verre, etc.	135
Etiam pereire ruinæ.	52
Et depuis trois mille ans, Homère respecté, etc.	14
Et des boyaux du dernier prêtre, etc.	215
Et la garde qui veille aux barrières du Louvre, etc.	410
Et la grâce plus belle encor que la beauté.	127
Et l'ami Pompignan pense être quelque chose.	163
Et le trésor que l'on espère vaut presque le trésor qu'on a.	308
Et le chemin est long du projet à la chose.	377
Et le combat cessa faute de combattants.	381
Et le jeu, comme on dit, n'en vaut pas les chandelles.	381
Et le jour de demain n'appartient à personne.	162

Et le songe a fini par un coup de tonnerre.	259
Et Mars ne lui laissa rien d'entier que le cœur.	154
Et mea virtute me involvo	60, 243
Et mes derniers regards ont vu fuir les Romains.	115
Et monté sur le faîte il aspire à descendre.	246
Et mihi res, non me rebus submittere conor.	177
Et mourut sur un coffre en attendant son maître.	370
Et par droit de conqueste et par droit de naissance.	289
Et quod nunc ratio est impetus ante fuit.	172
Et quorum pars magna fui	72
Et rose, elle a vécu ce que vivent les roses, etc.	323
Et ruit in vetitum damni secura libido.	194
Et s'il n'en reste qu'un, je serai celui-là.	257
Et vera incessu patuit dea	33
Et voilà justement comme on écrit l'histoire.	137
Ex abundantiâ cordis.	54
Exemplumque Dei quisque est in imagine parvâ.	61
Experto crede Roberto.	32
Expliquera, morbleu ! les femmes qui pourra.	195
Faber est suæ quisque fortunæ.	69
Facit indignatio versum.	170
Faire l'Olibrius.	77
Faites votre devoir et laissez faire aux dieux.	261
Fari possit quæ sentiat.	44
Faut d'la vertu, pas trop n'en faut.	318
Felix qui potuit rerum cognoscere causas.	184
Femme sensible, entends-tu le ramage.	307
Femmes, voulez-vous éprouver.	309
Festina lente.	396
Fidentemque fugâ Parthum, versisque sagittis.	9
Fit scelus indulgens per nubila sæcula virtus.	365
Folles amours font les gens bêtes.	195
Forsan et hæc olim meminisse juvabit.	72
Fortuna vitrea est.	135
Fugit hora, hoc quod loquor indè est.	395
Fugit irreparabile tempus.	71

Fundulo sed avito.	405
Gardez-vous bien de lui les jours qu'il communie.	372
Gens de même farine.	57
Glissez, mortels, n'appuyez pas.	122
Grèce est notre patrie, mémoire est notre mère.	7
Guerre aux châteaux, paix aux chaumières.	215
Guide mes pas, ô Providence.	308
Gusman ne connaît plus d'obstacles.	314
Habent sua fata libelli.	16
Hâtez-vous lentement.	396
Hélas ! nos plus beaux jours s'envolent les premiers.	363
Heureux est l'inconnu qui s'est bien su connaître, etc.	310
Historia quocumque modo scripta delectat.	393
Hoc erat in votis.	67
Hoc opus, hic labor est.	74
Hoc volo, sic jubeo, sit pro ratione voluntas.	31
Homo proponit, sed Deus disponit.	181
Homo sum, humani nihil a me alienum puto.	29
Hippocrate dit oui, mais Galien dit non.	268
Il connaît l'univers et ne se connaît pas.	128
Il dînait de l'autel et soupait du théâtre, etc.	160
Il en rougit, le traistre.	155
Il est avec le ciel des accommodements.	374
Il est beau qu'un mortel jusques aux cieux s'élève.	334
Il est des nœuds secrets, il est des sympathies, etc.	245
Il fallait un calculateur, ce fut un danseur qui l'obtint.	94
Il faut bonne mémoire, après qu'on a menti.	136
Il faut cognoistre avant qu'aimer.	142
Il faut des époux assortis, etc.	308
Il faut en affrontant l'orage, etc.	212
Il faut qu'une porte soit ouverte ou fermée.	97
Il faut si peu pour l'homme et pour si peu de temps.	272
Il ne put achever, car la mort l'en garda.	230
Ignoti nulla cupido.	185
Il ne m'importe guère, etc.	198

Il ne se faut jamais moquer des misérables, etc. . . .	130
Il n'est point de laides amours.	195
Il n'est point de petit chez soi.	373
Il n'y a de nouveau que ce qui a vieilli.	149
Il n'y a plus d'enfants.	79
Il ne fait rien et nuit à qui veut faire.	275
Il n'est bon bec que de Paris.	76
Il n'est pas besoin de tenir les choses pour en raisonner.	95
Ils n'ont qu'à vivre heureux pour n'être pas ingrats.	259
Il nous faut du nouveau, n'en fût-il plus au monde.	139
Il plaît à tout le monde, et ne saurait se plaire. . .	109
Ils croissent, chaque jour, du jour que je décrois. .	238
Il se fait entendre à force de se faire écouter.	96
Il s'en présentera, gardez-vous d'en douter.	251
Il s'en va comme il est venu.	310
Ils m'ont dit : Choisis d'être oppresseur ou victime, etc.	216
Ils sont passés ces jours de fête.	307
Ils sont trop verts.	81
Il y a fagots et fagots.	79
Il y aura du bruit dans Landerneau.	97
Imitatores servum pecus.	139
Incidis in Scyllam, cupiens vitare Caribdim.	35
Inde iræ. . . . . . , ...	68
Indocti discant et ament meminisse periti.	39, 407
In tenui labor, at tenuis non gloria.	43
Intus et in cute. . . . . . , ...	32
Inveni portum.	59
Ils sont trop verts.	81
Inter utrumque tene, medio tutissimus ibis.	44
Invita Minerva.	47
Irridendum agere curam, etc.	183
Istius farinæ homines, etc.	57
Jacta est alea.	60
J'adore en périssant la raison qui t'aigrit, etc. . . .	296

J'ai fait la guerre aux rois, je l'aurais faite aux dieux.	264
J'aime mieux, ma mie, au gué.	328
J'aime mieux un vice commode Qu'une fatigante vertu.	380
J'ai connu le malheur et j'y sais compatir	331
J'ai ri, me voilà désarmé.	176
J'ai vécu sans nul pensement, etc.	369
J'ai vu Lise hier, etc.	319
J'ai vu partout dans mes voyages.	314
Jamais surintendant ne trouva de cruelles.	397
J'appelle un chat un chat et Rolet un fripon.	278
J'aurai du moins l'honneur de l'avoir entrepris.	14
Jà la campagne croist par le décroist des eaux.	239
Jean s'en alla comme il était venu, etc.	85
Je cognois tout fors que moi-même.	76
Je crois valoir au moins les rois que j'ai vaincus.	255
Je l'ai planté, je l'ai vu naître.	314
. . . . . Je n'ai mérité Ni cet excès d'honneur, ni cette indignité.	250
Je n'ai fait que passer, il n'était déjà plus.	250
Je n'ai pas eu le temps d'être court.	340
Je n'ai plus rien du sang qui m'a donné la vie.	255
Je pense, donc je suis.	63
Je plie et ne romps pas	82
Je ne dois qu'à moi seul toute ma renommée.	234
Je ne fais pas le bien que j'aime, etc.	249
Je n'en veux point aux sots, j'en veux à la sottise.	372
J'en passe et des meilleurs	257
Je rêverai le reste.	166
Je sçais ce que je fus, je sçais ce que je suis.	262
Je suis encor dans mon printemps.	308
Je suis riche des biens dont je sais me passer.	178
Je suis sur mon fumier comme toi sur le tien.	370
Je suis vaincu du temps, je cède à ses outrages.	115
Je t'aime d'autant plus que je t'estime moins.	142

J'étais bon chasseur autrefois.	315
J'étais jeune et superbe.	410
J'étais pour Ovide à quinze ans, etc.	173
Je vais où va toute chose, etc.	284
Je veux enfin, qu'au jour marqué pour le repos, etc.	229
Je vais, victime de mon zèle, etc.	244
Je suis un ver de terre amoureux d'une étoile.	258
Je vois bien l'arbre aux pommes d'or, etc.	284
Je vois le bon parti, mais je suis le contraire.	169
Justum et tenacem propositi virum	366
Jus summum sæpe summa malitia	70
L'âge d'or était l'âge où l'or ne régnait pas.	374
Labor omnia vincit, etc.	50
L'absence est à l'amour ce qu'est au feu le vent, etc.	147
L'accord d'un beau talent et d'un beau caractère	177
L'accoutumance est une seconde nature.	85
La chair est faible.	56
La comédie est un miroir.	315
La crainte fit les dieux; l'audace a fait les rois.	21
La critique est aisée et l'art est difficile.	104
La douleur est un siècle et la mort un moment.	384
La façon de donner vaut mieux que ce qu'on donne.	381
La faute en est aux dieux qui la firent si belle.	124, 382
La Fortune nous vend ce qu'on croit qu'elle donne.	126
La gloire n'est jamais où la vertu n'est pas.	349
La grâce, plus belle encore que la beauté	127
La grandeur a besoin d'être quittée pour être sentie.	89
La hauteur des maisons empêch' de voir la ville	2
L'aigle d'une maison n'est qu'un sot dans une autre.	383
Laissez-leur prendre un pied chez vous, etc.	83
La lettre tue et l'esprit vivifie.	57
L'Allégorie habite un palais diaphane.	221
La logique du cœur est absurde.	196
La loi de l'univers est : malheur aux vaincus.	61, 226
La loi permet souvent ce que défend l'honneur.	226
La lune de miel.	93

La maison ne vaut pas la réparation	268
La mère en prescrira la lecture à sa fille	176
L'amitié disparaît où l'égalité cesse.	359
La mode est un tyran dont rien ne nous délivre	150
La mouche du coche.	81
L'amour est un égoïsme à deux	388
L'amour est le roman du cœur, etc.	330
L'amour nous les ravit, l'hymen nous les rendra.	402
L'amour-propre offensé ne pardonne jamais	178
La naissance n'est rien où la vertu n'est pas	237
La nature envers vous me semble bien injuste, etc.	133
La parfaite raison fuit toute extrémité, etc.	318
La peine est déjà loin quand le bonheur commence.	271
La place m'est heureuse à vous y rencontrer	378
La plus courte folie est toujours la meilleure.	152
La popularité, c'est la gloire en gros sous	99
La raison du plus fort est toujours la meilleure	129
Lasciate ogni speranza, etc	102
Las d'espérer et de me plaindre, etc.	311
Laudamus veteres, sed nostris utimur annis	173
Laudator temporis acti.	66
La valeur n'attend pas le nombre des années.	381
La Vérité dans un puits.	82
La vertu sans argent n'est qu'un meuble inutile.	309
La victoire me suit, et tout suit la victoire	261
La vieillesse n'a rien de beau que la vertu	238
L'eau qui tombe goutte à goutte, etc.	334
Le bonheur semble fait pour être partagé	237
Le bonheur tient si peu de place.	402
Le bruit est pour le fat, la plainte est pour le sot, etc.	269
Le chagrin monte en groupe et galope avec lui.	396
Le cœur est pour Pyrrhus, les vœux sont pour Oreste	115
Le cœur sent rarement ce que la bouche exprime	261
Le coup de pied de l'âne.	82
Le courage est souvent un effet de la peur	346

TABLE DES CITATIONS

Le cri d'un peuple libre est celui de la gloire. . . .	216
Le crime fait la honte et non pas l'échafaud	248
Le domaine est petit, mais il vient de mes pères. .	405
Le Dieu poursuivant sa carrière, etc.	350
Le dos au feu, le ventre à table, etc.	304
Le jour n'est pas plus pur que le fond de mon cœur.	250
Le mieux est l'ennemi du bien.	102
Le moi est haïssable	89
Le moindre vent qui, d'aventure Fait rider la face de l'eau	127
L'ennui naquit un jour de l'uniformité.	140
L'enseigne fait la chalandise	84
Le flot qui l'apporta recule épouvanté.	116
Le fol profite au sage et n'apprend rien de lui. . . .	238
Le Français né malin forma le vaudeville.	400
Le goût est le bon sens du génie.	120
Le hasard est un sobriquet de la Providence.	179
Le masque tombe, l'homme reste, etc	409
Le ministre sacré, non d'un Dieu mais d'un homme.	208
Le moment où je parle est déjà loin de moi	395
Le monde, chère Agnès, est une étrange chose. . .	78
Le pauvre homme !.	79
Le peuple est l'âne, et le moine est le singe.	290
Le premier qui fut roi fut un soldat heureux	255
Le premier soupir de l'amour, etc	139
Le présent est gros de l'avenir.	87
Le prêtre, dit saint Paul, doit vivre de l'autel. . . .	388
Le public ! combien faut-il de sots pour faire un public ?	62
Les affaires, c'est l'argent des autres	101
Les amis de l'heure présente, etc.	273
Les amis, ces parents que l'on se fait soi-même. . .	367
Les beaux yeux de ma cassette.	79
Les belles passions cherchent les belles âmes	248
Les bûchers sont dans l'Inde, et partout les victimes.	223

Les dieux s'en vont!.	412
Le secret d'ennuyer est celui de tout dire	14
Le seigneur Jupiter sait dorer la pilule	380
Le sénat mit aux voix cette affaire importante, etc .	399
Les envieux mourront, mais non jamais l'envie. . .	376
Les fous sont, aux échecs, les plus proches des rois.	204
Les grandes pensées viennent du cœur	89
Les hommes font les lois, les femmes font les mœurs.	143
Le silence du peuple est la leçon des rois.	235
Le silence est l'esprit des sots, etc.	305
Les mortels sont égaux, ce n'est pas la naissance, etc.	255
Le sort fait les parents, le choix fait les amis. . . .	367
Les plus courtes erreurs sont toujours les meilleures.	153
Les sots depuis Adam sont en majorité.	206
Les sots sont ici-bas pour nos menus plaisirs	383
L'esprit qu'on veut avoir gâte celui qu'on a	383
Les rivières sont des chemins qui marchent	89
Le style est l'homme même.	389
Le superflu, chose très nécessaire.	394
L'été n'a pas de feu, l'hiver n'a pas de glace, etc. .	399
Les vers sont enfants de la lyre, etc.	145
Les vices d'autrefois sont les mœurs d'aujourd'hui.	143
Le temps est un grand maître	80
Le temps n'épargne pas ce qu'on a fait sans lui . .	240
Le temps qu'on ne perd pas est de l'argent qu'on gagne.	103
Le trident de Neptune est le sceptre du monde. . . .	220
Le véritable Amphitryon Est l'Amphitryon où l'on dîne	380
Le vrai peut quelquefois n'être pas vraisemblable. .	397
Le vraisemblable est le vrai pour les sots	398
L'homme absurde est celui qui ne change jamais. .	149
L'homme est de glace aux vérités, etc.	84
L'homme est né pour travailler, etc.	56
L'homme est un Dieu tombé qui se souvient des cieux.	404

TABLE DES CITATIONS

L'homme est un corrompu qui fait le délicat. . . .	406
L'homme s'agite, mais Dieu le mène	181
L'homme, sujet ondoyant et divers	75
L'honneur est comme une île escarpée et sans bords, etc.	398
Littera scripta manet.	86
L'imagination est la folle du logis.	88
L'œil de l'aigle et la prudence du serpent.	56
L'œil du maître.	81
L'oreille est le chemin du cœur.	92
Louis ne sut qu'aimer, pardonner et mourir, etc . .	365
Ludibria ventis.	340
Lynx envers nos pareils, et taupes envers nous. . .	341
Ma foi! s'il m'en souvient, il ne m'en souvient guère.	191
Mais elle avait pour me charmer	
Ma jeunesse que je regrette.	321
Mais l'honneur sans argent n'est qu'une maladie. . .	309
Mais il faut en sortir comme un vieillard en sort . .	209
Mais il n'était plus temps... les chants avaient cessé.	403
Mais l'extrême justice est une extrême injure. . . .	71
Mais ne nous brouillons pas avec la République . .	236
Mais nos créanciers sont payés, C'est ce qui me console.	338
Mais où sont les roses d'antan.	76
Malheureuse, j'appris à plaindre le malheur	361
Mars ne lui laissa rien d'entier que le cœur.	154
Materiam superabat opus.	51
Ma vie est un combat	93
Maxima debetur puero reverentia.	28
Meâ virtute me involvo. 60,	243
Médiocre et rampant, et l'on arrive à tout	94
Même quand l'oiseau marche, on sent qu'il a des ailes	221
Menace-moy de vivre et non pas de mourir.	263
Mendacem oportet esse memorem.	136

Mens agitat molem	186
Mens sana in corpore sano	170
Mes amis, peut-on vivre un jour	
Sans boire et sans faire l'amour?	403
Mes jours s'en sont allez errant	76
Métier d'auteur, métier d'oseur	94
Mieux vaut goujat debout qu'empereur enterré	140
Misce stultitiam consiliis brevem	44
Modeste en ma couleur, modeste en mon séjour, etc.	295
Moi, dis-je, et c'est assez	80
Mon acte de naissance est vieux, et non pas moi	270
Mon âme a son secret, ma vie a son mystère	297
Monsieur de La Rochefoucauld m'a donné de l'esprit, etc.	266
Mon verre n'est pas grand, mais je bois dans mon verre	405
Mourir n'est rien, c'est notre dernière heure	310
Multa cadunt inter calicem supremaque labra	17
Nascetur ridiculus mus	46
Nascentes morimur, etc.	235
Natura diverso gaudet	25
Natura non facit saltum	87
Naturam expellas furcâ, tamen usque recurret	386
Nec possum tecum vivere, nec sine te	174, 195
Nec tu divinam Æneida, etc	22
Ne forçons point notre talent, etc.	84
Nemo in sese tentat descendere	32
Nemo impetrare potest, etc.	79
Nemo omnes, neminem omnes fefellerunt	62
Nemo propheta acceptus est in patriâ suâ	55
Nemo repente fuit turpissimus	250
Neque mittatis margaritas vestras ante porcos	54
Ne quid biet	299
Ne quid nimis	340
Nescit vox missa reverti	48
Ne radicitùs evelli mala posse putandum est	386

Nescio quid natale solum, etc.	171
Nescio vos.	55
• N'est-on jamais tyran qu'avec un diadème.	216
Ne sutor suprà crepidam.	130
Ne tenez pas la chandelle sous le boisseau.	56
Nihil est sub sole novum.	54
Nil actum reputans, si quid superesset agendum.	52
Nil mirari.	67
Nimia cura deterit magis quam emendat.	383
Nitimur in vetitum semper.	194
Ni trop haut ni trop bas, c'est le souverain style.	121
Nocuit semper differre paratis.	53
Non bis in idem.	57
Non ce n'est point en vers qu'un tendre amour s'exprime, etc.	161
Non bene olet, qui bene semper olet.	65
Non cuivis homini contingit adire Corinthum.	49
Non erat his locus.	43
Non e vero, ma ben trovato.	102
Non ignara mali miseris succurrere disco.	360
Non omnis moriar.	67
Non omnia possumus omnes.	73
Non plus sapere quam oportet sapere.	318
Non volo mortem impii.	54
Nous n'existons vraiment que pas ces petits êtres, etc.	259
Nourri dans le sérail, j'en connais les détours.	251
Nous sommes tous mortels et chacun l'est pour soi.	377
Nul n'aura de l'esprit, hors nous et nos amis.	379
Nul n'est content de sa fortune, etc.	167
Numero deus impare gaudet.	24
Nullum est jam dictum quod non dictum sit priùs.	30
Obsequium amicos, veritas odium parit	358
..... O cæca nocentum Concilia ! etc.	21
Oculum pro oculo et dentem pro dente.	231

O curas hominum ! ô quantum in rebus inane.	32
Odi et amo, quare id faciam fortasse requiris, etc...	267
Odi profanum vulgus et arceo.	45
O fortunatam, nato me consule, Romam.	411
Oh ! c'était le bon temps, j'étais bien malheureuse !.	144
O ma tendre musette, etc.	319
O mes amys, il n'y a nuls amys.	359
O miseri, quorum gaudia crimen habent.	36
Omne solum forti patria est.	171
Omnis homo mendax.	54
Omne tulit punctum qui miscuit utile dulci.	42
Omnia jam fient fieri quæ posse negabam.	173
Omnia serviliter pro dominatione	94
Omnia vincit amor, etc.	73
On affaiblit toujours tout ce qu'on exagère.	118
On aime sans raison, et sans raison l'on hait.	267
On commence par être dupe, On finit par être fripon.	167
On compte les défauts de l'homme qu'on attend.	239
On devient cuisinier, mais l'on naît rôtisseur.	399
On doit des égards aux vivants, etc.	391
On est, quand on le veut, le maître de son sort.	264
On est aisément dupé par ce qu'on aime.	378
On est souvent puni par où l'on a péché.	239
On jette de la terre sur la tête, et en voilà pour jamais	89
On n'aime plus comme on aimait jadis.	143
On n'a point pour la mort de dispense de Rome.	80
On ne perd les États que par timidité.	63
On ne peut désirer ce qu'on ne connaît pas.	185
On ne peut contenter tout le monde et son père.	203
On n'est jamais si bien servi que par soi-même.	98
On ne voit que la nuit, n'entend que le silence.	155
On pardonne aisément un tort que l'on partage.	332
On peut tout employer contre ses ennemis.	263
On s'éveille, on se lève, on s'habille et l'on sort, etc.	167
On spécule sur tout, même sur la famine.	269

TABLE DES CITATIONS

On termine de longs procès Par un peu de guerre civile.	141
On traîne ses malheurs, en croyant qu'on les fuit.	385
On veut avoir ce qu'on n'a pas, Et ce qu'on a cesse de plaire.	193
Optima quæque dies.	363
Ornari res ipsa negat contenta doceri.	38
Ostez-leur le fard et le vice, Vous leur ostez l'âme et le corps.	287
O tempora, o mores!	60
Oui, l'or est une chimère.	308
Oui, si nous n'avions pas de juges à Berlin.	213
Où peut-on être mieux qu'au sein de sa famille.	307
Où vas-tu, petit nain? Je vais faire la guerre, etc.	275
Paisibles bois, etc.	327
Panem et circenses.	69
Parcere personis, dicere de vitiis.	372
Parcere subjectis et debellare superbos	364
Par pari refertur	27
Pardieu! les plus grands clercs ne sont pas les plus fins.	205
Pardon de la liberté grande!.	96
Pauper ubique jacet	37
Pectus est quod disertos facit	412
Pégase est un cheval qui porte Les grands hommes à l'hôpital.	303
Périsse l'univers, pourvu que je me venge.	146
Permissum fit vile nefas	193
Philis, suivez les pas d'Ovide.	173
Piller les modernes, c'est filouter au coin des rues.	179
Piscis nic non est omnium.	305
Plus fait douceur que violence	83
Plus inconstant que l'onde et le nuage, etc.	327
Plus je vis l'étranger, plus j'aimai ma patrie.	162
Populus me sibilat at mihi plaudo	219
Posse quod velit, etc.	262

Prenez mon ours.	99
Prenons d'abord l'air bien méchant.	309
Primus in orbe Deos fecit timor	19
Principiis obsta.	172
Pro aris et focis.	85
Probitas laudatur et alget.	31
Prolem sine matre creatam.	404
Pulchre, bene, recte.	66
Proximus ardet, etc	72
Quæ fuerunt vitia mores sunt	143
Quand Auguste buvait, la Pologne était ivre.	212
Quand ils ont tant d'esprit les enfants vivent peu.	382
Quand la Pasque-Dieu décéda, etc	368
Quand nous serons à dix nous ferons une croix.	80
Quand on a tout perdu, quand on a plus d'espoir, etc	251
Quand on fut toujours vertueux, etc.	310
Quand on le sait, c'est peu de chose	410
Quand on n'a pas ce que l'on aime, Il faut aimer ce que l'on a	193
Quand on prend du galon, on n'en saurait trop prendre	332
Quand sur une personne on prétend se régler, etc.	107
Quand tout le monde a tort, tout le monde a raison.	151
Quantum mutatus.	74
Que diable allait-il faire dans cette galère!	78
Que feriez-vous, Monsieur, du nez d'un marguillier.	268
Que la nuit paraît longue à la douleur qui veille.	226
Que la Suisse soit libre et que nos noms périssent!	223
Que la terre est petite à qui la voit des cieux.	364
Quelque crime toujours précède les grands crimes.	250
Que ne suis-je la fougère.	327
Que Pantin serait content, S'il avait l'art de vous plaire.	326
Que pour les malheureux l'heure lentement fuit!	226

Que votre âme et vos mœurs peintes dans vos ouvrages	112
Que vouliez-vous qu'il fît contre trois ! — Qu'il mourût !.	247
Quiconque n'a pas de caractère n'est pas un homme mais une chose.	177
Qui n'a pas l'esprit de son âge, De son âge a tout le malheur.	163
Qui bene latuit, bene vixit	45
Quid deceat, quid non	66
Quidquid delirant reges plectuntur Achivi	366
Qui jacet in terrâ non habet unde cadat	38
Qui n'a plus qu'un moment à vivre, N'a plus rien à dissimuler	334
Qui ne dit mot consent	57
Qui ne sait compatir aux maux qu'il a soufferts.	360
Qui nous délivrera des Grecs et des Romains ?	134
Qui que tu sois, voici ton maître ; Il l'est, le fut, ou le doit être.	252
Quis, quid, ubi, quibus auxiliis, cur, quommodo quando?	86
Qu'on lui ferme la porte au nez, etc.	106
Qui sert bien son pays n'a pas besoin d'aïeux.	254
Qui voit tout abrège tout.	394
Quoi qu'en dise Aristote et sa DIGNE cabale Le tabac est divin, il n'est rien qui l'égale	248
Quia nominor Leo	27
Quod licet ingratum, quod non licet acriùs urit	194
Quod non vetat lex, hoc vetat fieri pudor	227
Quos vult perdere Jupiter dementat priùs.	188
Quot homines, tot sententiæ	28
Race d'Agamemnon, qui ne finit jamais !	134
Raisonner sur l'amour, c'est perdre la raison	196
Rara avis in terris.	31
Res est sacra miser	70
Rari nantes	331

Regis ad exemplum, etc.	18
Rendre à César ce qui est à César	13
Rengaine! rengaine!	326
Res angusta domi	373
Res est magna tacere	66
Risu inepto res ineptior	79
Rarement à courir le monde, On devient plus homme de bien	384
Rester Gros-Jean comme devant	81
Rien de trop est un point	340
Rien ne doit déranger l'honnête homme qui dîne	399
Rien ne manque à sa gloire, il manquait à la nôtre	227
Rien ne m'est seur que la chose incertaine	77
Rien ne sert de courir, il faut partir à point	126
Rien n'est beau que le vrai, le vrai seul est aimable	397
Rome n'est plus dans Rome, elle est toute où je suis	246
Rudis indigestaque moles	51
Sacrés ils sont, car personne n'y touche	350
Salus populi suprema lex esto	62
Sangaride, ce jour est un grand jour pour vous	334
Savoir, c'est pouvoir	184
Savoir dissimuler est le savoir des rois	263
Scire volunt omnes, mercedem solvere nemo	185
Sedet post equitem atra cura	395
Se défier de la payse	98
Semper ad eventum festina	47
Seul roi de qui le pauvre ait gardé la mémoire	227
Sic itur ad astra	24
Si Dieu n'existait pas, il faudrait l'inventer	175
Si j'en connais pas un, je veux être étranglé	276
Si l'amour porte des ailes, N'est-ce pas pour voltiger	313
Si le diable était or, il deviendroit monnoie	373
Sine Cerere et Libero friget Venus	68
Si non errasset fecerat illa minùs	115
Si parva licet componere magnis	405

Si la vie est un passage, Sur ce passage au moins jetons des fleurs.	315
Si veut le roi, si veut la loi.	58
Sub parvo, sed meo.	405
Si Peau-d'Ane m'était conté, J'y prendrais un plaisir extrême	200
Si personne n'y va, c'est qu'on n'y voit personne.	382
Si son astre en naissant ne l'a formé poëte.	47
Sit tibi terra levis.	58, 370
Soldats sous Alexandre et rois après sa mort	253
Solem qui dicere falsum audeat	180
Sois mon frère ou je te tue.	354
Sors tua mortalis, non est mortale quod optas.	404
Sous ses heureuses mains le cuivre devient or.	269
Soutiens-moi, Châtillon	93
Souvenez-vous-en, souvenez-vous-en	318
Souvent la peur d'un mal nous conduit dans un pire	279
Souverain roi des célestes chandelles.	207
Soyez plutôt maçon, si c'est votre talent	395
Stat magni nominis umbra	52
Stimulos dedit æmula virtus.	52
Sub judice lis est	46
Sufficit diei malitia sua.	54
Summæ opes inopia cupiditatum	178
Summum crede nefas animam præferre pudori	170
Summum jus, summa injuria	70
Sunt bona, sunt quædam mediocria, sunt mala plura.	341
Sunt lacrymæ rerum et mentem mortalia tangunt.	362
Sunt verba et voces prætereaque nihil	103, 340
Sus, revenons à nos moutons.	77
Tacent, satis laudant	236
Tantum Relligio potuit suadere malorum.	19
Tantæ ne animis cœlestibus iræ.	72
Tant de fiel entre-t-il dans l'âme des dévôts!	72
Tel brille au second rang qui s'éclipse au premier	92

Tel est le sort fâcheux que tout livre prêté, etc. . .	311
Tel excelle à rimer, qui juge sottement.	105
Teneo lupum auribus.	28
Tes destins sont d'un homme, et tes vœux sont d'un dieu.	404
Teucro duce et auspice Teucro.	348
To be, or not to be	103
Timeo Danaos et dona ferentes.	73
Time saved is money gained	103
Tombe sur moi le ciel pourvu que je me venge. . .	147
Ton amour m'a refait une virginité.	256
Tous les autres plaisirs ne valent pas ses peines. . .	144
Tous les genres sont bons, hors le genre ennuyeux.	138
Tous les hommes sont fous, et qui n'en veut point voir	
Doit rester dans sa chambre et casser son miroir. .	300
Tous les méchants sont buveurs d'eau.	100
Tout est pour le mieux dans le meilleur des mondes possibles.	92
Tout ce vaste océan d'azur et de lumière, etc. . . .	292
Tout citoyen est roi sous un roi citoyen.	141
Toutes grandes vertus conviennent aux grands hommes.	237
Tout est mal, tout est bien, tout le monde est content.	383
Tout faiseur de journaux doit tribut au malin. . .	141
Tout finit par des chansons.	313
Tout près de l'ombre d'un rocher, etc.	197
Trahit sua quemque voluptas.	74
Tranquillas etiam naufragus horret aquas	71
Transivi et ecce non erat.	250
Travaillez, prenez de la peine, C'est le fonds qui manque le moins.	84
Travaillez peu vos vers et beaucoup vos succès. . .	270
Tremblez, tyrans, vous êtes immortels.	364
Triste raison, etc.	327

Tu longe sequere et vestigia semper adora.	22
Tu dors, Brutus, etc.	163
Tu n'as pas d'ailes, et tu veux voler ! rampe.	290
Tyran, descends du trône, et fais place à ton maitre.	246
Ultima ratio regum.	354
Un auteur gâte tout quand il veut trop bien faire.	383
Un bon bourgeois dans sa maison, Le dos au feu, le ventre à table.	304
Una salus victis, nullam sperare salutem.	346
Un bienfait perd sa grâce à le trop publier.	347
Un bienfait reproché tint toujours lieu d'offense.	347
Un diner réchauffé ne valut jamais rien.	398
Une extrême justice est une extrême injure.	71
Un fat quelquefois ouvre un avis important.	397
Un frère est un ami donné par la nature.	354
Un grand destin commence, un grand destin s'achève.	348
Un livre est un ami qui ne trompe jamais.	311
Universus mundus exercet histrioniam	183
Un pasteur doit à Dieu compte de son troupeau, etc.	231
Un peu de boue être de tant de poids.	294
Un peu d'encens brûlé rajuste bien des choses.	147
Un rapport clandestin n'est pas d'un honnête homme, etc.	383
Un refrain dont le vulgaire, etc.	317
Un service au-dessus de toute récompense A force d'obliger tient presque lieu d'offense.	347
Uno *avulso non deficit alter.*	75
Væ victis.	60, 226
Væ soli.	382
Vanitas vanitatum, etc.	53
Va te coucher, Basile.	95
Vendre la peau de l'ours.	81
Veniam petimusque damusque vicissim.	46
Vera incessu patuit Dea.	33
Verba volant.	85

Versus inopes rerum, nugæque canoræ.	47
Veuve d'un peuple-roi, mais reine encore du monde.	363
Victrix causa Diis placuit sed victa Catoni.	51
Video meliora proboque.	
Deteriora sequor.	169
Vingt siècles descendus dans l'éternelle nuit, etc.	293
Vires acquirit eundo.	23
Virtute duce, comite fortuna.	261
Virtutem videant intabescantque relictâ.	31
Vis comica.	59
Vitam impendere vero.	185
Vivent les gueux !	317
Vivere est cogitare.	63
Vivere militare est.	93
Vogue la galère !.	325
Voilà de vos arrêts, messieurs les gens de goût !.	348
Vous êtes orfèvre, Monsieur Josse.	78
Vous donnez sottement vos qualités aux autres.	378
Vous me forcez, seigneur, d'être plus grand que vous.	162
Vous ne prouvez que trop que chercher à connaître, n'est souvent qu'apprendre à douter.	91
Vous parlez devant un homme à qui tout Naples est connu.	79
Vous vieillirez, ô ma belle maîtresse.	316
Vox clamantis in deserto.	56
Vox populi, vox Dei.	62
Vulgare amici nomen sed rara est fides.	358
Words ! words ! words !.	103

Achevé d'imprimer

le 15 juillet mil huit cent quatre-vingt-un

PAR CH. UNSINGER

POUR

E. DENTU, LIBRAIRE-ÉDITEUR

A PARIS

www.ingramcontent.com/pod-product-compliance
Lightning Source LLC
Chambersburg PA
CBHW071112230426
43666CB00009B/1929